菊元百貨
漫步臺北島都

文可璽／著

目次

菊元百貨公司篇

きくもとひゃっかてん | Kikumoto hyakkaten

推薦序／

從日常生活再現日本時代

王子碩
聚珍臺灣總監

日本時代到底是個什麼樣的時代？

這個結束距今還不到八十年，許多長輩曾經歷過的時代，照理說有個基礎的想像或是「歷史感」，不應該是什麼大問題。但對許多臺灣人來說，「日本時代到底是個什麼樣的時代？」卻是猶如一團迷霧。這當然和二戰後從中國來臺長期威權獨裁統治的政權有直接關係，為了合理化其統治，或是基於失去其原有疆土、身為外來少數的焦慮、害怕被經歷日本時代的臺灣人質疑其相對落後及文化素養匱乏等原因，在黨國威權統治時期一再灌輸人們日本時代「臺灣人被奴役只能啃樹皮、沒鞋穿、吃番薯籤」的印象，或是無孔不入過度強調其外來記憶導致很多人以為臺灣二戰「被日軍空襲」。到今天即使臺灣已相當程度走向民主化了，如何詮釋日本時代依然是高度政治敏感的議題。

每個時代都是千絲萬縷交織而成的複雜面相，非黑即白的評斷方式絕非去理解記憶的合理態度。而歷史記憶被置換的臺灣人，「歷史感」普遍匱乏，我們想對過去有個合理貼近真實的想像，免不了得透過大量的閱讀來補齊記憶的斷簡殘篇。幾年前有幸閱讀文可璽老師大作《臺灣摩登咖啡屋：日治臺灣飲食消費文化考》，極為驚豔，果然不久就發現周遭文史同好人手一本。欣聞文可璽老師新作《菊元百貨　漫步臺北島都》出版，很榮幸得以搶先閱讀，深覺此書應大力推薦給想找回自己記憶、補完「歷史感」殘缺的朋友。

本書先從日治下島都臺北一個又一個和消費文化有關的景點、商店出發，閱讀時彷彿穿梭在當時的臺北街頭，建立那個時代的消費生活想像，然後才進入臺灣第一間大型百貨店，成立於一九三二年的菊元百貨。本書鉅細靡遺地介紹世界潮流、商業模式，並轉變到菊元百貨的出現及衍生的各種宣傳，其中筆者最喜歡書中大量引用各種當時日記、小說中述及的生動記載，無疑是補充「歷史感」的絕佳養分，而海量的菊元百貨廣告，更使人一窺百貨本體外的美學和超越時代的行銷手法。

文化資產的「價值」，往往奠基於社會對其背後文化的認同，若失去了認同，文化資產的價值就只剩下物質上的實用性，就如價格不菲的名畫只剩下紙張的價值。而普遍被迫失憶、文化被貶抑的臺灣，就不難理解文化資產為何保存困難，大家習以為常「已知用火」、「自燃」等自嘲，根本原因還是文化資產在缺乏在地認同的社會中實質上「不具價值」。位於臺北市區衡陽路、博愛路口的菊元百貨建築本體尚存，外觀被封在現代玻璃帷幕之中。期待本書的問世，能讓更多人找回記憶、建立認同、持續累積，未來某天讓菊元百貨從玻璃帷幕的封印中破繭而出，重現風華。

推薦序／

看見臺北的文化復興力

姚文智
「淤臺灣電影公司」負責人

這本書會找我寫序，應該是因為二〇一八年我參選市長時，曾大聲疾呼應讓菊元百貨重見天日；而作者文可璽從導讀到結語，都在期待「有朝一日，菊元百貨重現天日時」。

我當然希望這一本專書出版後，菊元也可以像臺南林百貨一樣再展風華！若果如此，這應也算是當年我努力為臺北留下城市記憶，一點小小的慰藉。

但是，真的有那麼困難嗎？

以過去我曾跟隨謝長廷任職高雄市政府，主導火車站保留遷移、駁二藝術特區老倉庫群的活化（這甚至是我從港區發掘並命名），經驗告訴我，古蹟或歷史建築的保留，雖不簡單，但也沒有那麼困難！

目前中央的法制已無扞格，地方議會推動自治條例並非難事。只要主事者站穩城市願景與價值的立場，無私而靈活，運用各種政策工具，「公私協力，創造雙贏」，絕對可以做到！

這其中，最重要的工具就是「建築容積的獎勵或調控（派）」，也就是「發展權移轉」（Transfer of Development Rights, TDR）的運用，不但可以讓古蹟歷建保留，業主也保有發展權益，「失之東隅，收之桑榆」，不必然為了公共利益就會自我犧牲。

而且所謂的「發展權移轉」，對公、私部門都是一體適用，只要能在容積調控（派）上權益無損，業主應該不需要在「以更寬廣胸懷，對待這塊土地上珍貴的文化資產」（作者結語），陷入公共利益與資產現實的掙扎之中。

陳水扁擔任臺北市長時代，大稻埕迪化街歷史街區的保留與容積轉移，就是最好的範例。一九九〇年代迄今，傳統街區保存了，創新產業與消費模式推陳出新，大稻埕已變成最富城市文化魅力的街區。

二〇一八年，我甚至提出更大膽的主張，透過宏觀的容積調控，「臺北可長高百分之二十」，都市門戶區、中心區建築可以更高，社宅可以共享，但是古蹟、文化、生態、綠地、園道、氣流風場、甚至美學等種種考量，皆可維護原貌保留，且導入更活躍的城市活動。

所以，舉例來說，那年從俞大維故居的都更案進而討論到昭和町（青田街、溫州街）的風貌維護，不論是擁有老宿舍群的臺大或私人地主，只要保留了老房子，都應可獲得「可移轉容積」；另外，像芝山岩周邊我支持應該限高，維護考古遺址、惠濟宮古蹟及生態景觀，但居民可以取得相對的發展容積之移轉權利。

菊元百貨以臺灣第一家百貨公司、第一個可供民眾搭乘的「七重天」電梯，一九三二年起置身臺灣總督府附近，帶動繁華時髦、文明初興的消費文化，這無疑是那個年代最值得「復興」者之一，當然應該整建復舊，再展光輝。

我認為困難的反倒是菊元重見天日後，如何讓街區「活化」？新舊建築的融合混搭，文創觀光的導入，以及周邊街區如何賦予新時代的意義，都必須是公私合作無間的課題。

本書作者在這方面做了非常重要的奠基與盤點的工作。他以菊元百貨為中心，街町漫步為經，消費社會為緯，描繪出一九三〇至四〇年代臺灣交織在被殖民、階級、城鄉變動中的「文明初體驗」，並與西方消費社會的興起過程縱橫比對。

同時，花了數年時間整理，對當時影響工商運作與消費的重大事件，如一九三五年臺灣博覽會、縱貫線鐵路通車、戰事煙起；臺北城內環境交通進化，如臺北新公園、三線路、自動車vs人力車；其他時髦食衣生活消費如寫真、玉突、女給、咖啡館；開始被大量運用的報紙廣告等等，一層一層地勾勒出當時如何造就菊元百貨成為第一指標性的商業地景。

更饒富趣味的，日日新報連載的寫實小說，在作者巧思下，成為難得一見，補充「硬資訊」的「軟故事」。作者曾自況「在平行於近代的虛構小說世界，與真實的文件記載、新聞報導、刊物廣告、個人日記之間穿梭遊走，也許更能看見菊元百貨的立體感」，確實如此。

我現在投入影視產業，就近拿個比喻，這本書差不多可以視為：菊元百貨的紀錄片，加上以菊元為背景的愛情悲喜劇。而且巧合的是，一部籌備多時、以一九三五年榮町為背景的電視劇《北城百畫帖》也即將開拍，此書應是最佳參考書。

寄望這本書能與影視加乘，讓巨富等級的業主能了解「菊元百貨重見天日」的價值意義，也能讓更多人認識老臺北「城內」歷史街區，甚至捲起一波聲浪，讓臺灣人的「文化復興力」，繁盛於首都核心區博物館群。

「首都核心區」指的是臺北舊城內及周邊區域，百餘年來成為臺灣政經中心，也因之擁有最密集的古蹟建築群落，位處於榮町的菊元百貨，正是核心區的中心點。

一九九五年起，曾有「首都文化園區」曇花一現的倡議，但近三十年來，由於舊國民黨中央黨部被拆除、中正廟移除威權象徵與轉型懸而未決，更缺乏此區域連貫性、系統性的統籌推動，雖然撫臺街洋樓、鐵道博物館、北門郵局、三井倉庫（臺北記憶倉庫）、大阪商船株式會社（國家攝影中心）等，陸續復舊開放，谷歌地圖卻多半處於「不如平常繁忙」的狀態。

菊元百貨的保留與都更案，若可以按照二〇一八年我建議的容移方案，新舊並存，創新、時尚、源源不絕的民間活力，加上首都核心區博物館群的整體規劃，必將在菊元百年，再次引領風騷！

而另一件備受矚目的北門郵局都更案，已朝古蹟共構超高金融大樓規劃，因逢「臺灣印象派」前輩畫家有千餘件珍貴作品要捐出，我提議：舊北門郵局轉型為「近現代美術館」，搭配新建的部分樓層，作為典藏、藝術銀行、國際拍賣中心……之用。此夢若能實現，這裡將是臺灣版的奧塞美術館，郵局也可透過跨界合作，增添美學新元素。

菊元的復活，北門郵局的華麗轉身，甚至未來中正廟、總統府、臺北賓館、監察院……古蹟的反轉利用，一定會讓首都核心區博物館群，串起城市閃亮的珍珠。我們衷心期待。

推薦序／

留下回憶的安放之處

凌宗魁
建築文資工作者

二〇一七年，菊元百貨未能在臺北市文化資產審議委員會取得古蹟的文化資產身分，而是登錄為歷史建築。雖然未能促使產權人及早進行修復，但幾年來社會各界對於曾經發生在這裡的故事，關注熱度不減反增，相關記憶與文史學術資料源源不絕冒出，未來無論這座建築的用途如何隨時代需求轉變，持續挖掘歷史充實場所的意義，已是必然的方向。本書是一個重要且精彩的指標。

有別於本島人世居百年的艋舺和大稻埕，歷經改朝換代，仍有不少地方家族後代持續耕耘發展；在日本時代大多為內地人居住生活的臺北城內，在戰後日人陸續引揚離開後，由大量來自中國的移民及投資者移入填補空間，造成空間記憶的急速斷裂，對建築的使用方式也大不相同。

然而臺北城內是臺灣許多現代化建設的起點，如最早出現的紅綠燈、最早劃設的行人穿越道、最早以法規制定尺寸規格的騎樓、後來遍及全臺的西洋式立面街屋的起源，甚至有全日本最早的全棟鋼筋混凝土構造建築。因為空間使用者的更替，這些過往在漫長時間裡遭人淡忘，而近年對於土地記憶的清理挖掘，又讓這些鮮活的常民生活軌跡逐漸浮現。

不同於艋舺與大稻埕等貼臨河岸碼頭貿易經濟模式發展而出的本島人長條型店屋，帶有數個天井及多重院落的空間。日本人居住的城內街廓空間構成模式，在臨街面為營業場所的磚造店面，由官方統一設計打造的西洋風格現代化門面，帶有文明開化意象，然而店面後則是被磚屋圍塑，自成社區的木造住宅群落，與本島人生活的街區構造截然不同。

戰後進駐的新屋主產權分割細碎，有些僅購得前排表面店鋪、有些僅取得後方內裡的木造居住區，在缺乏整體規劃的漫長時光各自零星改建；也有整合較完整房地，連續取得數棟店面，一併拆除舊屋新建大樓者，則新舊建築高低參差錯落在住商混合的都市計畫區，街區紋理涵構大幅改頭換面。而原本已經是城內制高點的菊元百貨，因戒嚴時期博愛特區的限高規範，倖免未遭拆除興建為更高的大樓，僅包覆外牆，以玻璃帷幕的面貌留存至今，借用郭肇立教授的比喻，就像是沉睡在玻璃棺材裡的睡美人等待喚醒。

城內舊時的街廓紋理已難再尋，但菊元既然還在，為何不找回其往日風華？臺北市文化局審議文化資產價值的審議委員會中，某些文資委員認為建築外貌已變，日本時代的內部裝修也沒有完整保存，依現況判斷文化資產的價值分級，從現況硬體狀態僅能給予歷史建築的法定身分，保護層級較低、改建彈性較大，就算只留存外牆，內部拆除新建高樓也是被允許的。但包括我在內，許多關心菊元百貨的朋友，皆認為這樣的保存程度，對於歷史意義豐富的菊元百貨而言當然遠遠不夠，個人淺見，菊元百貨甚至應該取得國定古蹟的保存價值。

從最容易看到的外觀形貌而言，建築外貌和室內裝修風格當然重要，也希望有朝一日能盡可能恢復原貌，但從內部建築構造與技術史的角度而言，建造菊元百貨的一九三〇年代初期，正是日本營造界經歷關東大地震之後，逐漸推廣普及鋼筋混凝土構造的時期。根據陳正哲教授的考證，一九三六年落成，二〇二一年遭拆除的臺中天外天劇場，在設計者齋藤辰次郎的巧思之下，即運用了東亞首見的鋼筋混凝土承重牆，而非框架構造系統的實驗性做法。

菊元百貨的設計者古川長市原任職臺北廳技手，後至臺灣土地建物株式會社擔任建築課課長，菊元百貨是他在《臺灣建築會誌》撰文介紹的集大成之作。雖然在文章中強調的重點為「都市美」，但是構成當時臺灣民間最高層之樓房的鋼筋混凝土技術運用，是即使在今日回顧，都相當了不起的成就。當年為了堆積資本象徵、創造都市地標等目的澆灌的樓房，歷經多年來大小地震考驗，以及承擔逐漸增建的負荷，構造強度仍在文資審議委員會受到高度評價。即使是戰後先後負責設計增建的鄭定邦和朱祖明等建築師，也都是臺灣建築史上值得論述的重要人物。曾經同樣位於榮町的電話交換所，在落成時成為全日本第一棟全棟鋼筋混凝土建築的貴重案例，卻在尚不重視構造技術史的年代遭到拆除。今日還有機會留下菊元百貨，當然不能僅滿足於外觀表象的保存。

若再談論環繞在菊元發生的故事及其象徵意義，更可體會其厚重份量。「臺灣第一間百貨公司」、「榮町地標」是菊元在日本時代落成開張後就取得的頭銜，在本書中也有太多珍貴的共同記憶累積疊加在這棟建築的紀錄，而在落成九十年後的今日看來，這塊街角的場所精神仍持續不斷發揮魅力。除了在《建築の近代文学誌 外地と内地の西洋表象》（日高佳紀、西川貴子編，勉誠出版／二〇一八）、《二つの時代を生きた台湾 言語．文化の相克と日本の残照》（林初梅、所澤潤、石井清輝編著，三元社／二〇二一）等日文論著可見到菊元百貨的身影，甚至在臺灣依照教育部發布課綱編著的民間出版中學教科書，也能看到菊元百貨成為學校教育的知識內容，這在並不久遠的幾年前還是難以想像的情形，文資保存的價值判斷，也應隨時勢變遷調整符合時代需求的標準。

二〇一七年時我曾有機會陪伴比菊元百貨大一歲的新元久先生（其祖父為曾任臺灣總督府鐵道部長的新元鹿之助），站在博愛路功學社的騎樓下，望著菊元百貨，聽他回憶小時候被家人帶往逛街，在四樓買玩具、再到五樓吃飯的往事，當時深刻體會不同時代的人，先後在同一座城市生活的奇妙感覺。曾經的時局迫使人民的記憶斷裂，如今有幸能逐漸尋回接上，留存更多歷史空間讓回憶能有所乘載安放之處。感謝此書的誕生，也期許臺灣能留下更多見證生活證據的場所，培養未來臺灣人日漸深厚的歷史感。

作者序／從菊元記憶百年島都

文可璽

二〇二一·八·二〇

一九三二年底，在臺北市榮町開幕，臺灣第一家百貨公司菊元，現今仍被一層玻璃帷幕包覆，日夜反射出閃耀的光芒與真假難辨的形象。

的確，菊元百貨此一主題，無疑非常清晰且明顯，但一經下筆投入，倒也耗費五年以上的時間，原來，有許多散落的舊日文獻等待解譯，而且，在過程中浮現的架構，時常塗塗改改，最終並無法僅止於菊元百貨自身的描述。

近代城市會出現第一座百貨公司，不全是偶然或機運，經濟發展到一定程度，城市文化逐漸形成，交通工具與通信傳播縮短世界距離，工業與技術革命帶來商品大量生產，有錢有閒的人開始把目光放在更多的、更流行的、更摩登的消費上，繼而商人預見了接下來即將發生的消費社會……

但如果只是引用消費社會學的角度進行論敘，似乎有點不利於大眾讀者，會選擇從不少的小說文本為觀察切入點，主要也是希望避免生硬理論的援引，不是有人指出，小說的功能之一即從個人經驗反映社會環境，姑且不論對錯，只要看看那時代的東、西方小說，不約而同的將百貨公司嵌入場景中，甚至左拉的小說《婦女樂園》，主角就是百貨公司。在小說時空裡，到底發生了哪些有趣的故事與情節？是否反映了大多數民眾集體的消費心理狀態？抑或只是知識分子的偏見？再者，回到真實世界，少數有能力或有頭有臉的名人，也留下不少頗有時間長度的日記，同樣的，百貨公司進入他們的日常生活，又帶來何種需求與意義？還是對他們而言，只是現代新奇事物的其中之一？或者引發慾望的視覺奇觀？

本書盡量蒐集菊元百貨全貌，在平行於近代虛構的小說世界，與真實的文獻記載、新聞報導、刊物廣告、個人日記之間穿梭遊走，也許更能看見菊元百貨的立體感，而非長久以來被層層鏡面玻璃圍困著的老舊建築。其次，從呈現的諸多面向中，也希望讀者能體會到昔日菊元百貨的風華、那多數人仰望的情節，以及圍繞在時代舞臺上發生的消費光景。

完稿之時，有種解脫之嘆，卻也帶有未竟之感，好像結束了——然實際上卻仍在進行的未來。其中美中不足的是，菊元百貨創辦人重田榮治的自傳《思い出草》遠在日本，僅少數家屬或重田氏出生地之圖書館收藏，未能見識其個人立足臺灣的回憶，殊為可惜。而未來，菊元百貨的命運是否依然如舊，半生坎坷而不可違抗？個人始終懸吊著這樣的心情。

i

導言

しょげん | Jyogen

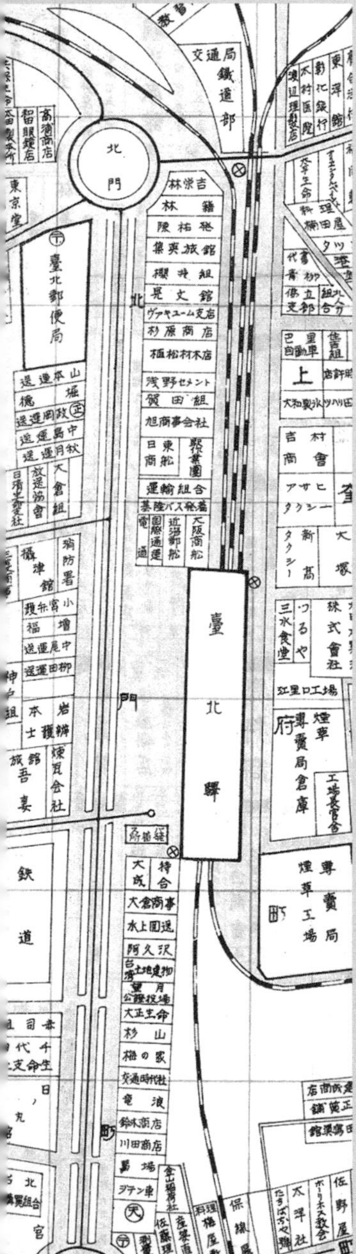

一九三六年臺北市職業別明細圖。資料來源：中研院人社中心地理資訊科學研究專題中心。出處：地圖與遙測影像數位典藏計畫。

❖ 一九三〇年代鳥瞰臺北市景

一九三〇年代臺灣島都的現代消費文化與大眾文學漫步

一九三〇年代是島都臺北進入摩登現代的關鍵時刻，也是不少人嚮往城市幸福生活的夢想之地，由「雄壯的建物，繁華的店鋪，坦闊的廣道，機敏的交通，漂亮瀟灑的市民」組成的文明都市，初抵臺北的夢想者，一走出臺北驛，無不驚嘆於眼前的幻影，鄉下與都會的對比，展現在洋服店、金飾店、百貨店、蓄音機店、電影館、咖啡屋、跳舞場、撞球間等陶醉人心的店鋪，甚且與近代都市化興起的消費文化，有著不可分捨的關係。〈幻影的消滅〉（《南音》，涼，一九三二）主角常青，即懷抱闖蕩的雄心來到臺北，但進入商會工作後，逐漸迷失在大都會五光十色的誘惑中，每個月的收入不足以支撐他的應酬與享樂生活方式，不時透支賒帳買衣、買鞋、買帽，來滿足虛榮的門面，連老父盼他賺錢回家的寄望都拋諸腦後，「赤」字是一個警訊，常青卻對山雨欲來的不景氣局勢渾然不知，仍流連在購物、打牌、看電影、上咖啡屋的消費潮流裡，其中有名氣的「美人座」咖啡屋即是一干同事最常買醉的地方。

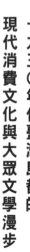

❖ 美人座女給合影，一九三〇／十二／二十《臺灣日日新報》。

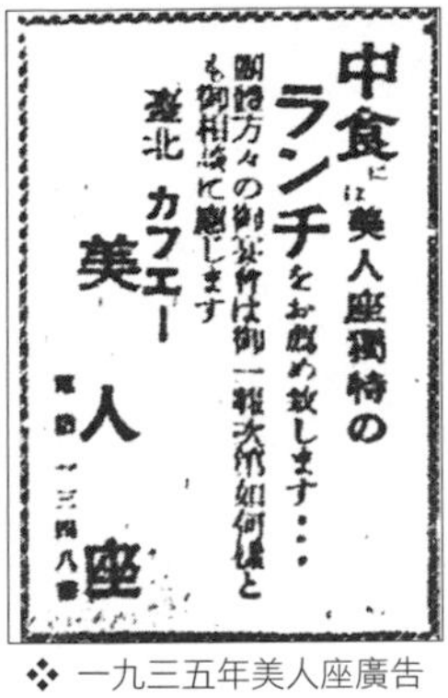

❖ 一九三五年美人座廣告

據《臺灣日日新報》披露，美人座開業日期是昭和五年（一九三〇）十二月二十二日，由表町日星商事原址（館前路漢口街口）改裝，寫真合照的女給二十幾位，甚至有來自日本的美人，最多曾有二十七、八位女給服務，難怪男士們趨之若鶩，如果要描繪一張臺北城內（本町、榮町、京町、表町為主）的男性消費地圖，美人座咖啡屋似乎是不錯的起點。

大城市大到可以吞蝕個人，也可以是上演傳統禮教與現代戀愛觀衝突戲碼的舞臺。男女追求自由戀愛或遵循媒妁之言，兩種婚戀關係恰巧在《命運難違》（《臺灣新民報》連載，一九三二—一九三三）這部通俗小說中，安排故事進展平行輪替，男女主角各分東西後，有如身上背負莫名詛咒，展示了不得不走向乖舛的宿命。相較於常青在島都生活的經濟壓力，《命運難違》青年學子金池則擁有優渥的資產背景，婚戀態度也成為成家立業前的唯一苦惱，剛從日本京都大學返臺放暑假，家裡極力撮合的婚事，讓持戀愛至上論的金池打從心底反抗，這是一個「本質」與「存在」論的掙扎，到底要用行動證明婚姻的基礎應建立在自由戀愛上，還是聽從長輩選擇未曾謀面的對象？作者林煇焜本身畢業於京都大學，小說設定的主角也在京都大學就讀，不免令人假想，透過金池口中抒發的戀愛觀，是否受了曾任教京都帝大的學者廚川白村「戀愛至上主義」的影響；甚至，有如前輩作家劉捷所言，摩登女給在爵士與體臭的漩渦中成為戀愛的教師，她們也是信奉戀愛至上論的一群。差點獻出貞操與金池互許終生的女給靜子，何嘗不是如此信守戀愛至上的角色。不過，這在文學家張我軍身上，已經行動證明，他編譯廚川的《近代的戀愛觀》，深信戀愛是至上最高的道德，是神聖不可侵犯；他在北京談戀愛，雖遭妻子家庭反對，仍爭取戀愛自由，回到臺灣成婚，以至在《亂都之戀》詩集序文，倡言「沒有戀愛的人生，是何等地無聊而苦悶啊！然而，戀愛既不是遊戲，也不是娛樂啊，真摯的戀愛，是要以淚和血為代價的！」他完全汲引廚川的理論，以如此之代價，才獲得甜美果實。但在《命運難違》金池身上，堅決主張「結婚的第一要件就是戀愛。也要去身體力行。沒有愛情基礎的婚姻等於包裝體面的人口買賣。」或許一開始就註定失敗，因為藉由金池的學長玉生之口——「所謂的戀愛至上論者應不介意國籍與階級，既不能娶日本人為妻，那出身無產階級的豈更不用說了」，金池「有條件」的戀愛至上論根本是不堪一擊，遑論在這種迷思下，接下來的發展如何有好結果。

❖ 一九三〇年代汽車越來越多，開在街路上橫衝直撞，臺北州也祭出自動車宣傳隊，宣導交通安全的重要。

❖ 公園一直是約會熱門地點，圖為一九三〇年代的臺北公園。

大約相同時代，類似的通俗消遣小說名單中，吳曼沙的《韮菜花》（臺灣新民報社出版，一九三九）也大量速寫臺北城市場景，挪用做為男女主角言情、自由戀愛的舞臺。小說開章帶入新年島都臺北繁華喜氣的一面，汽車在街路上橫衝直撞，過年迎春的人潮擠滿了可以遊玩的去處，這日一位摩登打扮的少婦月嬌（時髦形象與姨太太身分），乘人力車從洋樓來到一間百貨店，再上樓與牌搭子打麻將。隨後月嬌的乾兒子智明加入，不久二人共赴草山旅館巫山雲雨。被誘初嘗禁果破處的智明，日後迷亂徘徊在月嬌的肉慾及純情的端美之間，仿如福樓拜現代主義小說《情感教育》，巴黎大都會讓青年主人翁腓德烈克分不清幻景或現實，先苦苦追求一個愛情幻影，後又另與他不在意的女子私通。島都臺北一方面象徵為吸乾智明精氣的場域，是端美口中受都市文明洗禮、燈紅酒綠，處處都是物質、慾望誘人的陷阱；另一方面，又是自由戀愛發展不可少的場景，男女初戀啟蒙的臺北橋、海誓山盟的臺北公園或滋生愛苗的戲院。逐漸文明化擴張的城市臺北，既是令摩登的青年男女想像、嚮往的城市，也是擊碎、吞蝕青春的墮落之地。而小說家，甚至言情小說家，

❖ 摩登打扮的女性在公車站等巴士

❖ 一九三五年臺灣博覽會期間，北投溫泉歡迎門。

多以文本抵抗城市化的誘惑與批判現代消費的興起，對於進步、樂觀、理性的現代化島都這個殖民城市，有打從骨子裡就已厭惡的負面態度。

另以言情小說阿Q之弟《可愛的仇人》（臺灣新民報社，一九三六）為例，背景以南部高雄、鹽埕、哈瑪星一帶為主，寡母秋琴獨力撫養三個子女，即使家中一貧如洗，女兒麗茹對臺北的修業旅行仍充滿憧憬，「島都的風光、總督府的樓層、什麼北投、草山一切的夢想、都歷歷無窮」，秋琴卻也不止一次振聾發聵，藉由她的口告誡兒女，城市化後上酒家、咖啡屋、舞廳、打麻將等醉生夢死的行徑對人的毒害，情節中特別也描寫到百貨店的奇幻景象，帶給了無產階級者眼中極度不安的物質魅惑修羅場，創作者之手是這麼描寫的：

> 街路上的來往自動車、射箭也似的嗡嗡然左左右右、飛塵乘風而起、浮動於光輝赫赫的電燈下、百貨店的見本櫥裏、整列著奇形巧樣的物品、摩登女郎、一出一入、購東買西、大有滿載而歸之慨、秋琴覺得市上的交通太過於複雜、恐有不測的事情發生……

城市的喧囂與物質消費的誘惑竟有如大魔神仔，隨時可吞噬人。寡母秋琴憶及死去的先生建華，認定「以

❖ 臺北永樂咖啡屋內

❖ 一九三〇年代紳士洋服廣告

❖ 明治維新後，要穿這樣的歐陸風才算紳士。

前的臺灣除了酒樓、藝妲以外其他的卻未曾聽過有什麼CAFE、跳舞場，近來卻不然了，花柳界、娛樂界的進步可謂應有盡有！噫！建華的一命、真真的被這個惡劣的社會環境害死的呀！」秋琴甚至連三個兒女未來的命運也不禁擔心起了。

再回過頭看《命運難違》，小說序幕即將讀者帶往現代城市消費空間「滿洲」咖啡屋，聚在一起的五位臺灣青年，分別擁有學生、公司職員、銀行員、商人、文官等不同職業與身分，有女給作陪，一桌人高談時事以及貫穿整本書的婚戀主題。做為新聞小說故事「前景」，「滿洲」既與滿洲國時勢有不可分割的連結，但「滿洲」咖啡屋又有實際的存在，位在表町廣口商會舊址的新咖啡屋，請了二十七、八位女給的描述，對於同時代的讀者而言，無非等同前述，是一九三〇年底，在日星商會原址開幕的美人座咖啡屋。店內空間內一樓有蓄音機傳出的音樂，青年們吸著敷島牌香菸，喝著啤酒、汽水，陪侍一旁的女給，教育程度相當高，其中就有十六名女高畢業。那時最高尚的紳士打扮，是白麻西服配黑色蝴蝶領結，頭帶外國進口巴拿馬草帽，鼻上架的是玳瑁眼鏡；而新潮時髦的摩登女子形象，則活脫脫如同一位商店櫥窗模特兒走出來的女性，剪著一頭男士短髮，穿一

❖ 一九三〇年代走在臺北市街的摩登女性，短髮俏麗，腳蹬高跟鞋，身穿流行改良式旗袍。

襲洋裝，白襪在腳踝處下摺，可見光潤的小腿肚。彼時報紙出現許多目不暇給的新名詞，「摩卡」（mordern girl）摩登女孩，「摩伯」（mordern boy）摩登男孩，還有襯衫、火柴、咖啡等等都是新時代潮流用詞。都市現代空間與城市文化，在小說中完全被帶出。也再一次見證，美人座咖啡屋在摩登生活消費地圖上的重要性。如果說一九三〇年以前，城內表町最有名氣的咖啡屋是「牡丹」，那麼，一九三〇年以後，牡丹對街咖啡屋新軍「美人座」則話題最火紅。然而不到幾年光景，美人座的口碑卻逐漸下滑，服務的品質已經到了大小眼的地步。但倘若要見識島都臺北的風流與奢華，美人座仍是城內漫步逛街挺不錯的開端。

菊元百貨店搶先臺南林百貨，於一九三二年底盛大開幕，在此前後，新時代的摩登男女，想要追時髦趕流行，或來場自由戀愛，臺北城區正是最佳場所的不二選擇。與金池婚約擦身而過的臺灣閨秀鳳鶯，雖然聽命傳統禮教，可是對婚戀的觀念，她自有安慰一己的想法，「既然從戀愛不能發展到婚姻，只好由婚姻發展到生活之愛。」被動贊同門當戶對論。但自臺北第三高女畢業的她，與還在就學的妹妹鳳嬌，平時大量閱讀報紙、小說與雜誌，到世界新館看電影，偶爾逛街shopping。如

❖ 臺北市區改築後，位在府前街四丁目的村井商行，約一九一五年。

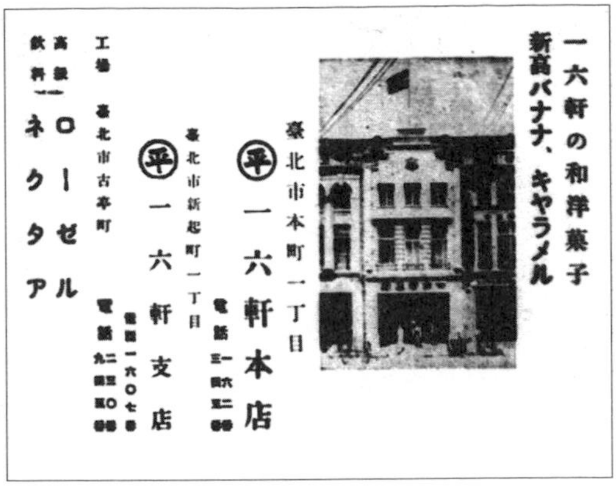

❖ 一六軒的飲料與點心非常討喜

果日本三越百貨出張店來到臺灣鐵道飯店特賣，也會買條漂亮的桌巾。又或者，到村井商店買服裝、提包，新高堂買《主婦之友》雜誌，走累了再到新高喫茶店（一六軒）吃點心、洋食客飯，離開時糕餅伴手，或者約會明治喫茶店喝飲品。她們的消遣與消費方式，大致代表了那時代受過新式教育、家有恆產的資產階級女性，一方面擁有高學歷，心智活潑，另一方面卻又受制於東洋禮教及漢人慣俗。如果教育程度不高的有錢人，則像茶行千金秀惠（金池一見傾心的女性），如她哥哥所言，這個妹妹「非常摩登，非常浪費，花錢如潑水」。秀惠外出有女僕陪同，會撐陽傘，到世界二館看新劇，用餐選擇新高喫茶店吃洋食，無法抵擋香水的魅力，一逛街shopping幾乎忘了時間，在大倉商店買一瓶外出用香水售價十五圓，家用的進口香水更超乎想像，一瓶要價四十五圓（當時大學畢業生工作的月薪才六十圓），雖然兩仕女的消費方式，一者克制一者奢侈，但竟如此相似，城內的消費地圖皆有過她們的足跡，以至於還曾形影交會於新高喫茶店，沒想到，遠在一九三〇年代，已發生過最經典的「雙面佳人」情節。

資產階級與城市興起息息相關，甚至可以說，資產階級等同於商人，市街成為最主要的生活圈與商業活

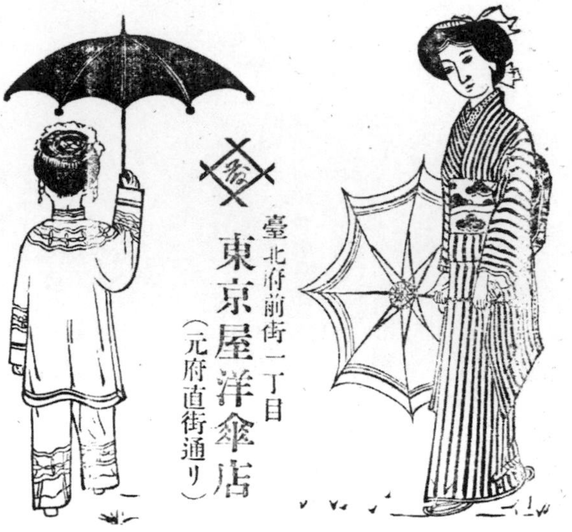

❖ 蝙蝠傘與洋傘流行起來後，已是婦女外出防曬遮雨的必備日用品。

動場所。若攤開昭和時期各年度臺北市職業別明細地圖，店鋪、小賣、機關、住宅、會社，只見熱鬧非凡的商家。而此前幾年，一九二九年世界經濟大恐慌，輸往日本的米、糖生產過剩，各行業景氣呈衰退現象；一九三一年又遇日軍出兵中國瀋陽，與美國也有開戰可能，應戰爭準備，日本開始施行備戰經濟體制，原本就受日本經濟影響的臺灣，也成為農業改造與工業化的一環。一九二八與一九三二年度的〈臺北市大日本職業別明細圖〉地圖層疊相較下，商業市況變動頗大，一如新聞小說《命運難違》曝光，大環境不景氣，金融與米商首當其衝，楊家的茶葉生意倍受衝擊，當中也反映到一九三二年六月中旬大稻埕的城隍祭，商人收入銳減。不過雖說百業蕭條，有一現象卻反其道而行，各城市被稱為時代尖端寵兒的咖啡屋更加新興繁昌，越開越多，室內燈光裝潢散發明亮色澤，爵士音樂聲繞耳不絕，盛況持續到一九三五年臺灣博覽會期間。經過土地開發與商工業變遷，一九三二年底，象徵臺灣現代消費空間另一里程碑的菊元百貨店，就開設在榮町三丁目。

搭乘縱貫鐵路初到大城市的外鄉人，眼界從臺北驛外展開，寬闊的大馬路、燦爛的水銀燈和高偉的洋樓，且喚起有汽車坐、有大菜吃、有舞廳跑的憧憬。一九二

❖ 一九二八年臺北市職業別明細圖城內局部。資料來源：中研院人社中心地理資訊科學研究專題中心。
出處：地圖與遙測影像數位典藏計畫。

❖ 一九三二年臺北市職業別明細圖城內局部。資料來源：中研院人社中心地理資訊科學研究專題中心。
出處：地圖與遙測影像數位典藏計畫。

❖一九三三年，大倉商行本店廣告。

❖ 一九三〇年代，盛進商行強力廣告推銷的香水品牌。

〇年代後，自動車（汽車）蹤影開始成為新興城市的文明風景之一，改正後的寬敞街道，柏油路面亦逐漸改善惡劣的道路狀況，大臺北出租汽車與公共汽車的數量開始爬升。一九一九年，集資擴張成立的臺灣自動車株式會社，率先購入十五到十八人座的小巴士，行駛營業於臺北市，此為市營公車的前身。

昭和初期，臺北市內出租自動車與巴士有增加趨勢。一九二七年，臺北市內乘合自動車預定自五月起，進一步擴張新路線，包括萬華線、螢橋線、臺北驛線（從臺北橋直達北門左轉臺北驛）、宮前町線、板橋線、枋寮線、新店線，明顯侵襲過去人力車的市場，引起市內千餘名人力車夫的恐慌，大部分人力車夫決議在四月三十日罷市一日，當天一早，車夫以一傳十、十傳百的方式奔相走告，竟也引出主管警察機關出面開會協調。林越峯〈到城市去〉（《臺灣文藝》創刊號，一九三四）主人翁忘八，想逃離困頓農村，到城市鑽營生活，急於出頭天的心念，卻沒想到被誘騙買下人力車，最終落得錢車兩失。人力車市場的式微，無非是自動車已逐漸取代人力交通工具。

臺灣自動車株式會社幾經轉手，從大新自動車株式會社到臺北自動車株式會社，在一九三〇年三月，續由臺北市役所收購，同年五月起，臺北市營公車正式行駛於臺北三市街區，並以城內臺北驛為轉運中心。《命運難違》登場各色人物，來去士林、大稻埕太平町、城內、萬華，遠至北投，乘坐公車與出租車擴大了故事舞臺，巧遇或邂逅，運命或死亡交會，都經由文明城市中新式的移動工具而媒合。

既然〈幻影的消滅〉、〈到城市去〉、《命運難違》和《韭菜花》等文本場景皆始自一九三二年臺北城，那麼何不攜帶此一年度以及一九三五年度迎接臺灣博覽會出版的臺北市職業別明細地圖，依公車行駛的重點路線，讓巴士運轉手安全上路，女車掌一路隨行，從臺北驛出站，邁向表町通、本町通、榮町通，直到西門町映畫街，漫走一趟時代青年男女走過的摩登戀愛與消費道路。而眼前最先躍入的，應屬表町前通豪華氣派的鐵道飯店了。

❖ 一九三三年度，臺北市營巴士與女車掌。
當巴士車掌職業成為一九三〇年代婦女的工作選項後，傳統漢詩文也流行起「女車掌」選題擊缽，《詩報》可讀到中壢以文吟社、高雄旗峯吟社等詩社詩人聯詠，如「日日跟隨自動車。收錢喚客興無涯。時裝本是尋常事。漫為摩登誚語加。」（黃石輝）也見當時摩登的女車掌一職，常被保守人士譏評。

❖ 一九三四年度夏季，臺北市營巴士與女車掌，上衣制服有不同變化，從深色系上衣改為淺白色。照片之中有臺灣人鄭寶貴女車掌（右一）。

ii

城內漫步篇

シティウォーク｜Shitiu~ōku

表町通西側・台北驛往新公園

1932 年

- 煉瓦會社
- 吾妻旅館
- 勸業銀行支店
- 南日本
- 山科商店
- 名嘉山醫院
- カフェー美人座

1935 年

- 日清生命
- 吾妻呂館
- 大成火災保險
- (空)
- 塚原醫院
- 山科商店
- 名嘉山醫院
- カフェー美人座

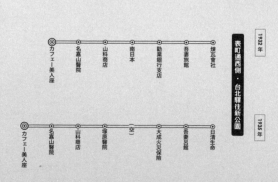

一九三二年臺北市職業別明細圖（A）局部。資料來源：中研院人社中心地理資訊科學研究專題中心

一九三五年臺灣博覽會紀念臺北市街圖（B）局部。資
來源：中研院人社中心地理資訊科學研究專題中心

❖ 一九〇八年臺灣縱貫鐵道通車，豪華氣派的鐵道飯店十月落成，提供國際規格的服務。

起點臺北驛

A 1　B 1

鐵道旅館（表町）——用最紳士的姿勢睡一晚

主建物擁有六百多坪的三層樓鐵道飯店，落成於一九〇八年十月縱貫鐵路完工隔月。初期的廣告文宣內，直接且清楚明白，歐式的飯店到底有何設施，足堪做為旅宿臺北市的門面。一樓玄關與大廳建築裝飾華美壯麗，樓上住宿的房客有升降電梯、電話、電扇、水道水（自來水）、冰箱、新式馬桶可用，用餐可享用法國料理美食，吧檯可喝酒小酌，更不說喫茶喝咖啡，還能吃到香噴噴的窯烤麵包。空間使用上除了食堂、酒吧外，還有撞球場、理髮廳、化妝室、圖書室、談話室、吸菸室、集會室、戶外運動場、游泳池等，想帶走臺灣物產與伴手禮也行，一樓就有禮品部。優越的空間條件，不免吸引從日本「出張」至臺灣販售舶來品的吳服商三越百貨。

三越百貨公司越洋來臺出張特賣，猶如今日之Outlet特賣會，新聞最早出現在一九〇八年三月，先設點在府後街吾妻料理屋，擺賣一些最新流行的服飾及其他洋傘、鞋、化妝品、雜貨、洋裝配件等日用物品，據報導指出，展售四日足足吸引超過三千五百人次流

❖ 一九一五年，三越百貨東京新館落成，也在臺灣的雜誌上廣告宣傳。

❖ 一九〇八年，三越百貨首次抵臺出張販賣，引起一股旋風，幾天下來荷包滿滿，因此有「三越襲來」、「凱旋」漫畫在日報上出現。

連，當時就有漫畫諷刺，襲來的三越出張大賣出是賺大錢的凱旋而歸。一九一四年以後，三越在臺北的出張特賣店，定期設在鐵道飯店，相中的無非是所在位置交通便利，與寬敞而現代化的展示空間，也是《命運難違》女主角鳳鶯能在鐵道飯店買到三越百貨越洋而來的桌巾之因。

十九世紀末，日本有些老牌的吳服店，開始學習歐美百貨公司模式，轉型為大型百貨公司，但工業化生產的大量商品，每年也漸漸出現過剩情況，來到二十世紀一九一〇年代，為了出清過季商品庫存，也將銷售對象延伸到海外殖民地市場，除了出張販賣，還利用通信販賣方式讓消費者訂購。三越、高島屋、白木屋等百貨公司，每年一、二次出張販賣，抵臺巡迴臺北、新竹、臺中、嘉義、臺南、高雄等大城市，也讓臺灣在地的吳服商與雜貨商叫苦連天，紛紛商議如何抵制與對抗，商戰意味濃厚，甚至一度傳出三越預計來臺開設直營出張店的消息，引來虛驚一場。但對於市民而言，因為貨真價實，倒是高舉歡迎之臂。

❖ 高島屋在鐵道飯店出張的連續廣告

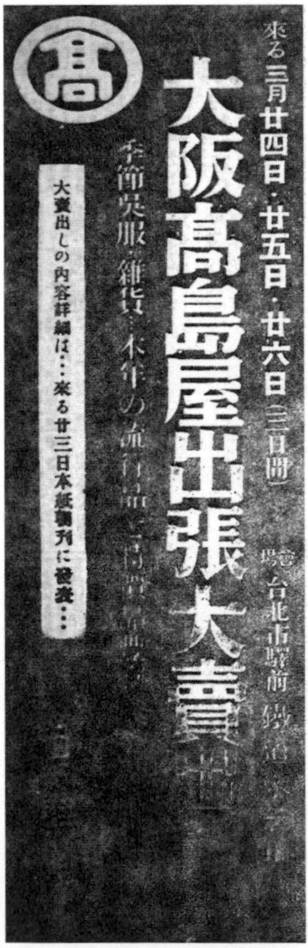

❖ 不僅三越百貨頻頻來臺出張販賣，高島屋、白木屋等日本百貨公司也加入出張行列。圖為高島屋在鐵道飯店出張三天的廣告。

❖ 每年日本的大型百貨公司都會來臺出張，販售當季或過季商品。三越在臺北出張的販賣場所後來都選擇鐵道飯店，廣告也越做越大。

❖ 一九三〇年代牡丹咖啡屋女給貞子

❖ 一九三〇年代牡丹咖啡屋女給娟子

A2 B2

牡丹咖啡屋（表町）— 來來來，話拳、聊天我都陪

比起美人座，經營更早的牡丹，風評較佳，號稱臺北第一流咖啡屋。牡丹離鐵道飯店不遠，對街就是競爭對手美人座。受限於建築格局，牡丹咖啡屋的入口很窄，但空間有縱深。大小包廂完備，日式、西洋式都有，最裡頭的包廂饒富日本趣味，很受顧客喜愛。這裡不只常客喜歡，連普羅大眾的新客人也喜歡。

店內的頭牌女給們，具備難得一見的氣質，在上流客人中很有人氣。從報刊的照片上可以看見有玉枝、敬子、葉子等人。因為這裡美女齊聚，客人相當多，牡丹也趕在一九三五年博覽會之前，於空地增建了有洋式和日式房間的兩層樓，成為名副其實一大歡樂殿堂。

當時有首流行歌〈女給〉（廖永清詞／陳清銀曲／陳寶貴唱）其中一段這麼形容：

青春時。花蕊期。
人客看著笑咪咪。賢款待。
有趁錢。女給最樂青春時。
嗳喲真歡喜啞。女給最樂青春時。

❖ 牡丹咖啡屋女給，右起玉枝、敬子、葉子。

❖ 一九三九年牡丹新館餐廳

❖ 牡丹咖啡屋

❖ 二十世紀初，傳入日本的玉突（撞球），一度成為東京的名勝之一。引自《日本の名勝》（一九〇〇年）。

B3 A3

玉突プレー（撞球play）｜不撞球不算時髦

玉突，即西洋撞球。據考，日本東京大約在一八八五年（明治十八），開始在神田淡路町的萬代軒、京橋采女町的精養軒、麴町飯田町的香取軒等店見到蹤跡。日人治臺初期，很早引進撞球遊戲，玩的人多起來後，難免有技術上的交流與競技，一八九六年十月，大稻埕建昌街的西洋料理店衛生軒，就舉辦過第二回的撞球大會，可見第一回就更早了。

到北投泡湯或療養，溫泉旅館松濤園主在一九〇一年底成立北投俱樂部，也提供弓箭與撞球場設施，泡湯調理身心之餘，可讓旅客舒緩筋骨。一九〇八年，臺北鐵道飯店開幕後，在飯店內少不了撞球臺，畢竟歐式的鐵道飯店就是臺灣觀光旅遊的門面，一切依國際規格經營，在表町想要撞球，最高級的地點當然是鐵道飯店。來到一九一二年六月，撞球好手更齊聚臺北俱樂部開打，全島撞球大會在此一決高下。一九二六年二月，臺北球友同好也邀來世界級撞球名家鈴木龜吉，在鐵道飯店餘興場公開撞球炫技。

一九二八年（昭和三），單臺北市六十四町內，可供撞球的場地就有四十三處，多數以俱樂部為名，

❖ 到北投松濤園泡湯，也有撞球檯可供消遣。

❖ 日本撞球名人鈴木龜吉

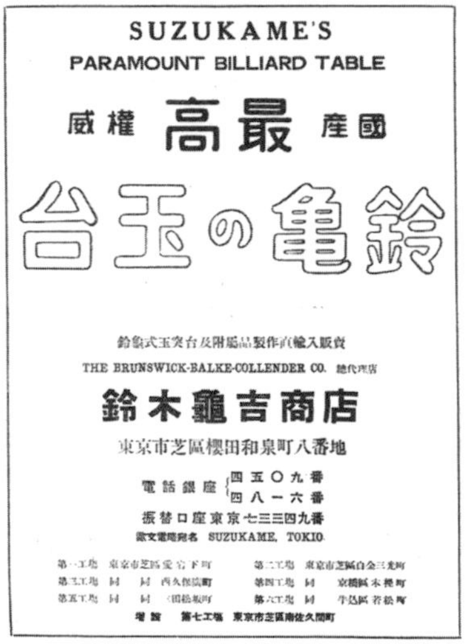

❖ 日撞球名家鈴木龜吉，在東京經營自有品牌撞球商店廣告。引自《撞球日記》（一九二八年）。

可見撞球遊戲的盛行。一九三二年的職業明細圖，表町通臺南新報旁也出現了一間撞球場，店名玉突プレー（撞球 play），市民算是多了一處撞球去處。

❖ 美人座女給森島貴子寫真

❖ 坐落街角的美人座咖啡屋外觀

B4 A4

美人座咖啡屋（表町）——比藝妲坐陪便宜，只要一圓小費

美人座原本開幕時氣勢如虹，大做宣傳，號稱擁有眾多美人，甚至遠從日本邀請日本女給來到臺灣助陣。開張之初，許多青年人應酬都選這裡光顧，〈幻影的消滅〉的商社員工交際，或者《命運難違》影射的滿洲咖啡屋，皆顯現此處是年輕人聚會的首選。

咖啡屋美其名為「美人座」，卻與日本已有的美人座其實沒有關係，設立地點在表町日星商事的舊址。至於日星商事，在此可先一提，成立於一九二九年（昭和四）一月的日星，資本額高舉五十萬圓，社長林熊徵，副社長是許丙。營業項目為內外各種商品買賣，仲介批發商以及代理業務。代理店以及特約店有日本福特汽車株式會社臺灣特約店、日本勝利蓄音器販賣株式會社臺灣總代理店、合資會社弗雷澤商會臺灣總代理店、固特異輪胎與橡膠公司特約店、米其林會社臺灣總代理店、標準石油公司特約店等業務。開業第一年，業績蒸蒸日上，福特汽車、汽車輪胎與蓄音機的銷售狀況都有達到營運目標，不久，日星買下末廣町的店面，同年八月後業務也跟著移轉，讓出的表町店鋪則由美人座接手。

❖ 美人座咖啡屋室內吧檯前

❖ 一九三七年元月初，美人座咖啡屋廣告宣傳「說到午餐，我們推薦美人座獨特的五十錢午餐」、「如有新年宴會需求，還請各位告知，一定會跟您洽談」。吃飯或聚會相談都適宜。

美人座營業不久後，似乎有宣傳不實之嫌，來客情況每下愈況，因此遭受批評，說是名不符實，根本沒有美人。另外，美人座不採取一般大眾消費的經營策略，對於年輕人或薪資微薄者眼高手低，態度惡劣，而對白髮兩三根、荷包滿滿的上流客層就服務滿點。據說二、三樓雖然有特別招待室，但並不是很舒服。據說原本有位頭等上賓，因為不滿意服務也拒絕光顧了。直到臺灣博覽會前夕，美人座的評價依舊不高，有不少批評聲浪。美人座在小說《命運難違》之中匿名為有賣酒的咖啡屋「滿洲」，在都市化過程中，如果要歸屬於小型的「魅化」空間也無不可。所謂「魅化」，是指透過幻想而生產的消費體驗，咖啡屋藉由霓虹燈、音樂、燈光、裝潢、女給的坐陪服務（女性的聲音與情色聯想）等特殊景象、聲音與氣味的營造，以此來喚起光顧的人，其愉悅的消費幻想或聯想。且由於咖啡屋女給坐陪的小費，從藝妲原本的五圓大洋下修至一圓，讓不同階層有能力消費的人大為增加，甚至連家裡小有資產的學生族群都能到此消費，咖啡屋創造出的夢幻地景，在臺灣近代都市化的消費文化中，實占有重要的位置。

❖ 一八九五年近衛師團征臺接收臺灣，遠藤寫真館跟隨第二師團軍拍攝紀錄，後出版《征臺軍凱旋紀念帳》。圖為混成支隊長比志島大佐和司令部員寫真複製。

遠藤寫真館

日本遠藤寫真館在一八七八（明治十一）年開業，是一家族照相館。根據一九三二（昭和七）年出版紀錄，本店位於宮城縣仙臺市立町通三番地。日本的寫真術歷史可以追溯至一八四〇年代銀版攝影術傳入，並在開港通商後，西方攝影師把攝影技術帶入日本，不免也培養出在地的攝影助手，如日本寫真開山祖下岡蓮杖，或幕末知名的日下部金兵衛，後來便拍出十九世紀末當時的市井小民與時代風景，並見識到以手工染色的效果。

創立後的遠藤寫真館，頗得明治政府賞識，在廣告中即曾宣揚，一八九一（明治二十四）年十一月片岡侍從奉命前往千島探險，就有遠藤陸郎受命隨行的紀錄，拍攝的千島諸島實景有一百餘種。隔年十月返國後，就將照片獻給天皇與皇后，還被特別召至宮中參觀，並獲賜酒饌加賞金四百圓。寫真師之一的遠藤誠，還幫明治天皇與皇后拍攝過個人寫真。此外，參加國內外博覽會展出品的寫真作品，也屢次獲獎，如一八八〇（明治十三）年於勸業博覽會獲得授予獎牌；一八九三（明治二十六）年於美國芝加哥萬國博覽會獲贈名譽獎狀；一八九五（明治二十八）年於國內第

❖ 遠藤寫真館舊館

四屆勸業博覽會獲贈有功三等獎。

一八九四年日清甲午戰爭之際，遠藤寫真館師徒多人，也隨軍拍攝戰爭實況與清國風俗。之後近衛師團征臺接收臺灣之時，遠藤寫真館遠藤誠跟隨第二師團軍拍攝紀錄，並共同發行《征臺軍凱旋紀念帳》（一八九六年五月），當中遠藤誠也留下近距離的戰役見聞，甚至是近衛師團北白川宮能久親王領軍的逸事。當然，遠藤寫真館順勢進入臺灣耕耘寫真事業。

從廣告的宣傳語得知，遠藤的經營特色尚包括：

○弊館為了研究寫真術，特地在美國學習三年，至該國有名的理化學博士門下，大小器材盡皆熟悉。因此不怕無法滿足客人各種需求。

○弊館為了四方顧客的方便，特別發售可拿來贈送的寫真切符（按：票券），還有為了酬謝各位的關照，來拍照的諸君如果拿出特別折價券，可以有好價格。

○除了館內寫真，弊館也有出外寫真，請盡快來申請攝影。

○弊館預先調製東北各地名所舊跡的勝景寫真，以最合宜價格販售。

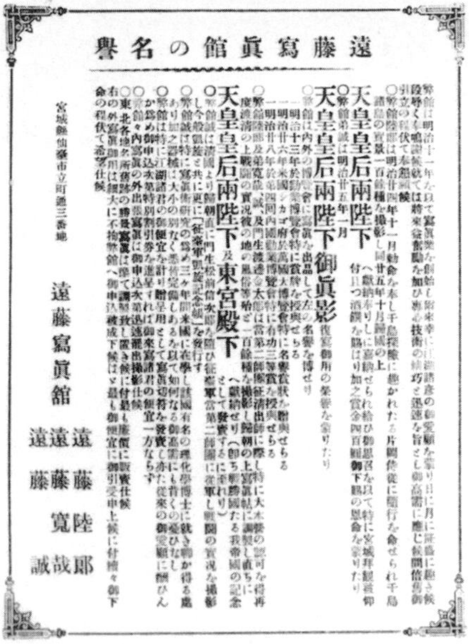

❖ 遠藤寫真館廣告

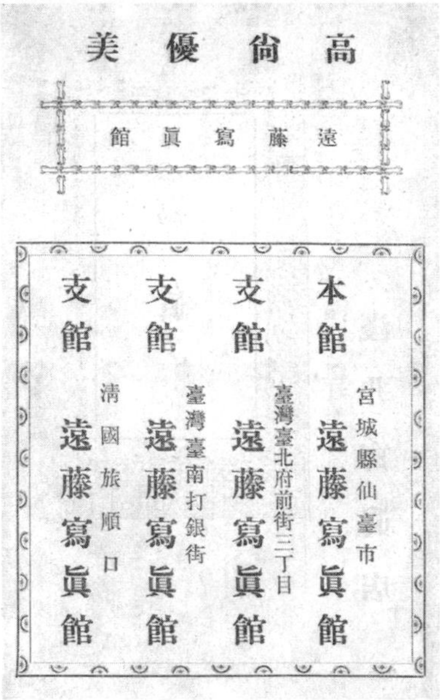

❖ 遠藤寫真館廣告

○除了上述以外，如有寫真的需要，大小尺寸不拘，請來申請。

遠藤寫真館在臺經營分店，據《臺灣士商名鑑》（一九〇〇）、《臺灣商工人名錄》（一九一二）刊，臺北開業地址在府前街三丁目，是一棟混合磚木架構的二層樓建築。由於一九一一（明治四十四）年八月臺北受風災侵襲，殖民政府趁此契機改築市區，因此出現在一九〇九（明治四十二）年的此建築，大抵是改正前的樣式。至於臺南支店開業地址則在打銀街，由遠藤俊掌舵。話說在明治時代結束前，可以繳上二十圓營業稅的寫真館或寫真師，赫赫有名者，數量已不少，除了遠藤一支，其中也包括不少臺灣人寫真師，如臺中新町林寫真館（林草）、林坤山；葫蘆墩陳鳥香、北斗陳圖、石圍檣劉建河、鹿港蔡敦盛等。

一九二〇年代市街町名變更後的府前街劃入本町，一張一九二八年度〈臺北市大日本職業別明細圖〉，遠藤寫真館仍立地本町通，與臺灣儲蓄銀行相鄰，但三月當時，《臺北市商工人名錄》已見遠藤遷設表町一丁目。不過在一九三二年度的明細圖上，卻一度缺席沒被寫入，形成地圖上的空窗期。時間來到一九三五年度的明細地圖，表町的店鋪數增加不少，也看得到遷設後的遠藤寫真館記註其上，有照片顯示，

❖ 遠藤寫真館館主遠藤誠

❖ 遠藤寫真館三層樓新館

遠藤以煥然一新的三層樓建築，繼續提供寫真服務。

攝影發明後，在十九世紀曾被大量用於政治與工業變遷，做為戰爭情報、民族誌探查與風景攝影，如英國政府僱用攝影師拍攝蘇格蘭高地的軍事情報；或日本對外戰役的隨軍寫真紀錄，其中更早在一八七四年牡丹社事件，日軍已派有戰爭攝影報導。臺灣早期也免不了出現一些洋人的殖民探勘、旅行或博物攝影紀實，甚至傳教士醫療與宣教攝影，也留下不少十九世紀末的足跡。此後，一八九五年臺灣割讓日本，日人治臺初期對於攝影寫真仍有一定的規範，大多僅限受官方委託的寫真館有能力拍攝。有良好官方關係的遠藤寫真館，也才可隨軍拍攝《征臺凱旋紀念帖》、《臺灣蕃地寫真帖》等寫真畫冊。而來到一九三〇年代末，寫真還成了另一種工具，《韭菜花》中的世俗化情慾與偷情亂象，已被轉變為記者相機鏡頭下的「真相」，並成為記者提出威脅的證據，堪稱臺灣小說中的狗仔隊始祖。

❖ 森永奶粉廣告

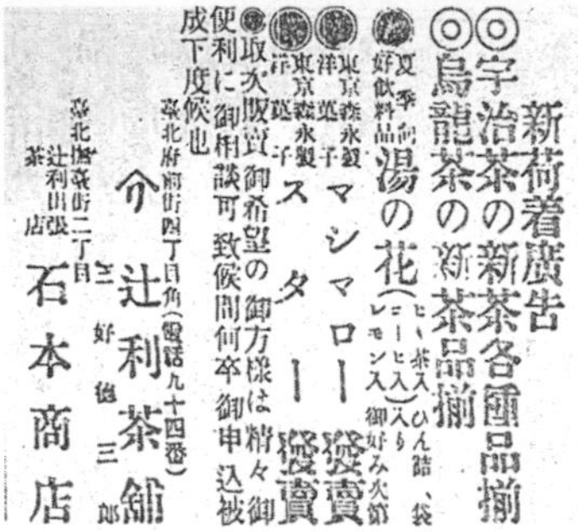

新荷着廣告
◎宇治茶の新茶各種品揃
◎烏龍茶の新茶品揃
夏季向好飲料品 湯の花（ヒヽ茶入ひん詰、袋 コーヒ入）入り レモン入 御好み次第
東京森永製 マシマロー發賣
洋菓子 東京森永製 スター發賣
取次販賣御希望の御方様は精々御便利に御相談可致候間何卒御申込被成下度候也
臺北府前街四丁目角（電話九十四番）
辻利茶舗 三好德三郎
臺北撫臺街二丁目 辻利出張茶店 石本商店

❖ 森永產品在辻利茶鋪寄售

B6

森永販賣所

陪伴百年童年記憶的牛奶糖

森永製菓的創辦人森永太一郎，進入洋菓子市場的時間不算早，一八九九（明治三十二）年從美國引入製作果汁軟糖技術與設備，開始在東京設立菓子製造所，販賣洋菓子。一九〇六（明治三十九）年，森永拓展海外銷路，臺灣的報紙廣告，也開始見得到森永菓子產品寄售在辻利茶鋪內。一九一一年年底，在臺銷售情況一直很好的森永，趁皇宮即將舉行的新年活動「歌会始」，指定菓子為和歌題目，在配合販售的特約店稻垣商店，推出法式、美式等綜合菓子及海綿蛋糕等「勅題」菓子與洋菓子，做為送禮與新年茶點。

日俄戰爭後，牛乳製品漸為普及，森永抓緊這一潮流，在菓子中加入牛乳，成功研發出老少咸宜的牛奶糖，一九一四（大正三）年開賣後旋即「搶搶滾」，這也是後人一直把牛奶糖與森永畫上等號的原因。

隨著牛奶糖的成功，森永更跨足海外事業，為了宣傳自家產品，在臺灣積極的投入行銷活動，諸如買牛奶糖送免費電影的促銷、勸業共進會的賣店參與、派遣活動寫真宣傳隊至臺灣各地巡迴，甚至在一九二五

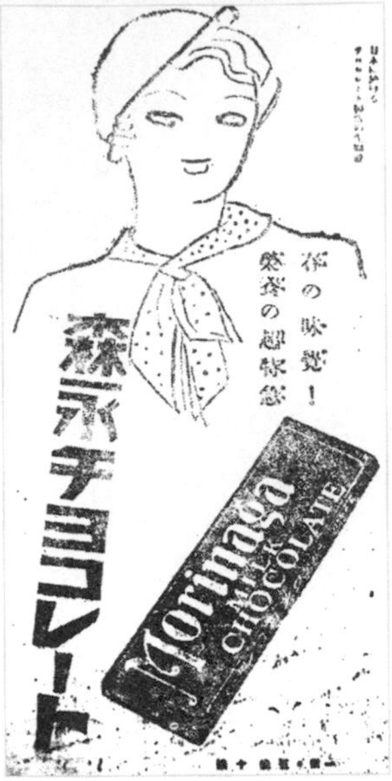

❖ 森永巧克力糖廣告

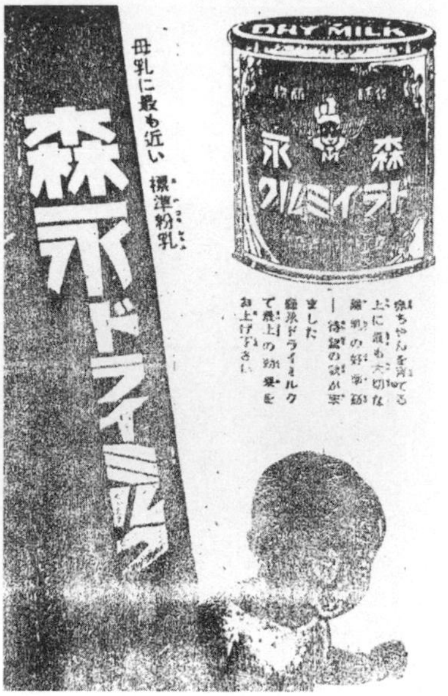

❖ 森永奶粉廣告

（大正十四）年二月，還舉辦菓子業的店頭充實陳列競技比賽，吸引各界名家共襄盛舉。

一九二五年四月三十日，森永視時機成熟，在臺北新公園內公園獅餐廳集會，並宣布創立「森永製品臺灣販賣株式會社」，本社初期先與西村商會共用榮町店址，隔鄰就是水月堂菓子店；一九二八（昭和三）年以後則選設於臺北市表町一ノ三八，從事菓子類及飲食料品的販賣。不過需到一九三五年度的職業別明細地圖板塊中，表町才見森永販賣所之標示。

知名菓子商在大正期間紛紛設立喫茶店，昭和時期競爭白熱化之後，以明治和森永製菓為首，也大手筆改建增建喫茶店。一九三七（昭和十二）年元旦起，明治製菓合併辦事處、賣店與喫茶部，改築為一棟三層樓的菓子、喫茶賣店。森永製菓也不甘示弱，在一九三七年同年買入榮町的土地與家屋，並於隔年改建為一處三層樓建物，並於一九三九年二月，大肆宣傳廣告十八日在榮町四丁目喫茶室開店，成為森永直營賣店與喫茶新地點。

牛奶糖剛流行的世代，當時的森永牛奶糖其實價格不菲，一盒一角錢，當時可買五合米，差不多等於現今大同電鍋塑膠量米杯五杯，是很多孩童不可企及的零食。

❖ 一九三〇年代臺北市鳥瞰，西門橢圓公園一帶三線道。

臺北城與三線道路——歐洲風情畫

一九〇〇年「臺北城內市區計畫圖」定調後，臺北城垣被拆除的命運已無可避免，日人對都市發展的規劃，確立城區成為臺北都心，都市景觀也變得重要。一九〇四至一九一一年，初期「三線道路」利用城牆拆除的土地闢建，並在各個城門處設立圓環，另在三線道路與圓環上修闢遊憩步道與綠園，三線道路圍繞的城區，也劃為都市的核心地帶。總督府、臺北公園（新公園）等行政單位與綠地，皆為都市計畫一環，殖民統治並亟欲塑造出具有效率與秩序的近代化都市景觀意象。三線道在近代都市發展中，一直是描繪城市化很重要的場景，《命運難違》主角金池在偶然中，救下了被匪徒搶奪財物的茶商楊文聰，偌大市區如此機緣巧合，被救之人又是金池日夜神魂顛倒之女神的老父，而這個奇緣場景就出現在三線道路上。另如周添旺填詞的臺語流行歌謠《月夜愁》，歌詞第一句「月色照在三線路」，等愛的人卻不見愛人到來，同樣走上三線道路的劇情，卻是一九三〇年代令人雋永的失戀場景。

❖ 一九三〇年代，遙望小南門的三線道。

臺北公園（新公園）——摩登男女約會勝地

除了三線道是男女約會散步的聖地，一九三〇年代的戀愛約會場所也常出現臺北公園鏡頭。不過臺北公園格局與設施也不是一開始就很完善舒適，日人領臺後一八九九年第一次市區計畫開闢的公園，繼之一九〇〇年「臺北城內市區計畫」告示以來，到若干年後一九〇五年，公園內仍被批評為設施不振、雜草叢生，後來的體質調整發展，才逐漸有了日式庭園、西洋噴水池、露天音樂堂、運動場，以及臺北俱樂部與歐式料理咖啡屋「公園獅」等建物。此外，一九一五年完工的希臘神殿樣式博物館，與一九三一年因應廣播事務設立的臺北放送局，皆見到臺北公園在城內都心日益重要。

《命運難違》金池與心中女神秀惠開始約會的地點在臺北公園，另一位通俗消遣小說家吳曼沙撰《韭菜花》，安排自由戀愛的場地，臺北公園自然也名列前榜。端美妹與智明哥約會在臺北公園，二人互訴衷曲、山盟海誓，最後並以擁吻收在最高潮。公園做為近代都市的公衛空間與遊憩休閒設施，早期接觸的市民反倒偏好閒暇之利用，花好月圓、草木扶疏的景觀，

❖ 一九二〇年代，臺北公園內臺北俱樂部。

❖ 一九一〇年代初期的臺北公園景觀

❖一九二〇年代鳥瞰臺北公園

❖ 臺北公園，是日治時期青年男女最佳約會地點之一。

既公開又半隱密的特性，成為絕佳的約會場所。又如金池等了秀惠一個多鐘頭，姍姍來遲的秀惠竟理所當然先逛街購物，買了一瓶對受薪階層而言是「貴參參」的香水。首次約會，金池結舌面對的女性，從物質消費及時間觀念上就凸顯了個性的差異，那條走上不同命運線拉出的警鈴，已悄悄搖響。

❖ 臺北公園內落成時的紀念博物館

B7 A5

博物館（表町）—— 文化景觀新地標

一九〇六年，臺灣民政長官後藤新平去任，官民參考鳳山舊城「楊邑侯去思碑」之受民愛戴的立碑精神，決議興建一座「紀念營造物建築」，以表彰其任內的功績，並紀念兒玉前總督，公園用地以及募款因此如火如荼展開。為了可以做為代表臺灣的一座公共大型紀念建築物，也展開諸多討論。一九一五年，利用原本天后宮的廟址興造，名為「臺灣總督府殖產局附屬紀念博物館」的建物落成，內常設產業展、自然科學與人類學等展示，建築主體仿希臘神殿樣式，多立克廊柱以雄偉之姿聳立正面，並穩穩撐住山牆，兩翼延伸的迴廊與廊柱又加重博物館的恢宏氣勢，成為公園內極度醒目的紀念物。表町軸線兩端一為臺北驛、一為博物館，彼此遙望，成為進出車站、往返城內最矚目的雙地標。

❖ 一九三〇年代，臺北公園內音樂堂。

❖ 臺北公園初代的音樂堂

B8 A6

音樂堂｜Live 現場演奏大眾化

為了迎接縱貫鐵路通車，配合舉辦臺北共進會，臺北公園也在建設十年後，趕在通車前新闢一處供市民聆聽音樂的露臺場所與噴水池。開幕式當初，有臺北音樂隊表演，民眾自由到場聆聽，入夜之後，光燦奪目的電燈裝飾一閃一閃亮晶晶，聲光點綴了公園一夜浪漫。西洋電燈發明後，尤其被大量利用在世界大型博覽會上，如一八九三年芝加哥世界博覽會，新奇的交流電力點亮整個「白城」電燈，成為城市夜間天際線的亮筆。對比清末臺灣引入燃煤發電的電燈不過巡撫衙門的數十盞，共進會的電力發展可謂大躍進。

一九三五年舉辦臺灣博覽會，公園內設為第二會場，音樂堂翻新，舞臺擴大，直接以鋼筋混凝土建蓋半圓形遮罩造型傳達出音頻擴散的想像，座位區則以扇形弧度展開。博覽會期間，現場管絃樂與各類餘興表演都在此舉行。至於夜間電燈更不消說，據紀錄，單單博覽會臺北歡迎門地標就安裝了六千盞電燈與霓虹燈，遑論各會場的電光饗宴，而新公園的夜間開放，音樂堂的各類表演大受歡迎，場場演出皆擠滿人潮，座無虛席。

❖ 一九三五年臺灣博覽會期間，臺北公園內音樂堂。

❖ 臺灣博覽會期間，太平町各街道夜間亮燈風景。

❖ 臺北放送局放音塔

❖ 臺北放送局

B9 A7

臺北放送局——投降玉音就從這裡播送

一九二二年，東京上野公園舉辦「和平紀念東京博覽會」，無線廣播盛大公開後廣為日本大眾知悉。一九二五年，東京、大阪、名古屋三地電臺陸續試播，這年也是日本進入廣播時代的紀元。但為有效監督與統制廣播放送，一九二六年由官方主導成立日本放送協會，除管理廣播事務，也協助海外殖民地廣播事業的運作。此後隨著政治局勢的改變，尤其一九三一年駐中國日本關東軍藉軍演發動攻擊後，國家機器更加強掌控廣播做為意識形態統一的工具，成為精神動員的媒介。

廣播的大眾魅力無可擋，影響力也吹向日本的殖民地，臺灣在一九二五年的「始政三十年紀念展覽會」，交通館已進行試驗性的廣播，放送的地區涵蓋基隆、淡水、新竹、臺中、宜蘭等地，成為當時極有人氣的一次展示。不過殖民地總督府仍投鼠忌器，廣播一方面無遠弗屆，另一方面官方也擔心廣播被利用為政治運動之宣傳工具，一九二〇年代末期設立臺北放送局（一九二八），無可避免皆由官方主導節目製播。一九二八年十二月二十二日下午兩點，臺北放送局舉行正式成立的「開局式」，宣告臺灣也進入廣播時代。

❖ 臺北公園內西洋料理店公園獅

B10 A8

公園獅(ライオン)——有酒有咖啡的歐式西餐廳

在鳥瞰臺北公園的寫真景象中，西洋料理店公園獅的存在似乎若隱若現，總是退讓於較早成立的臺北俱樂部之側。但對於臺北城內消費地圖而言，公園獅的活動力與報導卻不乏高調。臺北公園的初期規畫內一直有喫茶店的設置想像，但受囿於來客數一直無法提升，以至於有雜草比人多的批評。直到管理上級接受建議，大正元年十二月，公園獅才以歐式風格的西洋料理與喫茶店開設。

開幕後，報紙即有詳盡的報導，「是一棟頗為時髦的西式建築，……設有暖爐、餐桌、椅子、窗簾、匾額等一應俱全，一派時髦的風格，洋酒、日本酒，種類應有盡有，……此外，從日本茶、烏龍茶、紅茶，到咖啡、巧克力、可樂類的飲料，亦無一不備」，公園內增加一處可以吃飯、午茶、小酌消費的地方，也算造福遊客或散步的人，但營業後的評價似乎稍有落差，不過由於不收小費，直到因臺灣博覽會的到來被拆建為迎賓館前，公園獅倒也培養不少老顧客。

❖ 公園獅一九一三年新年廣告

❖ 公園獅女給菊子

走入臺北新公園，林園造景與博物館，確實可以令旅客消磨大半天，若再轉往本町（重慶南路）、榮町（衡陽路）、西門町，那又會是另一個消費樂天地了。

寫真

❖ 出了公園走往榮町方向，即進入城內另一種市街風貌。

❖ 新高堂出版，昭和七年度《臺灣各中等學校：入學試驗問題及解答》。

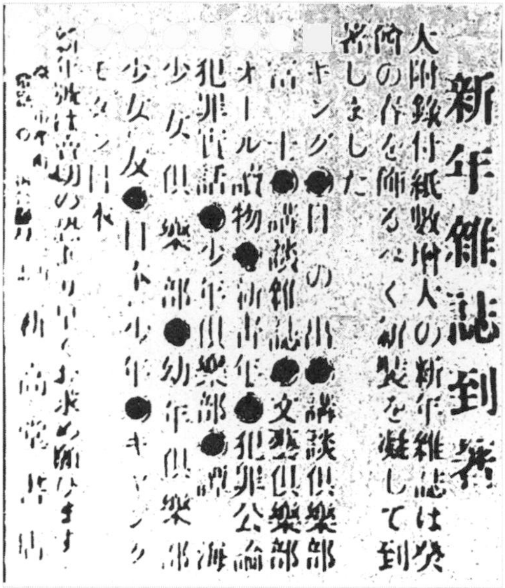

❖ 新高堂新年雜誌已經到店的廣告

B 11　A 9

新高堂

想找最新雜誌與書，來這裡就對了

從《命運難違》可知，鳳鶯與鳳嬌這對姊妹，購買雜誌或文藝書刊，吸收新知最重要的管道之一就是新高堂書店。日治時期販售中、日文書店的經營，大都不脫文具店形式，進入大正時期後，隨殖民教育日語人口的增加，加上市區改正後市街發展，一九一五年新高堂在榮町改建三層樓書店，開始初具經營規模，當時城內老牌書店有新高堂、文明堂（古本店）、杉田書店（新、古書兼賣）等較知名，新書販售則以新高堂為領頭者，亦被稱為臺灣最大書店。

新高堂本身不僅半壟斷進口書刊，加上門市零售、經銷書籍給其他通路，還擁有自己的出版品業務，其中有配合官方的學術出版品、辭典、教科書、考試用書、各級學生考試參考用書等，如《臺灣各中等學校：入學試驗問題及解答》參考書，從留存的文獻看來，市占率還頗高。販售進口的通俗雜誌，如《婦女俱樂部》、《少女俱樂部》、《少年俱樂部》、

❖ 一九一三年，新高堂在石坊街時期的廣告。

❖《婦人俱樂部》雜誌廣告

❖《主婦之友》雜誌廣告

《主婦之友》、《少女之友》等都非常熱銷，這也成為如鳳嬌當時這些受教育的中學生，因為閱讀各種雜誌，產生話題與思辨的源頭。而小說作者甚至替自己發聲，透過鳳鶯之口說出，報紙連載的小說對現代女性的意義，「沒有文學知識可不行。當然，也需要有女性應有的知識，小說也不能缺少。」

店主村崎長昶原是日本領臺初期以軍眷身分來臺找尋出路的年輕人，但擔任陸軍省雇員並不得志，辭職後在工程承攬、水路運輸及土地房仲買賣、借貸等業務打滾，賺到好幾桶金，並於一八九八年（明治三十一）開設新高堂，未來更發展成為圖書實業界執牛耳之一方，據報導，村崎長昶固定每日都要拜訪客戶，而且數十年如一日的一定會親自在店裡服務顧客。除了長期擔任臺灣書籍商組合的組合長，並任臺北市協議會員、臺北信組理事、臺北市倉庫信組監事、東海自動車監察役、中央市場監察役、臺北實業界理事、大同會會長等職。新高堂也被認定為臺北榮町商店街首屈一指的一流店家。

❖ 一九三二年，大倉歲暮大賣出廣告。

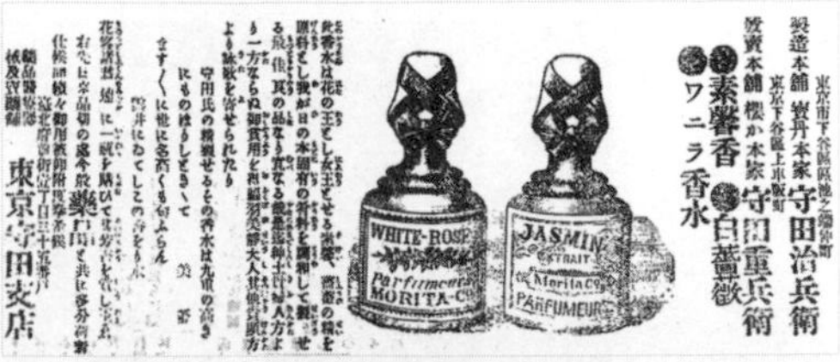

❖ 一八九六年，日報上的香水廣告。

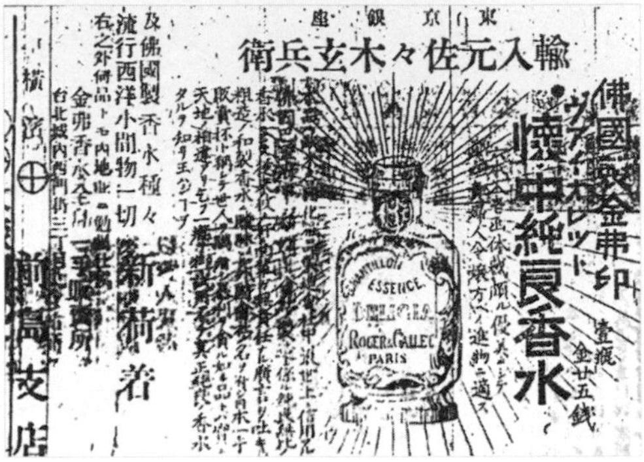

❖ 一八九八年，日報上的香水廣告。

B12 A10

大倉本店

可買到很高貴的香水舶來品

日人領臺第二年，報紙廣告即見商人輸入香水販售的廣告，此種非民生重要物資，驚嘆在兵荒馬亂之際卻仍有需求，可見古往今來香水的地位是何等重要。香水，長久以來被視為女性的第二層肌膚，不僅現代人喜愛，古文明國家早已對香料、香膏情有獨鍾。二十世紀初香水混合人工香料與酒精並與時尚產業結合後，又以一九二〇年代香奈兒五號香水大放異彩最著名，成為世界性的時尚潮流。加上一戰參戰各國剛從戰爭的泥沼脫困，投入職場的新女性追求個人獨立自主的生活，透過時尚化妝雕塑外在容貌已成趨勢，據今和次郎一九二五年五月對東京銀座風俗的考現，街頭幾乎沒有不化妝的女性，隔年夏天，日本開始出現形容「摩登女孩」用語。在臺灣二〇年代中末期也能看見報紙廣告密集宣傳芳香石鹼，對於香氣的重視日益，不僅美顏白粉、萬用香水等妝容產品，甚至開始有美容術的推廣。進入昭和時期的臺灣報紙，自設有宣傳部的日本資生堂，也頻頻刊出化妝產品宣傳，婦女成為流行消費市場主力已是共識，女士依附香味的習慣也更加緊密。

❖ 一九三三年元月，大倉接續前一年的歲暮廣告，大做新年大賣出廣告。

❖ 一九三三年，春季雜貨大倉本店特賣廣告。

《命運難違》主人翁金池的夢幻對象秀惠，雖非投入職場如接線員、車掌、店員或女服務員等現代職業婦女，但因為生在無須工作賺錢的資產階級家庭，一個月有三百圓零用金，也養成對流行消費的偏好，尤其對香水情有獨鍾。當兩人第一次約會，秀惠卻先去了大倉本店逛商品、買香水，結果遲到一個小時，商品（香水）對於秀惠而言，是比約會承諾更重要的事，她跟金池也聊到，家裡有錢不花更待何時。一瓶攜帶型小瓶香水要價十五圓，只夠用一個月的家用香水等級更高達四十五圓，等於一位普通中產階級幾乎一個月的薪資，而話說秀惠一出門的這些花用，眼睛眨也不眨一下，首次約會的金池，就面對這樣花錢不手軟的摩登女性，價值觀簡直天差地遠，內心的苦水已不禁暗自湧滲出來，無論如何也無法理解秀惠因為家裡有錢，就極盡可能打扮與奢侈，那種「為快樂而生、活著、結婚、生子、最後而死」的心理。

如果把秀惠當成一位純然的女性現代消費者，在男性金池批判性的眼中當然欠缺包容度，城市現代化後的女性已然改變中，金池不明所以的悲哀與不安，正是與他強調的，想要自由戀愛結婚，可是對象卻遠遠超出他男性所能駕馭的一個全新的時代消費女性——「大方的態度，率性的談話，淺薄的思想」等等背道而馳。兩人約會時走過市街，秀惠時髦短髮的打扮，往往引起路人的側目，人們被她摩登的打扮吸引住

❖ 一九三〇年代，Hechima 古龍水香水廣告。

了，秀惠卻一臉無所謂，全然接受對現代摩登女性被觀看的方式，不覺得有什麼尷尬，過去「女為悅己者容」的法則不再適用於秀惠，時髦的外在就是她獨立存在的證明，她並非為了約會才做打扮，但金池遇上人們的眼光反而不好意思起來，實實在在引發了男性父權的焦慮。社會學名著《日常生活中的自我表演》（Erving Goffman）提到日常生活中的前後臺表演概念，在秀惠身上幾乎不相干，對於身體現代性的展示無須遮掩，金池欲施展的男性權力完全使不上力，不管婚前還是婚後都相同。又小說另一幕，女主角鳳鶯結婚前，妹妹鳳嬌想送一件高級禮物給姊姊，兩人於是從村井商行逛到大倉、盛進，透過《命運難違》之中描摹的年輕女性消費地圖來看，這幾間商店幾乎等於是城內歐美雜貨的大本營了。

若再看法國作家左拉《婦女樂園》描寫百貨公司擴建後，夾帶雄厚宣傳預算進行開幕促銷，小說家將之形容為「就像是在喧騰地獄裡丟下一把火，讓商場燃起一陣顫抖騷亂，如同大船全速前進會造成的搖晃。」而一群貴婦過境一樓陳列廊後，第二波急急湧向新設立的香水部門，「人們在那裡爭奪一塊香皂，幸福香皂，是這間店的專屬產品。櫃臺櫥窗裡，水晶板架上，一瓶瓶的香脂和乳膏，粉盒和胭脂，臉霜和香水排列成行」，其中那位馬悌夫人塞滿了洗劑、牙膏、化妝品後，才心滿意足離開。

❖ 遷移至府中街四丁目的一六軒本店，約一九一五年寫真。

B 13　A 11

一六軒（新高喫茶店）——不只和、洋菓子讚，壽司更是一級棒

臺灣洋菓王森平太郎，據說是赤手空拳白手起家的菓子商。出生於日本佐賀縣小城郡北山村，一九一二（明治四十五）年渡臺，在臺灣的製菓界打滾多時，終於打下事業基礎。一九一三（大正二）年，森平太郎頂下資深老牌菓子店一六軒，原本店面位在臺北撫臺街二丁目，支店設在基隆哨船頭。不過，一六軒的菓子產品雖量小但質優，生意頗見出色，到了同年底十二月十二日，即在報紙上刊出遷移啟示——「弊店承蒙各位愛顧，生意日益興榮，深深感謝，因為店內狹小，現在遷至以下地點，原先的總店改為分店，會更加實惠，還請來店光顧。」新店面移至府中街四丁目，大約是城內大翻建期間，府中街後來也劃歸本町。

因事業蒸蒸日上，一九一八（大正七）年十一月，一六軒在古亭町設立製菓工場，擴大產能，不久以後，一六軒推出口味獨特的新高香蕉牛奶糖，一九二〇（大正九）年香蕉牛奶糖登上廣告，造成熱賣，還紅回日本，隔年並舉辦週年特賣促銷。新高製菓商會大約此時期成立，店址設在本町（二ノ三二），同時也做為批發部。一九二三（大正十二）年更擴張在榮町（二

❖ 一六軒一樓吧檯夜間風景

❖ 本町一六軒

ノ五）成立新高喫茶店（地圖榮町內未見標示），店面一樓為一般休憩場所，二樓為日式榻榻米空間，隔間六疊有三間，大廣間寬三十疊，在這裡可以吃到西洋生菓子、冰淇淋等甜點，但據說美味的壽司也人人誇讚，小說《命運難違》鳳鶯與鳳嬌姊妹，街逛累了，新高喫茶店的壽司就是午茶小點心。

一九三三（昭和八）年度，本町的新高製菓商會併入古亭町的製菓工場。越一年，一六軒事業版圖持續擴大，臺中設立支店（大正町二ノ一），臺北設立新起町（一ノ二二）支店，千歲市場內也設立一六賣店，西門市場八角堂內二樓也改裝食堂（Offset），除了喫茶部，也供應蓋飯、啤酒等食物。另外，東京、大阪、千葉煉乳所等分店，亦業績輝煌，朝向全世界市場前進，即使大環境不景氣也絲毫不受影響。

從這個地方即可看出，為何森平太郎會被譽為臺灣洋菓王之因，從身無分文到百萬富翁，在臺灣實業界可謂傳奇。

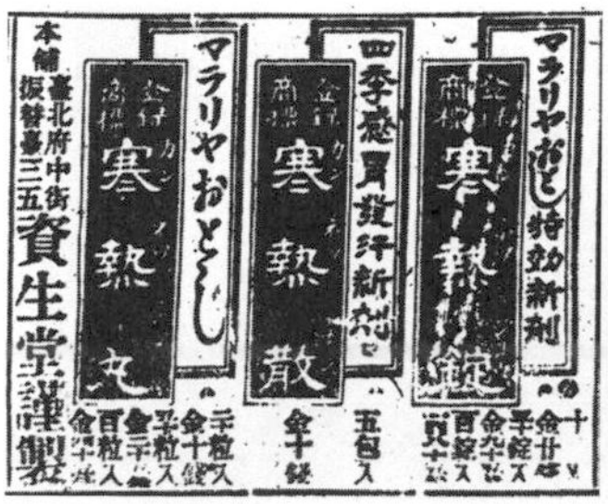

❖ 資生堂寒熱丸廣告

❖ 一九一〇年代，臺北城內市街改築前，資生堂藥鋪府前街舊本店。

A 12 B 14

臺灣資生堂藥鋪與帕爾瑪（パルマ）喫茶店

吃藥討厭，汽水、冰淇淋我最愛

「至哉坤元，萬物資生」是資生堂招牌命名由來。據日本資生堂發展史料記載，資生堂創辦人福原有信在一八七二年辭去原本任職的海軍藥劑監，與陸軍軍醫總監松本良順等人創立資生堂，當時本著醫療與藥品分業的進步觀念，在銀座資生堂一樓設立藥局，二樓設立回陽醫院，由松本良順主診。

❖ 松本順肖像，引自日本國立國會圖書館藏《民間治療法》。

福原有信在醫學所學習時，也是松本良順擔任醫學所所長期間，松本良順後改名松本順，《仁者俠醫》漫畫或電視劇《仁醫》都曾出現過，兩人從師生關係進一步合作創立資生堂。但初期資生堂的事業並不順利，兩年後面臨倒閉與解散。松本順關閉回陽醫院，另與福原合作改賣成藥「神藥」十五種。後來福原再成立東京製藥所，推出自創生產的成藥「神令水」、「清女散」、「金水散」、「蒼生膏」、「愛花錠」，又與官方合資設立大日本製藥公司，販售健胃糖與腳

資生堂寒熱丸廣告

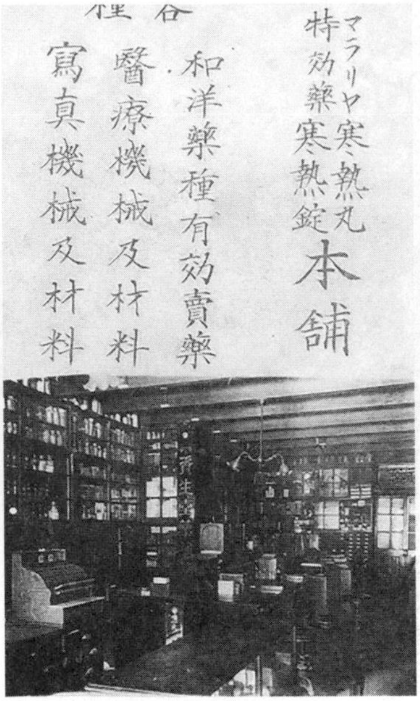

府前街時期資生堂藥鋪店內

府前街時期資生堂藥鋪外觀

氣丸，及日本最早的牙膏「福原衛生牙膏皂」。夏目漱石《從此以後》上場的主角代助，旅行前打算採買日用品，逛銀座資生堂即被強迫推銷衛生牙膏皂。

此外，資生堂事業並拓展至化妝水、香水、髮油、粉底等化妝品。福原另跨足保險業，在一八八八年設立帝國生命保險公司（一八九三年任董事長）。一九〇二年，福原經歐美考察回國後，資生堂大膽引進汽水機與冰淇淋，這也是未來資生堂發展喫茶部與餐廳的前奏曲。

不過，如果注意到，早在一八九九年《臺灣名所寫真帖》的資生堂藥鋪廣告中，臺北支店所屬的東京本店是位於日本橋室町三丁目；或者，又如一九一三年十月三十一日《臺灣日日新報》的資生堂藥鋪廣告，日本本店則改至日本橋本石町（店主新田長治郎，發行《資生堂商報》），皆非銀座的資生堂本店，是一件頗不尋常的事。在日本擁有相同店鋪名號，卻分別有不同經營者獨立營運，可說是極為少見的特例。根據《開花之人：福原有信的資生堂創業物語》內容提及，日本橋資生堂是因為松本順的關係才成立，雖未言明設立緣由，但不難理解，應是松本順為其子將來回國所做的鋪路，可惜天不從人願，其子早逝，松本順因此沉寂，於一九〇七年病逝。

❖ 帕爾瑪喫茶店內

日人領臺初期在臺北最早設立的西式藥鋪之中，除了富山組、三省堂、積善堂、日之丸商會、守田支店等，臺灣資生堂藥鋪也算得上是元祖之一。臺灣資生堂藥鋪來臺甚早，但並非銀座資生堂一支，店主雖不是福原有信，仍能夠進口銀座資生堂的藥品，松本順監製的胃藥即為一例。據史料載，一八九七年，中田銀三郎偕妻中田堅子來臺開設藥鋪，掛名臺灣資生堂藥鋪，成為臺北第一大藥王。而位在府前街的藥鋪店面，高聳的仿塔尖建築，則是最醒目的地標。中田銀三郎因病早逝，中田堅子繼承藥鋪經營，做得有聲有色，以對付瘧疾的寒熱丸、寒熱錠特效藥出名，賣得嚇嚇叫，有臺北三女傑之一的稱譽。

酒專賣制度施行後，還拿到進口許可，成為王冠印赤十字葡萄酒的臺灣代理人。一九二三年十月十日，藥鋪變更為株式會社資生堂藥鋪，竟比銀座的資生堂還早幾年升格為株式組織，中田堅子不意外成為取締役社長（董事長）。營業項目不僅藥品、製藥、醫療器材與進口酒零售，還涵蓋寫真器械、醫療與理化學細菌學相關各機械、度量衡器及計量器的販賣，甚至批發業、代理業、土地租賃，各種附帶業務也涉足。中田堅子回到東京市日本橋區本石町本店坐鎮後，臺灣資生堂則交由山本富次郎執掌事業。成為公司組織的臺灣資生堂，不久另設簡易休息所，即藥鋪店隔壁

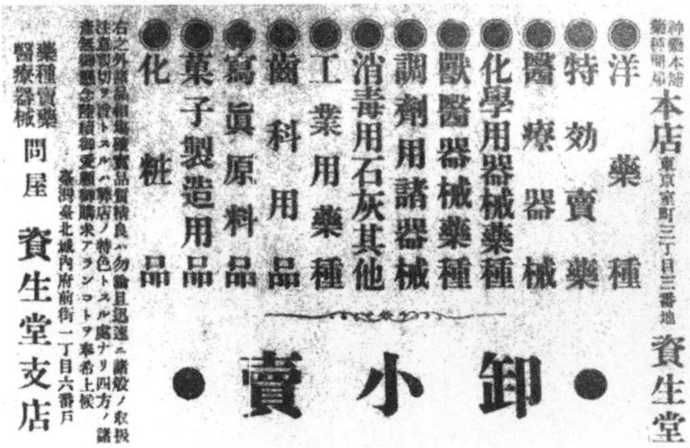

❖ 一八九九年，資生堂東京本店位於日本橋室町三丁目的廣告。

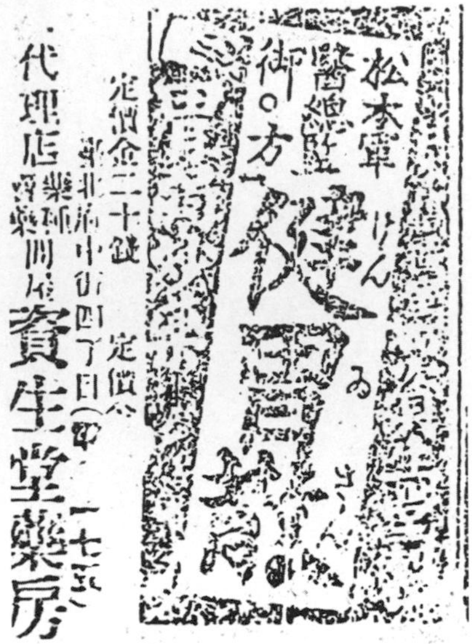

❖ 資生堂松本軍醫監製胃藥廣告

❖ 赤十字葡萄酒廣告

的帕爾瑪（パルマ）喫茶店，一九二五年五月有新聞報導，店內不僅提供汽水、冰淇淋、咖啡、紅茶、洋菓子、麵包等飲食，還兼賣東京資生堂的化妝品。而有閒階級在店內飲紅茶、喝汽水、看報紙，也成為一處優雅的城市地景。

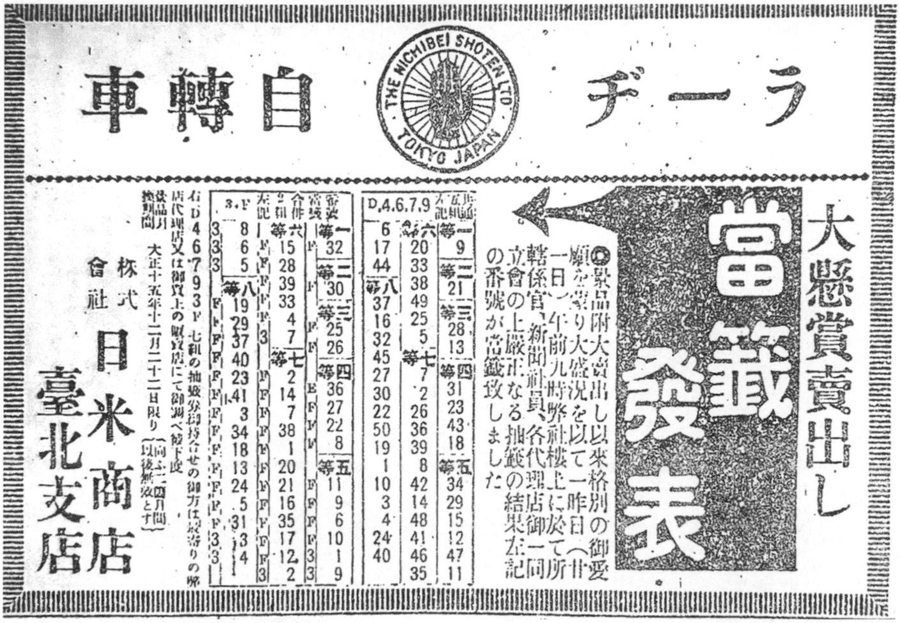

❖ 一九二〇年代，日米商店自行車廣告。

B15 A13

株式會社日米商店最響亮的自轉車——富士霸王號

日本雖早在明治三年引進自行車，但到了明治三〇年代才漸有較多女性騎車。一八九四年（明治二十七）曾報導一則新聞，喜歡騎車練習的女子在下坡時與另一輛自行車相撞，而成為大事奇聞，可見當時女子騎車被認為是多麼怪咖。一九〇二年（明治三十五）留學倫敦的夏目漱石曾罹患精神衰弱，整天躲在房內，房東太太看不過去，熱心建議他要騎自行車多運動，以治療神經衰弱。但學騎現代人應該具備的自行車術，卻也讓夏目落得不斷跌車的狼狽，對於剛接觸現代性交通工具者而言，自行車這樣的西洋事物，真是令人愛恨掙扎。

一九〇〇年（明治三十三）創辦的日米商店，原本以輸入販賣美國スターリン（STIRLING）號自行車為主力。一九〇六年（明治三十九）拿下號稱英國最厲害的 Rudge 自行車東洋總代理之後，日米商店開始主攻此款自行車。一九一四年（大正三）歐洲爆發第一次世界大戰，自行車及零件進口逐漸困難，日米商店乃於一九一六年（大正五）率先創設可自產的大日本自轉車株式會社，致力於自行車國產品，一開始仍

❖ 自轉車在戰爭時期也成為訓練的一環。圖為國防訓練大會自轉車競技。

仿製並掛牌英國「ラーヂ」（Rudge）。一九一九年（大正八）組織增資，生產線持續擴大，在一九二〇年的廣告中，仍可看見英國「ラーヂ」（Rudge-Whitworth），以及一款美國「ケント」（New-Kent cycle）牌子。但一九二七年（昭和二）英國 **Rudge** 提出「ラーヂ覇王号」商標權抗議，日米商店不得不自創富士號品牌，同時積極向海外大量輸出。一九三一年（昭和六）載，臺灣盛行的日米商店自行車品牌，分別有富士號、富士霸王號、宣傳號。期間，除了東京總部與大阪工廠，在東京、大阪、名古屋、福岡、京城、臺北、札幌有六間分店、一間出張所，以及各地五千家以上合作的販賣店，同時也在大阪設立輸出部，銷往世界的貿易網路遍布亞洲。

十九世紀末，少數在臺洋人零星引進自行車，當時數量還只有個位數時，喜歡文明新奇事物的民政長官後藤新平，據說也和老婆和子一大清早起來練習騎車。

一九〇四至一九〇五年間，自行車在臺灣盛行起來，一九〇五年九月十日，來自《臺灣日日新報》的「阿緱通信」消息，即指出自行車的流行情況，單阿緱（屏東）全廳自行車的數量已達一百二十輛，且皆價格不菲，彼時自行車還要課稅，屏東公園也成為自行車競走的場地。自行車數量多起來後，不少運動俱樂部或

❖ 日米商店富士霸王號自轉車六大特點廣告

❖ 日米商店富士霸王號自轉車廣告

自轉車會開始利用自行車舉辦競賽或旅行。一九〇五年，體育俱樂部秋季大會，自行車也列入比賽項目；同年底，臺南在大北門外練兵場舉辦秋季自轉車大競爭會；一九一〇年，臺中仕紳為祝天長節，在臺中公園舉辦自轉車大競走會，當時的青年林獻堂也身在角逐之列。至於自行車旅行，當時已有臺北到北投、臺北到淡水的遠程長征，自行車風潮，一時好不熱鬧，當然自行車造成的車禍也不少。

至於日米商店的富士號系列，何以能稱霸臺灣的自行車市場，正如其一九三五年廣告宣稱的高標準品質及特色：

耐久力

日米的自行車材料經過嚴選，在設備完善的工廠與洗鍊的技術下製作而成，還經過完整的測試才出廠，非常耐用，可以長年使用而不需要修繕。

好騎

日米的自行車以三十餘年的經驗為基礎，能保持最適合日本人體質的角度，其使用純良的鋼材搭配輕妙的輪胎，極為輕快，無論怎麼長時間騎乘絕不會感覺疲勞。

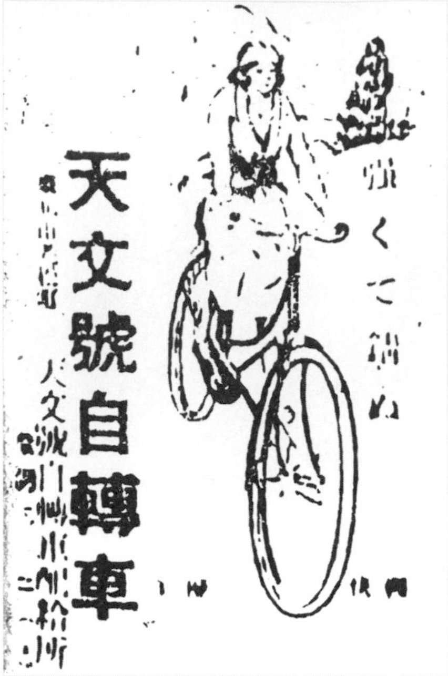

❖ 一九三二年，天文牌自轉車以女性騎車形象為廣告視覺。

❖ 日米商店富士自轉車，推出的淑女車款廣告。

品味

正因為日米的自行車擁有品味，絕對不允許被其他人追上，是所謂高級車的真「味」，其色調具有獨特的雅緻，完全符合現代人的喜好，怎樣都不會厭膩。

服務與責任

日米的自行車如前述有六家分店一家出張所，以及全國五千家販賣店，形成一完整服務網路，萬一在製作上有瑕疵而造成故障，日米將盡速負起責任，且在全國各地，無論如何偏僻的地方都能利用維修服務，絕對不會讓愛用者有任何不便。

一九三七年，日米商店的廣告還出現適合女性騎乘的淑女車款，打著騎起來輕快且不會疲累的文案，自行車形象除了健康陽光的一面，頓時成為男女結伴郊遊代步的好工具。

❖ 十九世紀末，日本東京的理髮店。引自《東京風俗志》。

A14 智光理髮店

斷髮到理髮

日語「斬髮」、「斷髮」，說得通俗點就是剃頭變短。日本明治維新後，維新政府在一八七一（明治四）發布「斷髮」許可，允許男子可將髮髻剪掉，又稱「散髮」。路上觀察風俗大師林丈二形容，日本文明開化的第一刀，可形容是西洋剃頭剪刀下的「散切髮」。至於漢人傳統的「寧可失其頭，不可斷其髮」的士大夫觀念，往往在改朝換代的時期遭遇某些抵抗。滿清入關中原後，很快頒下剃頭令（薙髮令），頭要剃得像滿人，那漢人不成了背祖忘宗，不願服令者、反抗者被殺頭的大有人在。臺灣在明鄭時期正式結束後，鄭克塽與部將立即被剃頭以示歸順，且限令臺灣島民三日內剃頭。據說有人不想剃頭，還遁入番界，寧願成為原住民。移風易俗之難，從髮型的改變就看得出來，東西方皆然，甚至有時還需要有殺頭的勇氣。

臺灣在一九一一年起，有大稻埕區區長黃玉階、傳統文人謝汝詮（雪漁）等人倡議斷髮改良風俗，並發起設立「斷髮不改裝會」。斷髮會的成立，實帶有折衷與妥協的智慧，從過去歷史上的剃髮易服經驗，第一時間非常容易產生抗拒與衝突，斷髮會推廣期間

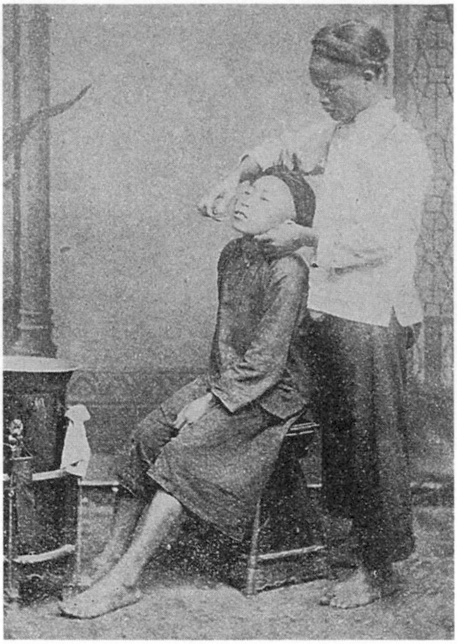

❖ 二十世紀初，臺灣在地簡便的理髮攤。

❖ 十九世紀末，日本京都的理髮店。引自《京都繁榮記》。

就曾發生過有位夫子逞能斷髮，結果妻子負氣回娘家三年不見面的新聞，遑論傳統知識分子的抗拒心理。霧峰林家林癡仙在斷髮運動後，曾以一首借古喻今的詩作，取滿清的薙髮比喻今日的斷髮，「衣冠見高皇，幸保髮種種」，髮膚從孝道延伸至國家興亡，臺灣受日本統治後，二十世紀初的傳統觀念中，部分人士失根的亡國感未全然散去，身體所代表的身分與國族認同的連結仍深，對他們而言，斷髮猶如斷頭，與二百年前滿清入臺無異。

臺灣在日治以前，少有剃頭店鋪，剃匠多以可流動的剃頭擔為業，日治初期殖民官員佐倉孫三觀察民俗人情之作《臺風雜記》（一九〇三），寫到剃頭人時指出，「臺地無理髮鋪，但剃頭人擔器械，徘徊街上，招之則解擔於庇下，置榻陳盤，刷剃梳辮」。以一九〇八年新竹城隍廟廟埕為例，除了飲食店為大宗，廟門左右兩側，就有剃頭擔十幾處，在廟口從事剃頭剪髮營生。不過由於傳統剃頭擔鋪的器具大都沒有經過消毒，不注重清潔，容易孳生皮膚病與其他眼、耳、鼻傳染病，總督府警察部會一九〇六年開始制定理髮清潔法規，若未經醫師檢驗，而私用藥物或器具幫顧客清潔者，就會開罰。隔年，臺灣各地開始有改良後新式的理髮店，如臺南市內日本人經營的理髮店，仿照日本在地店鋪格局，懸有大面照身鏡，理髮的人可

❖ 一九三〇年代，新式可理髮、美髮的江上理髮館。

坐上「學士椅」，備有香水、雪文（肥皂），以及新式剪髮器具，且用過的器具皆進行清潔。

改良的洋式理髮店，在日本本地還會有稱作「散髮店○○床」的店號，此床有別於榻榻米床，較早也因稱理髮師（The Barber）為散髮師（或剪髮師）、理髮店為散髮店、座椅為散髮床所致。又，臺灣以一九〇八年底招商的西門市場八角堂為例，一樓預計新設一間日本人理髮店，採高標準規格，「其床屋專留意衛生，可為模範，故稱為衛生床云」，新式理髮店的理髮躺椅稱「衛生床」，後來理髮店命名也出現「○○床」，也算是發軔於近代的現代性事物之一。

一九三二年〈大日本職業別明細圖：臺北市〉地圖上，智光理髮店位在本町通，店主智光伊太郎，他大概也沒預想到未來幾年，一九三五年的《大臺北民間職業別職員錄》輯錄，單臺北市操刀理髮的業者已超出一七〇店，而這還不包括其他傳統結髮或美容店鋪。

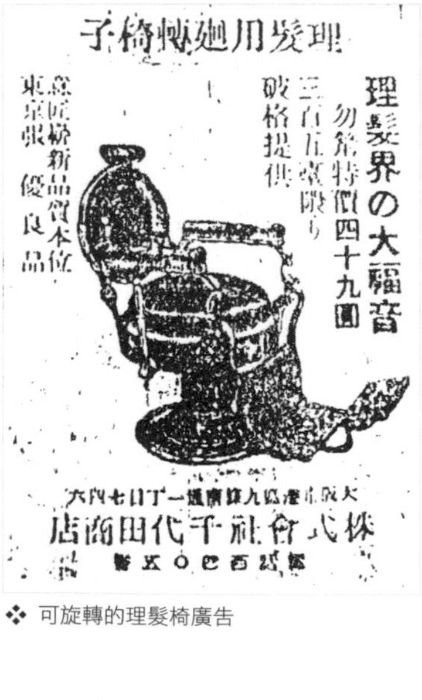

❖ 可旋轉的理髮椅廣告

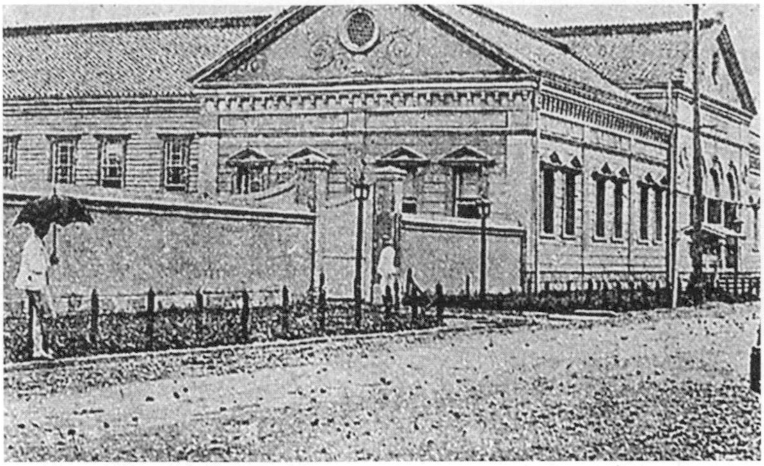

❖ 第一代臺北郵便局外，可見持蝙蝠傘的路人。

A15

日進傘店的招牌產品

洋傘（蝙蝠傘）

明治維新後，傳入日本的西洋新奇事物，想買到手，有時還得偷偷摸摸，蝙蝠傘即名列其中。其實名稱嚇人的蝙蝠傘就是洋傘，款式女用男用皆有，撐開傘骨後，色黑，且形狀外觀似蝠翼，因而得名。一八六〇年，乘客名單有教育家福澤諭吉的咸臨丸船艦，抵達美國後，艦長木村買了一把蝙蝠傘，想回到日本後走上街頭風光一下，福澤當時就力勸船長，最好放在家裡藏好，不要帶出門，免得被那些攘夷派浪人看見而做出傷害舉動。等到明治末期蝙蝠傘普遍流行後，反而日本和傘的銷路被打趴，怕被人揍的憂心倒是多餘，此時紳士們外出的現代派頭，有下雨沒下雨，都少不了一桿黑色蝙蝠傘。夏目漱石《從此以後》（一九〇九）中的代助，下定決心要推拒父親的逼婚，那天沒見到父親，卻向大嫂吐露自己有心儀的對象，離開父親家回住處的路上，不安的代助便將長傘當拐杖慢慢走著。

日本商店賣起自產的洋傘據說是明治四年（一八七一），三田教育所製品販賣的品項中有「椅子、西洋傘、人力車馬車」。當時製作的洋傘，有可能還

❖ 洋傘成為一九三〇年代的流行商品之一，榮町街頭婦女撐傘風情。

❖ 一九〇七年，臺灣藤澤商店引進東京洋傘的廣告。

未百分百全自製，有些零組件仍需進口。但有能力買了洋傘的人，也不見得捨得用，明治五年九月就流傳一則笑話，小報寫到「某個開化的老師，為了流行裝扮上的喜好，帶了一把製作精美的絹質蝙蝠傘，但途中突降驟雨，遂在傘上覆蓋桐油，躬身馳行，弄得大家都大笑。」

蝙蝠傘被當成拐杖是有所本的，臺灣一八九六年的報紙上即已宣傳到「可兼作拐杖使用的蝙蝠傘」，申請到專賣特許的基隆哨船頭街衛田日商店特約店，平行輸入由大阪東區高麗橋五丁目藤田商行製造，最適合旅行用的蝙蝠傘。一八九七年另一則消息，府前街的丸福商店也開始販售蝙蝠傘，強調臺灣天氣炎熱，為防中暑與曬傷，就非得撐一把蝙蝠傘不可，當時流行有彎曲手柄的傘。一八九九年的《臺灣名所寫真帖》老圖像當中，也能看見前身是臺北郵局的臺北郵政電信局道路旁，有位望向鏡頭的路人甲撐著一把蝙蝠傘防曬。可見臺灣的日頭赤炎炎，出外的人不得不遮陽一下，蝙蝠傘確實有需求。

過沒幾年，一九〇一年八月的日報上，提到臺灣的潮流商品之中，就有男用蝙蝠傘一項，使用黑色質地，又或者海老茶（接近紅棕或紫色暗紅的顏色）、鐵色的甲斐絹，關於此織品布料盛產於山梨縣，明治時代的質量最好，大量用在洋傘的製作上。蝙蝠傘傘

❖ 田中商店店門口垂掛販售的洋傘

骨有八根，收起來可當作洋手杖代用；傘柄流行過有天然木頭，有雕刻巧妙的柄頭，還有一款則使用鐵把手、瓦斯紗布料，臺北以外的地方賣得很不錯；傘骨有長有短，從二十四吋到二十六吋都有，其中二十五吋賣得最好。售價從三圓五十錢到七、八圓都有。

新奇貴重的東西不免招引偷兒光顧，一九〇六年三月新聞傳出，臺北府中街有雜貨商店陳列的蝙蝠傘不翼而飛，半個時辰後，旋即被警察發現在大稻埕九間仔街，有人手持蝙蝠傘大搖大擺走著。隔年三月，有則〈屈尺蕃觀光歸社〉報導，深坑廳屈尺原住民被安排到臺北各處觀光，行程結束，蝙蝠傘也被當成禮物餽贈。

來到一九〇九年，報社本身也做起委託行交易，臺灣日日新報社「代辦部」，刊登廣告試賣蝙蝠傘，據文案宣稱：

> 如上所預告，不管是男用、女用，還是給本島諸君用的傘，都有展示品；不管是自家用還是營業用，都有現貨可供鑑賞，而且還能談價格。因為是試賣，價格無比低廉，品質相當優良。

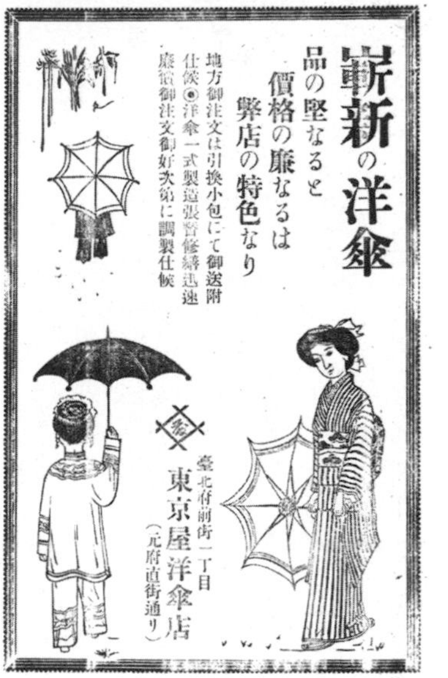

❖ 東京屋洋傘店廣告

一九一〇年臺北府前街一丁目東京屋洋傘店，打出穿著傳統服裝之日臺婦人撐傘的廣告，顯見洋傘也成為服裝百搭的配飾。

日進商行店主江戶人小林惚次郎，在日人領臺後隨即渡臺，精通在地土地買賣，開設的商行則經營洋傘、棉布、雜貨批發為主。關於流行商品，他曾說：衣著類隨身物品等，可以跟著內地較早的流行品推出，但是洋傘的話直到數年前為止，只有青色金巾款賣得好，完全跟時節無關，而近年俗麗的款式完全在流行界消聲匿跡，如果不是有氣質的高檔貨，本島人是不會用的。一八九七年之際，在當時的府前街（改正後的本町）店內販售洋傘、支那（清國）傘，洋傘可以說是日進商行的主打商品，幾乎一舉將傳統油紙傘逐出本地市場。一九〇八年縱貫鐵道開通，一干商人舉辦汽車（火車）博覽會，日進商行出品的展示項目就主打洋傘。此外還有聲有色兼營雜貨類棉布，待棉布販賣逐年擴大後，便與洋傘分開，專心從事棉布毛織的販賣。也因此，一九二八年的職業明細圖中，本町通除了日進商會本店，還見一間日進洋傘店專賣各式洋傘。

日進商行後來擴大組織，以資本金五十萬圓成立株式會社日進商會，會社長小林氏更活耀各界，另擔任臺北商工會常議員、臺北實業會評議員、臺北信用

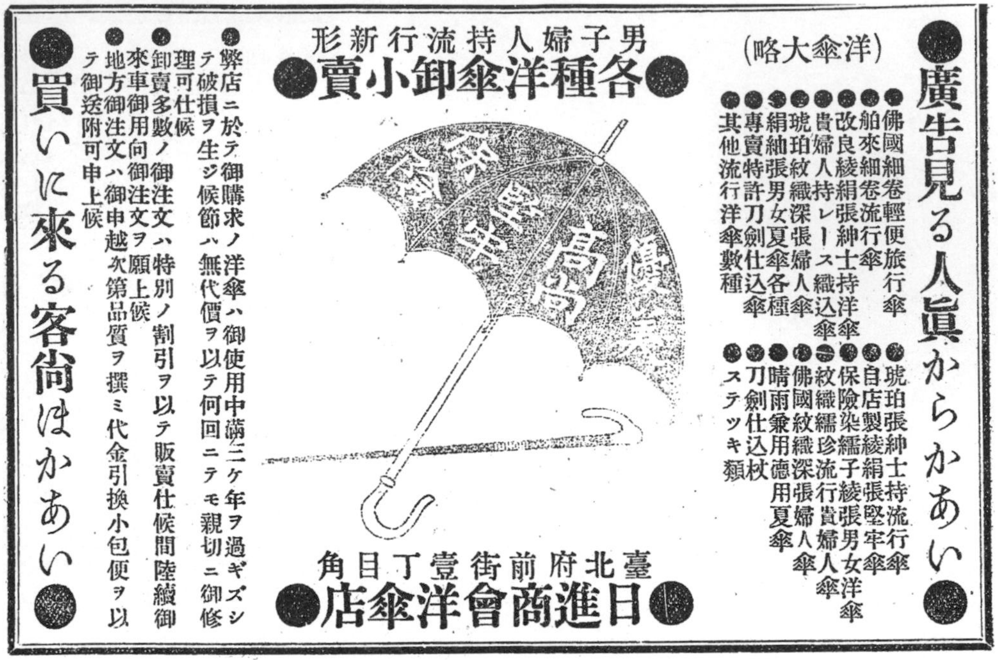

❖ 日進商行洋傘廣告

組合理事、臺北共榮建築信用購買利用組合理事，及臺灣織物株式會社監察役等多項職務。

一九三〇年代，臺灣本島人販售的洋傘也能夠漸漸跳脫仰賴進口，大稻埕太平町三丁目成興洋傘店，店主林火炎年少時曾在傘店工作，習得技藝後開店，已能自製生產獅子牌洋傘，且以優美堅固、價格低廉馳名。

B16 A16

大石蓄音器店｜蓄音機PK賽：株式會社日本蓄音器商會VS日本ビクター（Victor）蓄音器株式會社

美商ホーン氏（F.W. Horn）原進口販賣工具機械與蓄音器（留聲機）。一九〇七年（明治四十）十月，ホーン氏與三光堂主松本武一郎等人集資十萬圓，另在神奈川縣川崎創立「日米蓄音機製造株式會社」，但直到兩年後的一九〇九年，工廠才開發生產出「鎌倉大佛」印蓄音器。日本國產蓄音器後，也從新奇時髦的西洋玩物開始轉變為家庭娛樂的媒介用品。初期臺灣仍透過郵購或特約商店販售蓄音器與曲盤（唱片），此種新奇的娛樂媒介傳開後，一開始是酒樓、鐘錶店與俱樂部購買，後來也漸漸走入本島人社會與家庭。一九〇九年（明治四十二）十一月，臺灣累計進口蓄音器數量已達四九二部，比照相機的數量一一一架還多，可以看出加溫的情況。

大約這幾年間，蓄音器開始在各階層盛行起來，臺北、桃園、新竹、臺中、嘉義、臺南等全島各地的慈善音樂會、慈善演藝會、慰問活動、學術講談、集會餘興等，甚至納涼夜車小遊都用上蓄音器助興。一九〇八年八月，一列開往淡水觀月納涼的列車，淡水會場就備有新式流行的蓄

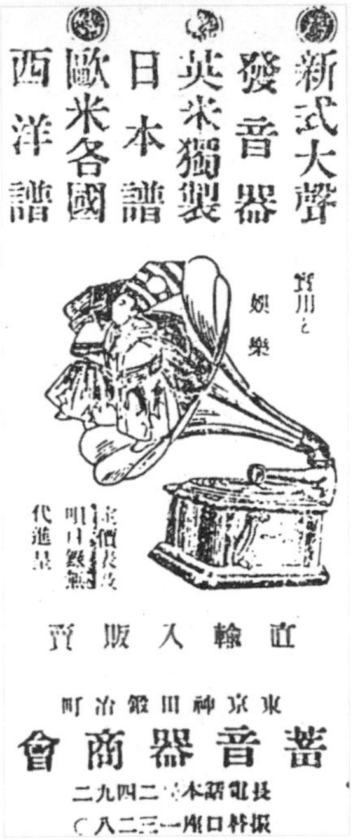

❖ 一九〇八年，東京蓄音器商會在臺灣的廣告。

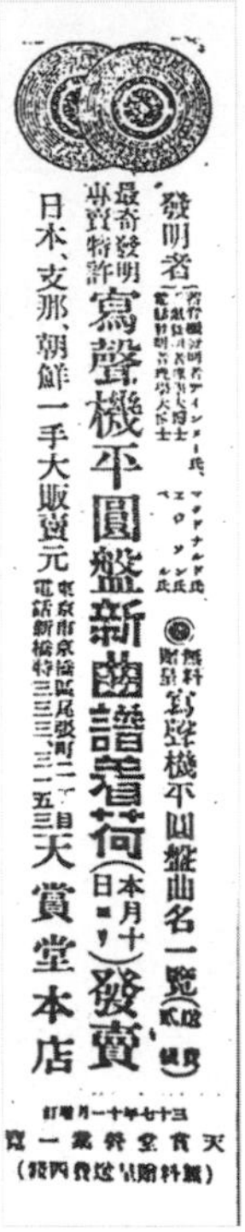

❖ 一九〇五年，東京天賞堂蓄音器在臺灣的廣告。

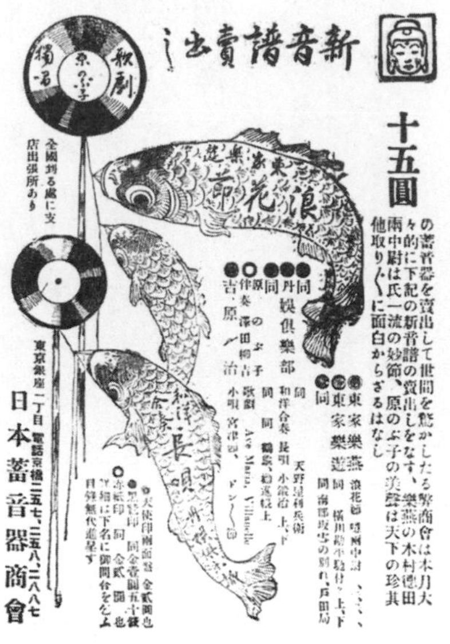

❖ 日蓄生產「鎌倉大佛」印蓄音器後，一九一三年在臺灣《臺法月報》的通訊廣告。

音器。鄉音可以撫慰思鄉之情，此時日人上流家庭以欣賞傳統樂曲浪花節、長唄、小唄較為普遍，另也有運用在外語的學習。

一九一〇年八月，ホーン氏個人經營的日本蓄音器商會在東京銀座一丁目新設店面，十月，增資改組為株式會社，名為株式會社日本蓄音器商會，至此日蓄正式發端。隔年一九一一年九月，日蓄擴張海外，在臺北撫臺街（延平南路）開辦「株式會社日本蓄音器商會臺灣出張所」，打出販售「鎌倉大佛」印自有品牌唱機，除了特約店，也開始直營販賣蓄音器、曲盤、樂譜。一九一二年四月，日本蓄音器商會與日米蓄音機製造株式會社合併，生產線改善的同時，也將成本壓低，目的不外乎為了賣更多蓄音器，普及大眾，這也是來到大正時期，能流行成為家庭趣味娛樂的原因之一。臺灣在一九一二這年，據聞新起街有家販賣蓄音器的上田屋，每日可賣出五、六部。風靡之盛，市區的大街小巷每夜都聽得見唱機播放。一九一三年（大正二），日本蓄音器商會（東京銀座一丁目本店）在《臺法月報》刊出販賣廣告，透過臺灣出張所或代理店可買到蓄音器、曲盤（唱片）、新樂譜，唱片出品有天使印、赤紙印，定價兩圓，黑鷺印則便宜五十錢，售價一圓五十錢。

一九一九年（大正八）六月，ホーン氏引退，美

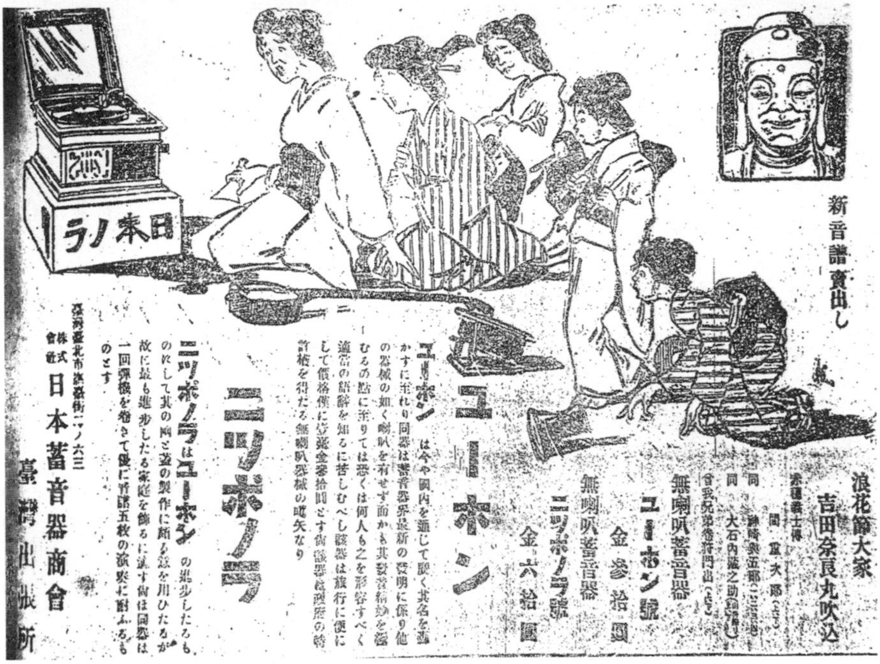

❖ 一九一一年，日蓄出張所廣告。

國人J.R. ゲアリー氏（Gary）入主日蓄，開始一步步擴張兼併其他相關產業，買下京都的東洋蓄音器合資會社、旗下併入スタンダード（Standard）蓄音器株式會社、株式會社帝國蓄音器商會、東京蓄音器株式會社、株式會社三光堂等。企業的收購腳步，最高峰來到一九二七年（昭和二），ゲアリー氏將日蓄及旁系會社的全部經營權讓渡給Columbia（哥倫比亞）公司後引退。一九二九年（昭和四），哥倫比亞公司再將全部經營權轉讓給日本產業株式會社，日蓄此時才成為完全日資的公司。

一九二七年，哥倫比亞公司主導日蓄的此一時期，開始與美國Columbia唱片合作，發售コロムビア（古倫美亞）・レコード（Records）音樂，如

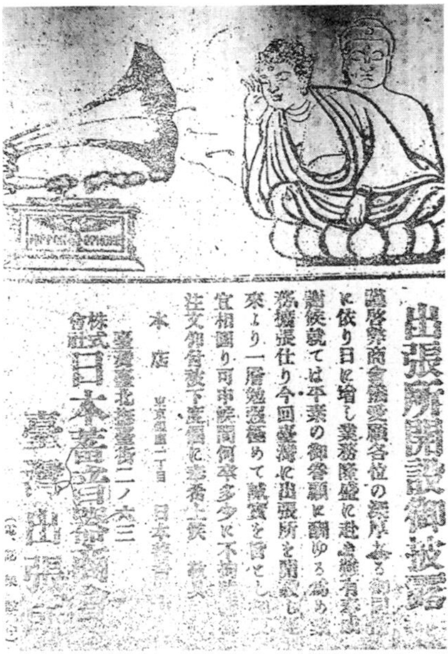

❖ 一九一一年，日蓄到臺灣設立銷售點，打出「鎌倉大佛」印蓄音器。

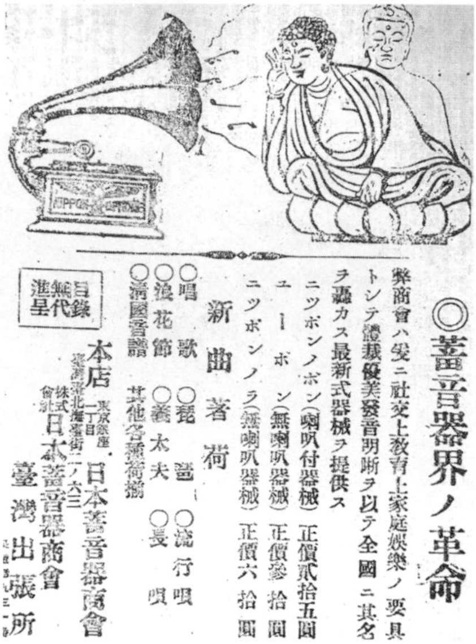

❖ 一九一一年，日蓄出張所廣告。

❖ 一九二六年，日蓄在臺灣的廣告。

一九三二年隨電影竄紅的金曲〈桃花泣血記〉上、下集，就是古倫美亞灌錄出品。

對於來臺拓展自製唱機與唱片業務的株式會社日本蓄音器商會，與日本ビクター（Victor）蓄音器株式會社常有競爭或混同之嫌，日蓄以「鎌倉大佛」牌子起家，而日本ビクター（Victor）蓄音器最有名的商標則是傾耳聆聽唱機聲音的「勝利狗」。

一九二七年九月，美商與十字屋的倉田繁太郎、山野樂器店的山野政太郎等人合資，在日本橫濱市設立日本ビクター蓄音器株式會社。昭和四年，新股東三菱及住友增資加入，隔年新子安總廠開設，日美雙方再加碼增資。而臺灣林熊徵創設日星商事之際，一九二九年一月未正式登記前，已提前在一九二八年底談妥特約代理引進販賣日本ビクター蓄音器。一九三六年（昭和十一）十二月底，ビクター蓄音被日本產業株式會社收購，成為純日資的公司，日蓄與ビクター蓄音有短暫一年時間同為日產經營。一九三七年十二月，日產又將ビクター蓄音轉手給東京電器株式會社，即後來的東京芝浦電器株式會社。

大約在一九三四年，臺灣能見到日本ビクター蓄音器株式會社於臺北也設立營業所，擔當主任的重松彌市，原本從賣車起家，福特汽車的業績尤見長紅，

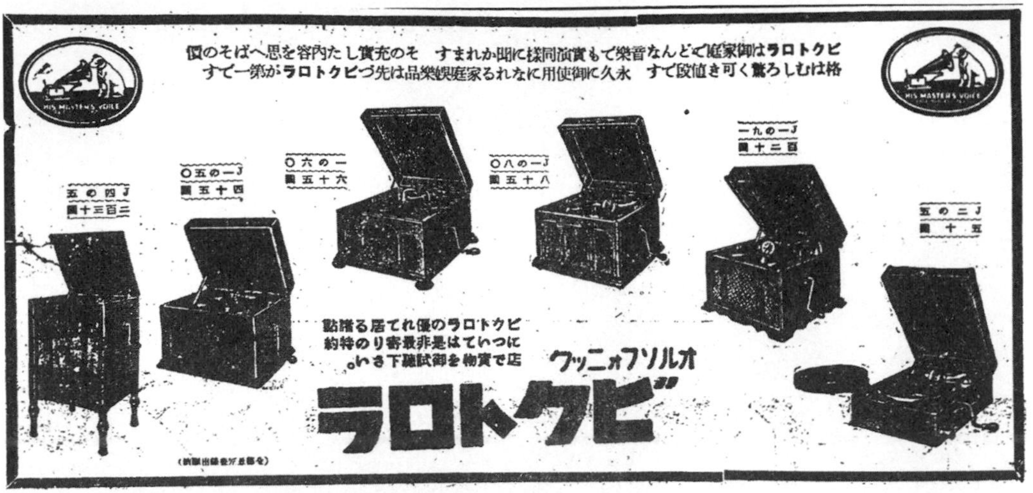

❖ 一九三二年，日本ビクター（Victor）蓄音器有名的勝利狗商標。

去到高雄成立協進商會，成為福特汽車的特約販賣部。日星商事創設後，賣福特汽車也賣ビクター蓄音機，延攬重松彌市，成為原特約販賣部轉型後的日星商事高雄出張所所長。或因先前在一九三二年度，日星與日本福特公司因經營理念分歧訴簿公堂，日星的代理權被取消，重松彌市被看重的業務長才無所施展，才另往蓄音器業務發展，並回到臺北轉任日本ビクター蓄音器株式會社臺北營業所主任。一九三五年，連日蓄商會在內的臺北配給代理店，如盛進商行、大石蓄音器店、文明堂等就有二十一家。

《命運難違》有一幕家長忙著談論婚事、喝冰咖啡、外人來找幫忙離婚見證，而那時背景正流淌傳來鄰居蓄音器放送的爵士音樂。公開鬧離婚，也是進入一九二〇年代之歐美名人不再低調的行事作風。經過爵士時代的洗禮，來到一九三〇年代的小說背景，蓄音器聽起來已是有閒階級的現代家庭生活趣味與必備品。

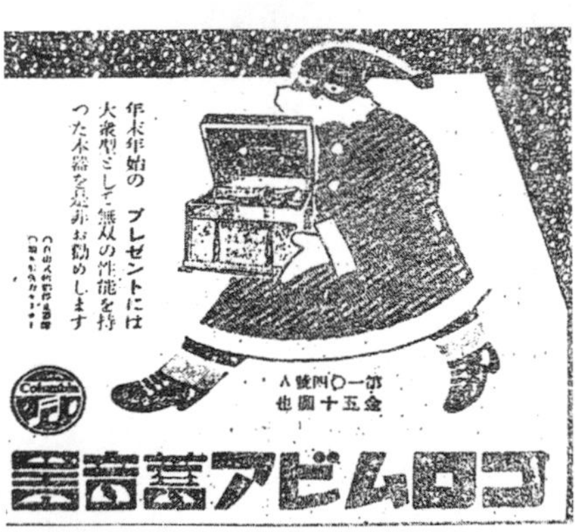

❖ 一九三二年，古倫美亞蓄音器廣告。

❖ 明治製菓賣店喫茶部一樓店內

❖ 三層樓的明治製菓賣店喫茶部

B17 A17

明治喫茶店

和菓子伴手禮最得體

一九二九年，日本明治製菓株式會社欲擴張銷售市場，也在臺北本町設立分店，直接銷售砂糖、菓子與乳製品等產品，當時喫茶部則設在榮町二丁目，一九三〇年十二月十日即廣告喫茶開店。一九三六年，菓子事業越做越好，整合賣店與喫茶部，一九三七年一月一日起，三層樓建築明治製菓賣店重新開張。一九三七年底，又經過賣店內外改裝，新設三樓集會室，十二月十五日竣工開店大賣出，就祭出消費滿一圓即贈電影票的促銷活動。在還未新改裝店鋪前，明治製菓的糖果與糕餅已是知名的伴手禮，店內常擠滿上班族、學生、婦人等顧客。那時有所謂明治迷衝著店內好吃的菓子，一邊喝著咖啡一邊聽著音樂，結帳後還不忘帶走一盒糖果或糕餅。

說起明治製菓，時間還得回到明治製糖在臺灣創設之初的創辦人相馬半治，從東京工業學校畢業之後留學歐洲，歸國後擔任母校助教授，並以總督府糖務課技師的身分來臺。由於日本的糖業資本家受總督府政策保護，現代化的製糖廠於一九〇五年到一九二〇年代在臺灣大量興設，明治製糖會社之事業也在這波

❖ 三樓有較大集會室，可供聚會。

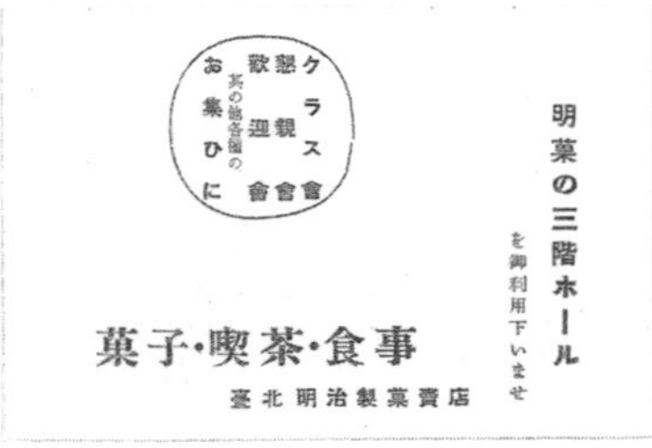

❖ 一九三八年，明治製菓賣店喫茶部廣告。

❖ 喫茶部二樓店內

契機下展開，一九〇六年（明治三十九）十二月，初期集資五百萬圓設立，蕭壠（佳里）第一工廠於一九〇八年十二月竣工並開始製糖。一九一六年（大正五），相馬半治合併「東京菓子株式會社」與「大正製菓株式會社」，以明治製糖株式會社為大股東成立明治製菓株式會社，相較於森永製菓的原料糖是由臺灣製糖株式會社提供，明治製菓則理所當然由明治製糖供應砂糖。

《命運難違》描寫到主人翁金池終於盼到朝思暮想的女神秀惠，首次約會先在新公園，爾後利用一些時間到了明治喫茶店喝咖啡，三、四天後二次約會，也是選擇明治喫茶店見面，如小說形容，明治喫茶店已升溫為「他們愛的聚會所」。明治喫茶店除了無聘用女給作陪，也不提供酒精飲料，成了時髦男女會面的場所，那時一些志同道合的智識分子、藝文朋友或記者，也常泡在明治店內喫咖啡、喝紅茶。

❖ 一九三二年，老少咸宜的明治製菓牛奶糖廣告。

❖ 一九三六年，明治煉乳廣告。

❖ 一九二六年十二月，臺北市歲末大賣出夜景，村井商行（右）、松井吳服店（左）、盛進商行（中央）等夜間霓虹燈看板閃閃發光。

B18 A18

松井吳服店

和服織品界的麒麟兒

松井吳服店的店主松井豬兵衛出身日本福井縣，據聞福井的商人對貨物交易極具敏銳天賦，若從松井豬兵衛身上來看，就能應驗松井對於怎麼吸引人氣，以及對宣傳和經費特別注意等做生意的手腕。例如改掉過去夥計和店員與消費者之間，用人情交易討價還價的陋習；經營上為求在服務上沒有遺漏，不只為日本內地人服務，而且搭配本島人女店員，溝通無礙就很得本島人心，人氣更是翻漲倍增。他也嘗試用店頭假人模特兒，可說臺北商界前所未見的創舉，並在多次舉辦的櫥窗競賽中名列前茅。不管三越或高島屋來臺出張販賣，松井也沒在驚，他反其道而行，也進軍回到日本出張，甚至也將範圍擴及本島人的大稻埕商區，租起店面，插旗販售。松井本人應是感受到新時代百貨店的來臨，以及吳服界即將面對的挑戰，而努力做出破除吳服商舊習之舉，由此也可稱為百貨店改革的先驅者。

一九二八年二月，松井選擇在榮町擴張店面，一掃過去店面出入處在一面榮町、一面京町的尷尬，正式加入榮町商圈。但《命運難違》之中，為何始終不

❖ 松井、村井與菊元等百貨店一字排開

見松井吳服店出現在消費地圖上，如果從相關研究者針對一九二〇至一九三〇年代間文獻與圖像所探討出的臺北日人服裝表現，已有近百分之五十的具體數據可見，穿著洋服的比例已逐漸成為主流。過著新時代的年輕男女或摩登家庭，現代洋服才算跟得上流行趨勢，況且島上夏季的濕熱氣候，就學或工作等生活衣著，仍以洋服成衣較便利，吳服的需求比例顯然在下降中，選擇消費的對象自然以進口較多歐美雜貨的店家為優先，因此，出入村井與盛進的機會就勝出許多。

隨著洋服商店的增多，相對也能感受洋服在生活上的需求比重增高，以至於到了一九四一年，歷經十年的時代變化，立石鐵臣以街頭民俗觀察「考現學」方法發表〈本島人女性服裝〉（一九四一，《民俗臺灣》）採訪記錄，就指出走上榮町的臺灣婦女有百分之五十著洋服，而大稻埕甚至超過百分之六十，洋服風尚以壓倒性比例，與和服、中式漢服一起走上街道伸展臺，成為市街現代風景。

雖難以見到《命運難違》的人物走進松井消費，但吳服店布商實與百貨公司的興起有著千絲萬縷的關係，不僅如日本的三越、白木屋、大丸等百貨公司，後來創立臺灣第一家百貨公司（百貨部）的菊元商行，都脫離不了吳服產業。

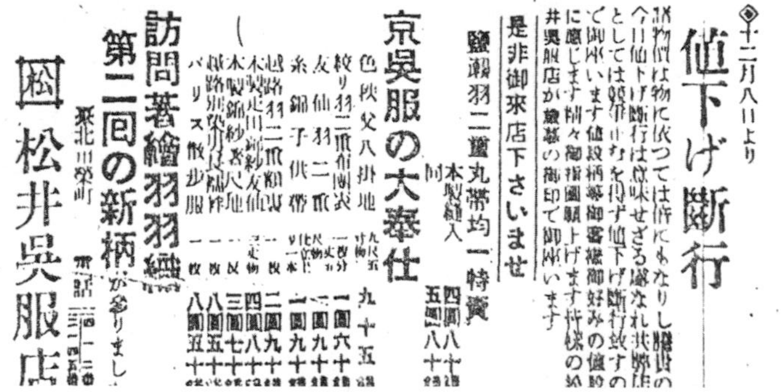

❖ 菊元百貨開幕後，可想見松井吳服店的危機感，一連四個月，每個月都有廣告見報。一九三二年十二月，松井的廣告。

❖ 一九三三年二月，松井吳服親子服飾特賣。

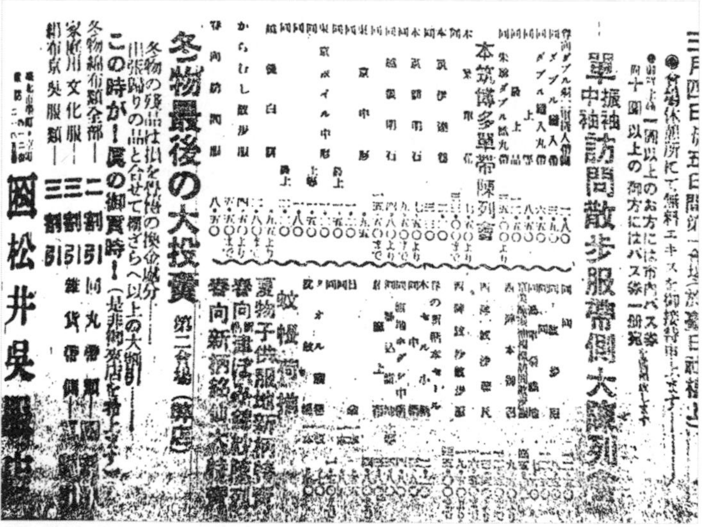

❖ 一九三三年三月，松井與臺灣日日新報社的聯合特賣活動。

❖ 一九一五年，市街改築後的村井商行店面。

B19 A19

歐美雜貨商村井商行
——與盛進商行本一家

店主村井房吉是日治初期懷抱出頭天志氣來臺的青年，一八九九年（明治三十二），十八歲的村井進入盛進商行學習，受老闆中辻喜次郎指導，直到五年後自立門戶，創村井商行，以經營歐美雜貨為主。在盛進商行五年的經歷中，村井對中辻氏也培養出亦師亦父的情感，開店也在盛進茶鋪隔鄰。據說，村井最喜愛的客人是本島人夫妻檔，因為本島婦人一旦發現想要買的物品，就會拚命向老公哀求，這大概也是本島婦人外出的主要原因。

《命運難違》鳳鶯、鳳嬌姊妹乘公車在榮町二丁目下車，立刻鑽進村井商店，此行的目的是為了替六歲的小妹鳳鸞選購童裝。不過，卻有兩位鬼祟的男士從公車上一路尾隨，惹得兩姊妹心惶惶，以為有人企圖不軌，後來真相大白，原來跟蹤是為了「物色」媳婦。兩姊妹買好衣物後又到新高喫茶店吃點心，當中看見一位非常時髦的女人進店，像極了洋裝店櫥窗模特兒的女子，「剪著男士短髮，後面剪得一樣齊，穿得臺北難得一見的新式洋裝，白色的襪子在腳踝下往下摺，裙擺以下露著光潤的小腿。」命運的交會在新高喫茶

❖ 面對新的百貨業競爭者菊元百貨公司，販售歐美雜貨的村井商行也不得不小心應付，日報的廣告也不能免。一九三二年十一月，村井一連打出廣告。

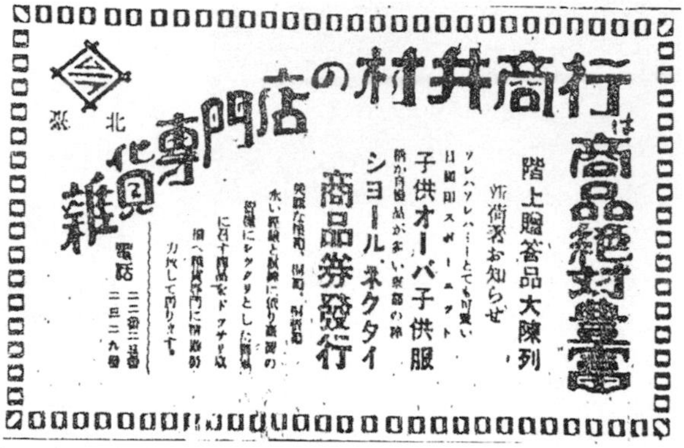

❖ 一九三二年十二月，村井的廣告。

❖ 一九三二年十二月，村井的歲末大特賣廣告。

店上演，像模特兒的女子不是別人，正是金池朝思暮想的秀惠，鳳鶯姊妹先在喫茶店與不認識的秀惠短暫照面，離開喫茶店轉往新高堂買《主婦之友》雜誌，又與金池擦身而過，爾後金池又在喫茶店外撞見秀惠從喫茶店出來，在短短的時刻內，榮町商店街成為兩方不同命運走向交錯的舞臺。

❖ 十字館劇場

B20 A20 B21 A21

世界新館與二館（西門町）——不分階級與彼此的走入夢幻館

活動寫真（電影）傳入臺灣初期，原本還像雜耍團表演般，巡迴映演於市集、表演日本傳統藝能如淨琉璃、落語（說唱、相聲）之寄席，芝居小屋（戲棚）等娛樂地方，其中城內北門街十字館可說很早安排活動寫真節目的劇場之一，先是放映美國愛迪生發明的電影片，後有法國盧米埃電影機拍攝的影片引進。電影從最初的駭人奇觀，進展到城市文明變遷後成為大眾消遣活動之一，在很短的時間內即風靡世界。

德國哲學家班雅明曾念茲在茲，討論攝影與電影發明後的影響，機械複製時代的表徵之一，即藝術作品獨一無二的「靈光」消逝了，但同時也改變大眾對藝術的觀點，只因電影能表現前所未有的事物層面，鏡頭可大可小，可遠可近，電影本身也將觀賞的愉悅感連結到生活經驗，尤其對集體觀眾而言，電影體驗更多是感官的滿足，是消遣散心的活動，而這種關聯具有社會性的意義。

報紙約略在一九一六年中，常見以指標戲院世界館與榮座並刊演藝消息，電影訊息藉新聞媒體也迅

❖ 新世界館

速傳播至各地。榮座後來經營不善，虧損連連下，一九二七年由永樂喫茶店主篠塚初太郎氏接手，一度改名為共樂座（一九三〇年臺灣劇場株式會社直營後，又改回榮座原名）；而另一方世界館則經營蒸蒸日上，陸續開設連鎖戲院。

世界館經營者古矢家族初從臺北新起橫街的原世界館發跡，西門橢圓公園旁世界新館在一九二〇年底落成後，世界館轉為世界二館。後由古矢正三郎繼承哥哥岩崎氏的電影事業，接掌時正逢最蓬勃興盛時期，曾上映了一部《バクダッドの酋長》（巴格達酋長），打破最長放映紀錄，因此在財務上累積了雄厚的基礎，促使日後有能力在全島多至七家戲院連線，大稻埕、臺南、基隆等地都有經營觸角。

《命運難違》女主角鳳鶯與妹妹鳳嬌正迷戀連載小說《七之海》，還讀了好幾遍，當小說改編的電影要在世界新館映演，小說迷第一時間迫不及待想看，電影女主角川崎弘子如何演出小說中的人物，或男主角如何詮釋性格。電影的影像畫面，創造出一種有別於文字的幻想世界，把文學的想像具體化為姊妹（集體消費電影的觀眾之一）消費慾望之客體，電影的發展，快速而廣泛的擄獲消費群，而電影院則是現代消費文化在城市興起後，大眾集體娛樂、作夢與消遣的最佳空間。

❖ 第二世界館

❖ 共樂座（榮座）

❖ 共樂座改回榮座名，一九三二年底廣告。

❖ 一九三四年，榮座、第二世界館廣告。

❖ 一九〇七年時期的榮座

B22 A22

走進仕女消費大殿堂——菊元百貨公司

消費行為存在於人類社會已久，當以物易物的交換發生時，消費就已存在。不過對於「現代消費」的出現，仍需在大量生產與快速流通兩項條件俱足後，才能有革命性與世界性的進展。但由於女性消費行為，以往多被妖魔化描述為失去理性的瘋狂行徑，且強加道德觀感，形容摩登的女性有如「墮落的行屍」（《風月報》，一九三九），早期的研究也大都指出消費文化所反映的恐懼與消極面，馬克思主義理論更提出，人在大量消費當中被商品物化而成為「商品拜物教」的悲觀探問。《命運難違》「跟蹤」的橋段，其實就反映了饒富趣味的心理辯證，從不知名男士一路跟蹤鳳鶯與鳳嬌，男性長輩為挑選媳婦的「看」，到鳳鶯與鳳嬌躲入新高喫茶店，不久「看」見一位彷如洋裝店的時裝模特兒（秀惠）與女僕進到店裡，新女性與摩登女子的眼光交會，不僅小說作者塑造男性對摩登女子的潛在抗拒意識，連受過高等教育的鳳鶯與鳳嬌，也忍不住將剪著男式短髮，穿著新式短裙洋裝的時髦女子，品頭論足起來。時尚帶動的摩登消費傾向，尤其是女性，在小說內或明示或暗示的不被允許，有部

❖ 一九〇〇年，日本正風行跳舞，東京具代表性的舞廳之一人形町的 Union 舞廳，無數摩登男女在此聚集，但陪舞的女性則大多被貼上不良行為。引自《大東京寫真帖》。

分原因是有識之士單純將摩登與風化畫上等號，從而讓現代消費行為的轉變過程中背負了罪名。

可再看看《命運難違》男性與女性不同的消費面，瀟灑現身的男性穿著，熱帶亞麻布料的米白西服外套，結上黑色蝴蝶領結，夏季少不了頭頂外國進口的巴拿馬草帽，若有近視，鼻樑上架的是一副玳瑁眼鏡，再紳士貴氣一點的，背心口袋則夾入鍊條懷錶，那時候腳上鞋穿炫一點的，或許可以選擇高級赤色皮鞋，摩登男子在小說中怎麼看就是帥呆了。而在高度資產階級與城市化的這群菁英男士，下了班的群聚活動，不是有女給作陪的咖啡屋，就是進出大稻埕有藝妲的酒家，也少不了看電影、踩舞廳等休閒消費，猶如城市內四處漫遊的「浪蕩子」。而小說中的女性，一穿出新式短裙洋裝，露出小腿肚肉，剪著一頭像男孩的髮式，蹬起兩、三吋的高跟鞋，擦脂抹粉噴香水……對於不習慣此種視覺震撼的人，不免引發異樣的心理反應，就覺得在女性身上扮摩登，怎麼看都像是洪水猛獸。而時髦的千金小姐秀惠，婚前平常就以消費為樂，婚後與丈夫吵架生氣，仍不忘安排到市區逛街掃貨、看電影等排遣怨氣的日常活動。再從金池與秀惠帶小孩上菊元百貨和解之行最能看出，男性與女性對百貨公司存在的不同價值，當金池在樓頂食堂點餐後不懂先付錢的習慣，才讓秀惠明白，原來金池真的從沒光

❖ 臺南林百貨

顧過菊元百貨，但自從百貨公司開幕以來，秀惠卻已來過好幾次，這也是一直以來，何以百貨公司會被視為仕女消費天堂的理由了。

百貨公司出現後，翻轉老舊式的零售商店，成為現代新形態的零售業，已是老生常談的觀念，至於百貨公司的重要性，不僅是城市消費文化最重要的指標，更是資本主義發達的縮影。而一座百貨公司建築，側身在城市發展的軌跡間，最終被推上死生審判臺之前，所有睜大的眼睛瞧見的，似乎盡是有形的磚瓦年輪，卻更多有意無意的忽略了——建築本身場域內的消費文化活動與非物質性的人文互動，而這也是最不被看見的「歷史」，一種獨一無二的場所精神。為何要如此長篇大論從大眾文學的角度漫步城內，重新去看視這座城市在一九二〇、三〇年代的變遷，及現代消費文化興起後應該有的評價與位置？如同十九世紀末法國畫家費利克斯．瓦洛東（**Félix Vallotton**，一八六五—一九二五）捕捉巴黎社會現況與現代大眾消費文化的《**Le Bon Marché**百貨公司》三聯作，展示之初，即刻意被忽視，只因畫有大眾參與的現代消費文化現狀，高雅的美術猶被對待如此，更何況既往被評為庸俗化的奢侈花錢「大殿堂」或「商業巨獸」的百貨公司。

除了消費空間不受重視，有時連最基本的歷史建築，都可能隨時被忽略或抹除。根據班雅明的歷史唯

❖ 高雄吉井百貨公司

物哲學觀，歷史上的每個特定時間點都包含了過去、現在與未來的一切，而其最真實且看得最清楚的面相就是建築，因此可從建築的「表相」深入審視一個社會的文化本質與時代特性，班雅明投入撰寫「拱廊街計畫」，此等十九世紀購物商店街被形容為「商品拜物教的朝聖地」，即在此種見證與辯證時代性的背景下著手。這也是相談具有歷史意義的建築時，不應忽略且應該多留心之處，即建築的存立，大多時候比人的壽命還長，久遠到見證了文明的進展與時代性。

過去從各種小說所描繪的現代城市經驗，不僅把城市當作背景，且已彰顯出一座城市獨一無二的場所精神，現代人要探索一座城市文化，如今卻也反過來變成是追憶各種文學或其他媒介對城市地景的想像與書寫，偵探迷想找的倫敦絕對是小說中福爾摩斯（Sherlock Holmes）辦案的貝克街，哈利波特（Harry Potter）奇幻迷要追劇的地點必是倫敦「國王十字車站九又四分之三月臺」片場，商品的消費以及消費的地理與空間之重要性，世界各國比比皆是。

過去還未出現網際網路的時代，商人為了達成交易與銷售，因而創造一處場所與空間，是一種直接且能溝通的方式進行交易，因此不管是民間或公有的傳統市集與市場，被規劃為交易互動的場地，眾人在這些場所內進行各取所需的消費行為與資本流通。十九

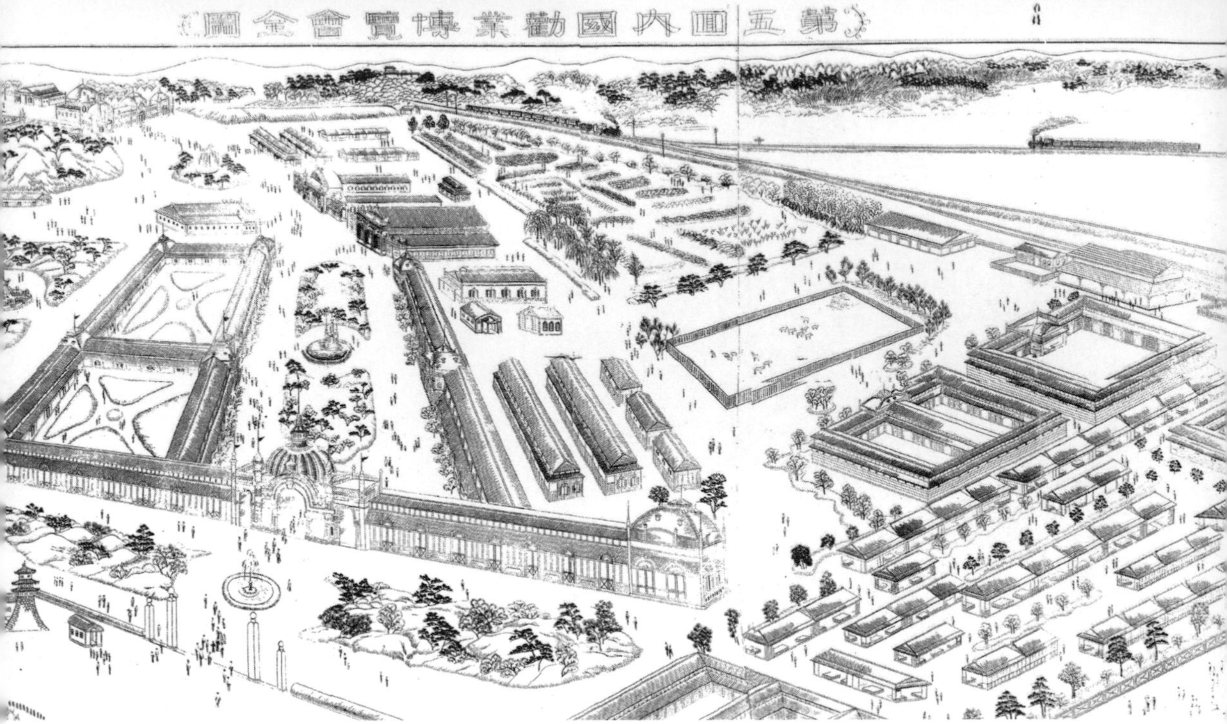

世紀工業革命後，商品生產量大幅躍進，加上鐵路交通急速發展，商人務必尋求更高的效率流通商品，大型物產展與商展的活動，就成為商人們的集合展示店，讓消費大眾一次飽覽新奇又琳瑯滿目的商品，更刺激慾望與擴大市場利基。也有些商人看準城市內道路與道路之間的步行連結，打造出有屋頂、避免日曬雨淋的商店街——拱廊街，形成班雅明所謂的小小的城市，自成一格的消費世界，而臺灣也以騎樓建築形式串連成可漫步與消費的廊道。當商展無法滿足於世界性的展售時，更巨型、國際性的世界博覽會也隨著帝國勢力與資本市場的發達而被大量流行，當博覽會過後，集中展覽的大量剩餘商品又流通到民間，形成如日本勸工場之類的大型賣場。而這一切，似乎都為了提供給具有更多新式的管理、零售及行銷方式之百貨公司站上伸展臺做準備。

一向以都市經濟發展、都市更新等進步導向做為擋箭牌的主事者，殊不知對經濟發展最重要的消費文化，已真真實實發生在現代城市以及消費的建築空間內外，說起菊元百貨的歷史定位，與大約同時的臺南林百貨，或較晚期的高雄吉井百貨，皆已象徵臺灣現代消費文化興起的指標性空間，其意義與重要性不容視而不見。然而弔詭的是，對於都市進步論者，非常容易染上都更開發焦慮症，往往自我否定歷史建築內

❖ 一九〇三年日本大阪「第五回內國勸業博覽會」會場全圖。

消費文化的價值與定位，也讓消費地理與空間的存在，長久以來處在尷尬的時空中。《命運難違》主人翁金池與秀惠夫妻二人，因為價值觀的差異產生衝突，間隙日益擴大，最後金池負氣住到報社工友宿舍，秀惠也帶著小孩回娘家，秀惠的哥哥知道內情後，希望兩人以家庭為重大和解，而開幕不久的菊元百貨，即將成為夫妻間感情重新潤滑的場所，但到底，透過消費空間營造出的歡樂氣氛，是否能順利膠合兩人的感情裂縫？金池的人生與命運是否就因此步上坦途？而鳳鶯最終遵循的婦道，是否也能求得好姻緣？且讓吾人一同走進這座「摩天樓閣」，臺灣第一家現代百貨公司——菊元百貨店，一探究竟。

iii

菊元百貨公司篇

きくもとひゃっかてん | Kikumoto hyakkaten

❖ 榮町菊元百貨公司

工業革命的變遷與百貨公司發展前史

十八、十九世紀的工業革命不僅帶來機械製造、鑄鐵、紡織機械、化學工業、交通工具等新工業的躍進與勃興，也對經濟及社會帶來空前的影響。有人總結一句話形容工業革命的特徵，即「一大堆的新奇事物」，其中最顯著的例子即棉紡業，從手動織布到動力織布的大改變，也將原本窩在農舍織布的手工業，擴張到工廠自動紡紗機的時代。

有關一七八〇至一八五〇年間的工業革命發展，英國文化研究學者雷蒙・威廉士（Raymond Williams）認為，十九世紀中葉的工業小說能提供「動盪不安的工業社會一些最鮮活生動的生活描寫」，猶如伊莉莎白・蓋斯凱爾（Elizabeth Gaskell）小說《北與南》（一八五五）描繪的北方工業小鎮米爾頓，「空氣中有淡淡的煤煙氣味，……一眨眼功夫他們就被捲進筆直得叫人心寒的長長街道，兩旁屋舍建得規律整齊，都是磚造小房子。其中偶爾穿插一棟有許多窗戶的矩形大工廠，像一群小雞之中的母雞，噴出『議會明令禁止』的黑煙」，儘管空氣汙染嚴重，勞資雙方關係緊張，以及與其他國家紡織業的激烈生存競爭，但仍對未來改進中的工業主義社會充滿信心。

不過，現實中因生產力爆發而生產過剩的標準產品，連帶原物料需求也激增，新產品需要被看見、被接受及被消費，進一步需要有更大的市場胃納，尤其十八世紀末法國大革命後，法國為振興停擺的工商業，開始密集舉辦產業博覽會，見到機會的歐洲各國

❖ 一八五一年英國倫敦萬國博覽會主場館水晶宮，設計師從溫室獲得靈感，以鋼骨與玻璃搭建出的巨型展覽館。引自維基百科 https://commons.wikimedia.org/wiki/File:Crystal_Palace_General_view_from_Water_Temple.jpg

也群起仿效，在工業革命期間，不僅競相舉辦各自國內的產業博覽會，在取得市場優勢後又經由交通運輸來貨暢其流，如此相乘加速發達，除了擴大帶動商業交易外，世界更大的需求亦隨之而來，新的商業型態因此崛起。以至造成世界強國為了擴張市場，也將腦筋動到海外各殖民地，成為爭奪強占弱國土地的導火線之一。一八五一年英國倫敦萬國博覽會則替工業革命搭造一座璀璨大戲院，如同吉見俊哉提出的博覽會政治學觀察，此座鋼鐵與玻璃結合的舞臺揭開展示之序幕——展示工業與帝國資本實力、現代商品世界的各種消費生活模型，也展示各種新奇科技的「見世物」。

博覽會大比拚

一八五二年拿破崙三世建立法蘭西第二帝國，為與英國比拚，也積極籌辦萬國博覽會，準備在巴黎大展身手，同時授權塞納省省長歐斯曼（Georges-Eugène Haussmann）改造巴黎，大規模擴建街道，可供軍隊快速移動通行，並改善下水道衛生環境，以及整建交通網路。此時玻馬舍百貨公司（Le Bon Marché）也在同一年擴大事業，商品爭豔與特賣活動確實帶來可觀的營業額，百貨公司的業績傲視群倫。再加上一八五一年倫敦與一八五五年巴黎萬國博覽會接連競辦，或許觸動不滿於現況的經營者薄希可（Aristide Boucicant），決定替自己的百貨公司賣場建築更大的規模，新賣場並在一八六九年開幕，其大特賣活動還曾自稱為「博覽會」（exposition）。自從一八三〇年代巴黎的「新奇商店」（magasin de nouveautés），可以販售複合式商品，一間店不再受限於單一產品，並有櫥窗展示陳列商品，產品標示低價化、定價化，不再因襲討價還價的方式，且顧客可以自由進出商店，不滿意還可以退貨。一直到一八五〇、六〇年代，許多豪華百貨公司如羅浮（Grands Magasins du Louvre）、春天（Le Printemps）、莎瑪西丹（La Samaritaine）陸續成立，這段期間也成為現代百貨公司最初發展的原型。

❖ 玻馬舍百貨公司（Le Bon Marché）。引自維基百科 https://commons.wikimedia.org/wiki/File:Au_Bon_March%C3%A9_(vue_g%C3%A9n%C3%A9rale_-_gravure).jpg

拱廊街的興衰起落

不過，在法國以現代經營型態的百貨公司興起前，十八世紀法國大革命後，盛行一時的拱廊商店街，被視為是百貨公司的前身。德國哲人班雅明（Walter Benjamin）的史詩型「拱廊街計畫」研究，引用的《巴黎繪圖指南》（一八五二）指出：「這些拱廊是奢侈的工業的一個新進發明，它們蓋著玻璃棚，大理石鑲嵌的走廊延伸到整個建築群中，而這些建築的主人則聯手從事這些企業。這些走廊從上面採光，兩側是高雅的商店，所以，拱廊就是一座城市，一個世界的縮影，顧客可以在這裡找到想要的一切。」巴黎自從有了拱廊街以後，不僅吸引大批民眾到此游牧閒逛，更喚起文學家不只一次描寫如此特別的場景，如最早的原型「木頭拱廊街」，就有文豪巴爾札克在人間喜劇系列《幻滅》中，藉由主角呂西安乍到此街目睹的情景，「有些精品店的裝潢或櫥窗相當高雅。這種精緻的店家位於面向庭院或中庭的位置，而被兩個走廊夾在中間的精品店則是完全開放的狀態，猶如在鄉下巡迴的小市集，由木頭柱子撐起兩邊。」小說家左拉的《娜娜》則以「全景拱廊街」為背景，烘托娜娜兒時心炫神迷於各式商品的記憶，她「酷愛全景拱廊街。那是因為稱為巴黎貨的假珠寶、鍍金的鋅品、仿皮的硬紙板等廉價假貨，都是她年輕時所熱愛的。每次經過這條拱廊街，就宛如回到穿著兒童木鞋的童年一般，流連於櫥窗前。」

除了第二帝國時期改造巴黎之外，比華麗、比闊氣的新型態百貨公司的發展，也導致拱廊街迅速沒落，少了人群、門前車馬稀的拱廊街，唯留一絲落魄的貴族氣息，一次世界大戰後，反而引起藝術家注意到，具有此等詩意的空間，吸引超現實主義藝術家阿哈貢（Louis Aragon）與布賀東（André Breton）等人，流連聚集於即將消失的歌劇院拱廊街及咖啡廳。阿哈貢提到，「巴黎的林蔭大道附近有許多這種玻璃屋頂的走廊，那裡的奇特東西發出現代之光，瀰漫著一股詭異的氣息。人們將這種走廊稱作『passage』，真是一個令人感到疑惑的名字，好像不得在這個避開直射日光的走廊裡多待一秒似的。」第二帝國重劃巴黎後，讓像似透出海綠色光線水族館的拱廊街走到末日盡頭，但「卻值得被當作某些現代神話的隱匿者」。

前述提到，倫敦萬國博覽會舉辦當時，眾所矚目的會場水晶宮，本身就是視覺焦點，也的確啟發了現代百貨公司陳列商品與櫥窗展示的新觀點，以及能容納更多產品、更大空間的經營規模。前此拱廊街的玻璃屋頂的透明性，再到水晶宮仿溫室玻璃的光源與視線的穿透性，皆有前後發展關係。對於商人而言，博覽會式的展售空間，打破過去一家商店只能販售同類型商品的經營方式，如今目不暇給的商品陳列必可喚起一般人強烈的消費慾望。而另一方面，博覽會展示各種發明的新奇物，如電燈、電話、電報、汽車、飛機，甚至抽水馬桶等，則告知大眾，未來的人們已將進入截然不同的現代生活時代。

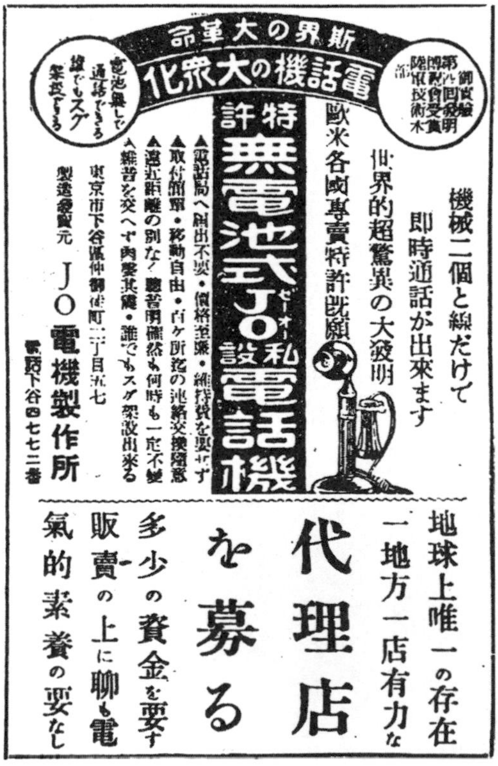

❖ 一九三〇年代，預示電話將普及大眾的廣告。

小說世界的大眾消費文化場域

百貨公司如此劃時代的消費夢幻之境，且被寫入左拉的小說《婦女樂園》，小說家之取材，巧妙結合玻馬舍與羅浮兩大百貨公司原型，對現代百貨公司興起後零售業的變遷有精彩的描述，小說中到巴黎依親的女主角黛妮絲，偶然一見到占領整條街的百貨商店「婦女樂園」，驚羨所有陳列在商店櫥窗的商品，活像一場超級百貨展覽會，令姊弟幾乎忘了要找到布商叔叔的店家。

小說家更透過婦女樂園百貨公司老闆穆雷之口說出，此種百貨公司新的經營手法建立在資本的持續周轉與商品快速更新上，看上的新商品先大量進貨，壓低售價，薄利多銷，盡快讓商品脫手，之後再尋獵另一種替代商品，如此循環讓資金與收益同時增加。為了擴張百貨公司的規模，與街道拓寬的地主結盟，穆雷也展現最大魅力，極盡所能擴大百貨公司的業績獲利，形同對女性投下慾望的誘餌：

一切的一切，資金不停地更新，貨物陳列的概念，吸引人的低廉價格，讓人安心的透明標價，商家彼此競爭，要爭取的對象就是女人，他們以廉價品為餌，不斷設下陷阱使其掉落。以誘人的櫥窗讓女人頭昏眼花，再從她們的肌膚下，喚醒其新的慾望。

穆雷構築一座商業大教堂，讓客人屈服在廉價流行的商品上，雖是小說情節，但也傳神道盡百貨公司創新的經營方式，其中店員銷售佣金制的引入，更是創造最佳業績的一大激勵因素。為了吸引更多地方的顧客，在廣告上更見大手筆，每年製作目錄、廣告和海報，目錄還增加插畫，並放入實體樣品，

❖ 一八九三年，芝加哥世博會被稱為「白城」的會場。引自維基百科 https://commons.wikimedia.org/wiki/File:World_Columbian_Exposition_-_White_City_-_1.JPG

甚至有翻譯各種語言送到國外，最後還打出「盡量拿，夫人，不滿意，可退貨」的宣傳口號，低廉的特價品與可退貨的促銷手段，加上高明如同「商品展覽會」的陳列設計，完全讓懷有戒心的客人全數繳械。

擴大規模、重新裝潢布置的百貨公司，大量採用新建材鑄鐵與玻璃，已如水晶宮呈現的奇觀效果，在白光的照射下，「被日光穿透的複雜花邊、夢幻宮殿的現代創造、巴別塔的實現，拓寬了廳堂增加透視感，各樓層和廳堂間也無止境地讓光線自由來去。」成為一座「堅固輕巧的現代商業大教堂」，其形容與玻馬舍百貨新賣場如出一轍。只不過，消費者膜拜的不是神明而是商品。

跨海來到美國，較早成立的現代百貨公司，則稍遲在一八七六年費城美國獨立一百週年博覽會以及一八九三年芝加哥哥倫布紀念世博會後開始發展。小說家德萊賽（Theodore Dreiser）一九〇〇年出版的小說《嘉莉妹妹》，年輕的嘉莉搭上火車離鄉來到芝加哥，也嘗試到新型態的百貨公司找工作，過去未見過將千百種商品集中一處的店頭，以規模最大也最經濟的方式經營，有最多的店員與顧客，每件陳列的商品都撼動嘉莉，每一個櫃臺、每一種商品都引起嘉莉的占有慾，現代消費空間的興起，不論歐美都掀起消費主體與感官、慾望的流動，百貨公司設下的消費「陷阱」，凡人皆無法抗拒。

鐵道帶來的時空變革

十九世紀動力機械化的鐵道網路積極鋪設後，空間與時間劇烈變動，既縮短也擴大時空，不僅個人感知的改變，火車全景式的視覺移動，也創造一種嶄新的、稍縱即逝的景觀。鐵道消泯過去徒步或畜力運載的陸地距離，時間與空間皆受工業化而帶來變革，任再遙遠產地的貨物都能成為各地市場流通的商品，住再遠的人都能旅行到想去的目的地，鐵道於是更直接參與了博覽會盛事，讓旅行參觀人數達到前所未見的數目。這種情形也發生在一九〇八年臺灣縱貫鐵道完成後，只不過展現的形式稍有不同。日本在一九〇六年已見知名的吳服店配合報社舉辦移動式的汽車（火車）展覽會，提供行經沿線車站城市

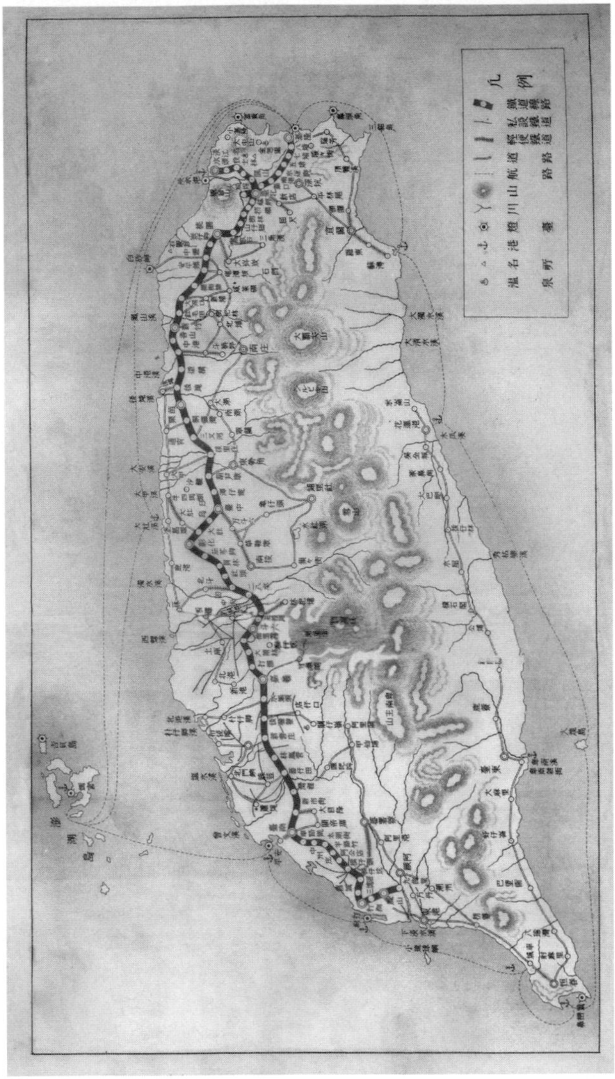

❖ 一九〇八年臺灣鐵道圖

❖ 國際級氣派的鐵道飯店，伴隨臺灣縱貫鐵道開通而設。

的居民參觀。臺灣南北經鐵道貫通後，除藉由地方物產展的舉辦外，也採用剛落成的鐵道舉行汽車（火車）博覽會，如果人們無法來到臺北，那麼就讓火車帶著商品南下巡展，延伸的概念化被動為主動，車廂變妝成展示空間，創造商品流通交易的機會，移動與速度改變主客體的關係，列車帶來的商品，僅此一次機會，流通速度讓人的視覺焦點與選擇意願都迅速變換。當時為了讓出品者陳列新異的商品，也動用關係從日本進口許多物品，具蒸汽動力的汽船航運實現這個可能，舉凡吳服、太物、歐米舶來雜貨、貴金屬雕刻品、漆器、靴、木屐、傘、陶器、室內裝飾品等，或如飲食與藥品等，都在出品之列，其中菊元商行則帶蚊帳與綿布上車。日後，日人作家西川滿藉小說《臺灣縱貫鐵道》極力接引帝國殖民意志於現代進步物質之鐵道，成為文明程度差異的表徵，但某些程度似乎已由商人包裝販賣的流行商品，具體的帶到臺人的腳前與眼前。

廣告宣傳時代的來臨

前述倫敦萬國博覽會能有如此跌破眾人眼鏡的成功，除了鐵道交通運輸、新建材的建築組合之外，大眾媒體的宣傳影響也功不可沒。對臺灣而言，日人領臺後，初期軍政時期已經有許多與軍隊關係良好的隨軍酒保來臺經商並設立商店，日本現代商業零售活動經由這些日商帶進臺灣，經營的商店要打開知名度，販售的商品要有好的銷路，就必須仰賴接觸面廣的媒體，具官方色彩的報紙《臺灣日日新報》（《臺灣新報》和《臺灣日報》合併，一八九八年五月刊行），即成為很好的宣傳工具，許多輸入的商品，如藥品、清潔用品、食品、化妝品、日用品、嬰兒產品等，皆在廣告之列。據趙祐志研究日本統治時期臺灣商工會發展指出，中、小型的日商與臺商長期存在著競爭消長，雙方都有商業危機意識，初期由於人口與環境都不利在臺日商的事業經營，日商為了增加競爭實力，也不斷引進新式的商業技術，其中以「拍賣會」與「廣告」技術最為重要。新的商業技術被運用到零售業，透過廣告宣傳拍賣、廉賣與摸彩抽獎活動消息，就成為每年歲終新春、歲中夏季及其他節慶活動，或不景氣時期極為常態的行銷手法。而尤其是可方便利用的廣告技術，商人皆不遺餘力的推廣，除了廣為運用的報紙廣告、海報、傳單等，有的商店還會製作廣告塔、看板，遇有廟會也會利用藝閣遊行機會打廣告，後來有些城市也擴大到組成廣告車隊巡迴遊行，或者舉辦大型「商工祭」廣告遊行。日後臺灣的百貨公司當然不會遺漏這些廣告促銷技術，顯示臺灣自從有了近代大眾媒體以後，一方面反映出利用媒體廣告灌輸民眾現代消費觀念的商業行為之變遷，一方面也預示了未來商品零售透過付費廣告宣傳的時代即將來臨。

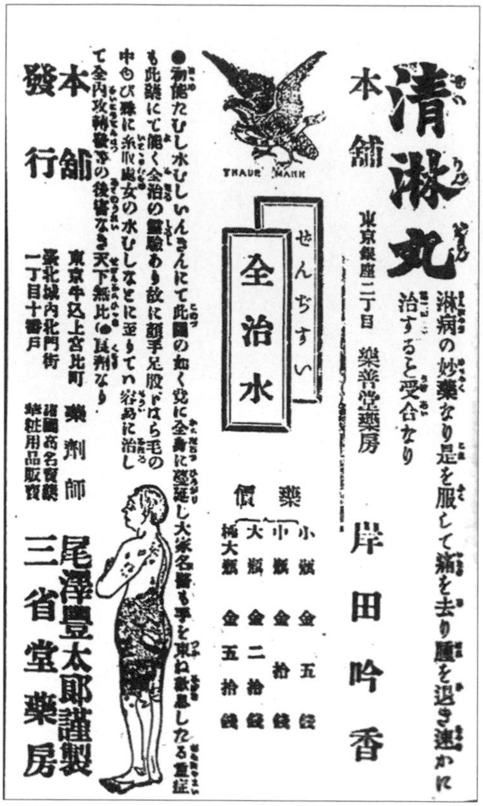

❖一八九六年，三省堂藥品廣告。

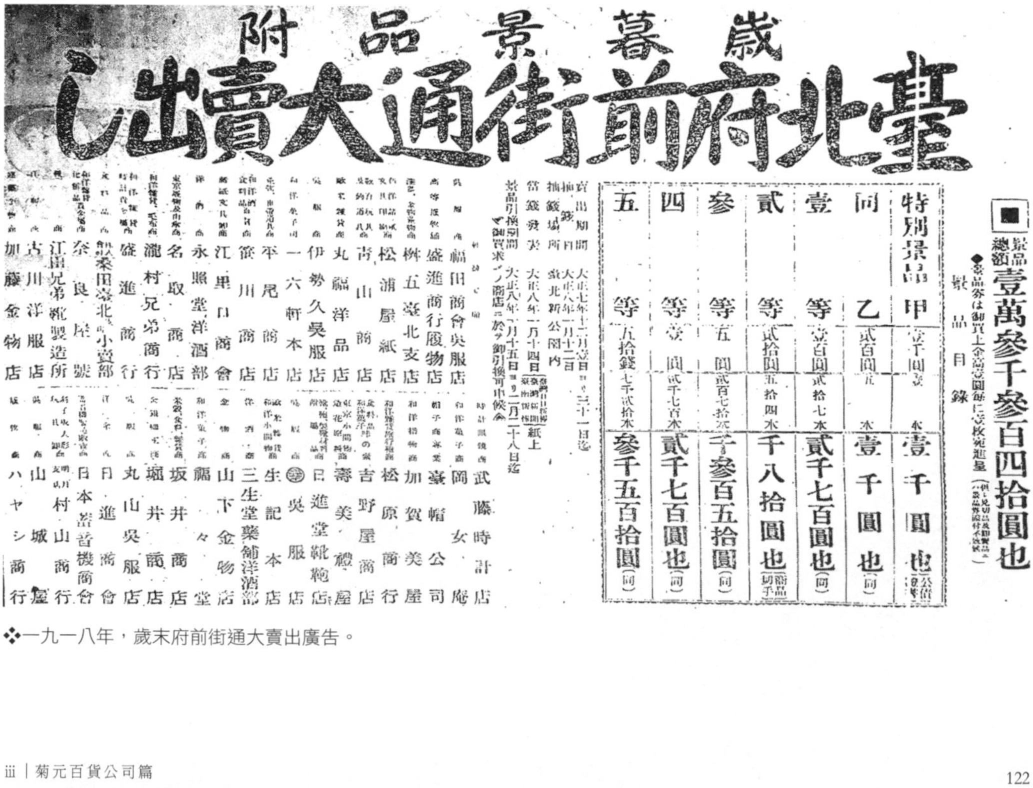

❖一九一八年，歳末府前街通大賣出廣告。

從勸工場到百貨公司

日本明治維新後，舊有幕府制度瓦解，西洋現代事物的考察也成為迫切吸收養分的方式之一，不僅明治政府積極參訪世界各國博覽會，並引進國外展覽會方式，陸續在國內舉辦內國勸業博覽會，一八七七年東京上野全國勸業博覽會即是一例，而對於日本本地知名的吳服商，過去店鋪老陳的經營方式也不敷現代生活方式改變後的消費習慣，如三越的前身三井吳服店、高島屋或白木屋等吳服商，都派員前往歐美考察學習當地的百貨公司經營，新賣場開始改以新的陳列方式與櫥窗設置，逐漸淘汰舊有商品未陳列、討價還價式的座賣法，促成日本吳服店朝向百貨公司化轉型。其中以一九〇四年三越百貨專任董事日比翁助發表之「百貨公司宣言」，則被視為是日本現代百貨公司的開端（而陳列販賣之起源更早在十九世紀末開始），甚至在早期發行的三越明信片上，還可見到「自轉車隊」宅配服務（一九〇九）的創舉，一群手牽腳踏車、穿著英倫風制服的運送員，非常壯觀的列隊排開。騎著腳踏車送貨的光景，在臺灣並不陌生，菊元百貨開設後，成立的「配達部」，同樣專為沒時間逛街消費的上流人士宅配。一九二〇年三越開闢「送迎自動車」路線，開始以小巴士接送東京車站到三越百貨的顧客，平均一日有超過一萬三千人利用。其他

❖ 一九三八年度，三越百貨配送用車。

❖ 東京府永樂町辰之口的勸工場，松齋吟光繪。辰之口約為今東京都千代田區丸之內一丁目一帶，南側入口大約在三菱 UFJ 信託銀行本店、日本工業俱樂部會館鄰近。引自《辰之口勸工場庭中之圖》。

東京的白木屋、松阪屋等百貨公司也陸續在昭和時期跟進，利用各地鐵大站人潮吸收消費者來店，時至今日，在臺灣的日系百貨公司仍可見到此項服務。不過回到較早博覽會盛行時代，大受民眾歡迎，衝擊舊有店鋪的販售方式則首推「勸工場」的來臨。

博覽會結束後成為庫存貨進行清倉販售，以今日眼光看，也算是一種「暢貨中心」（Outlet mall）或廠拍概念。一八七七年東京上野內國勸業博覽會結束後，隔年東京都永樂町即出現收留這些展示品及未售出產品的勸工場，勸工場的設立主旨很明顯是延長博覽會結束後的功能，協助工藝進步，助長貿易商品販賣，希望以盛場鬧市的型態招徠大眾消費，說白了就是動員買氣與刺激消費景氣。過沒幾年，據《東京案內》（一八八四）載，專賣陶器、漆器、家具、食品、文具、度量衡、吳服、棉麻織品、女用小物，還有木屐、傘、菸草、其他日用品、舊衣等各式日用商品，以及舶來品的勸工場，在東京市內流行起來，日本橋有新睦商社、誠業社；銀座有京橋勸業場、諸品大販賣所、商盛社等大大小小十二間。到了一九〇二年，東京市內已將近三十家。勸工場與傳統市集最大差別，在於商品標示售價、現金交易，其集中展示的方式與動線設計，在大型空間內分割小單位，各店陳列從日用品到舶來品等百貨商品，而窄促的過道，讓閒逛或購物的人摩肩擦踵，因此容易營造出熱鬧市況。當初永樂町的勸工場，還設置茶館和休憩處，且有山水造景花園，提供消費者歇腳放鬆。與巴黎漫遊者的拱廊街對照下，日本的勸工場還多了一分遊憩的功能，除了擁有現代商店賣場能逛、可買，滿足視覺與消費需求之外，也想利用不同休閒設施的營造，把來客盡量留在勸工場內，一網打盡生活日常消費。這也是為何會有研究者將勸工場視為日本百貨商店先驅的原因。

勸工場盛行而成為都市景點當時，就有風俗作家遠藤早泉寫下〈從勸工場到百貨公司〉（勧工場から百貨店へ，一九二五）的趣味逸事，作家回憶十二、三歲當時，首次被祖父帶到東京的勸工場遊逛的經歷：

> ……初次到東京最驚訝的，不是掉落在馬車道上的大便，而是裝飾得引人注目的勸工場。一進入標記著那個是什麼館，那個是勸工場的入口後，就是一連串華麗的店家，每家店一定會有一個櫃員在商品的後面用如來佛的眼神看著你。有年輕貌美的女子，也有年紀較長有孩子的櫃姐，每個看起來都有乾淨的臉蛋，穿著清爽的和服，反觀我們這些看守西瓜田的鄉下人穿的是木棉羽織，實在天差地別。中間是相鄰的店家，裡面坐著一對好笑的年輕男女店員，只顧著彼此愉快地聊天，忘了還有別的客人正站著，直到被客人罵「喂！喂！」才回過神來——
>
> 「來了，歡迎光臨，請問有什麼事嗎？」
>
> 「就是有事才叫你的。這多少錢？」
>
> 「好的，這特別算您便宜一點，十三錢

五厘。」

「十三錢五厘？也太貴了。」

「不不，這東西絕對不貴。」

「貴啊。這種東西我才不買。」

說完就朝下個方向走出去。此時男店員面有異色，好像嘀咕似地叫了一聲「先生！」但對方頭也不轉地「往前邁步」，最後一個轉彎，身影消失不見，此時店員說：「啥啊，東西貴就不買嗎！說那啥鬼話，混帳東西。沒錢就不要買了吧。土包子！這裡不是鄉巴佬來的地方。幹！」那人越走遠，他的語氣就越粗暴嚇人，場面非常慘不忍睹。

幼小的小鄉巴佬聽到死土包子這種話，嚇死了呀。還能怎麼做呢？只有哀痛欲絕地躲在祖父腳邊，邊念著南無阿彌陀佛與老天爺，隔壁的年輕店員小姐用吹撫松樹還是如琴般的聲音溫柔地對他說：「哎呀你也不用那麼憤慨。」

男人頓時莞爾一笑，因為店員就在旁邊，他舉起的拳頭就放了下來，「是啦是啦……」邊看著敵人的背影邊碎念。突然又想到什麼似地跟旁邊的美女繼續剛才的聊天。

回過神，心情平復的我又再度到處繞來繞去看這些美麗的店家。之後跟祖父說剛才那件可怕的事，祖父笑了笑，說：「哎呀傷腦筋，你這笨蛋。那傢伙捲起袖口，只會做到這裡啦。」說完又笑了起來。後來想想，我的祖父比那個櫃員還強壯，更加可靠。

勸工場怎麼走也走不到盡頭。我走了七成，但被不知誰施了基督教魔法，又進了一個出不去的迷宮，感覺一陣不舒服。

「爺爺，可以回去了嘛。」我無理地要求。

「嗯，回去吧。」祖父雖然這樣說，但還是往前走。我幾乎快哭了，又三番兩次鬧著要回去，祖父才小聲的表示知道了，一邊加快腳步，我知道在這裡走失很不得了，也別無他法地加快腳步，正一邊走一邊怨恨祖父，突然好像走出地獄似地，有一陣涼風吹撫身體，兩人突然來到入口附近旁的出口。那時候我看了好似宮殿般的勸工場，就知道往前走的話，出口一定在前方。當時我們上課的讀本中有一篇叫做〈往西行〉的文章，文中有一段描述眾人若搭船離開日本國向西，終有一日會再回到日本，小孩子心中滿是不安的感覺，但試著走在勸工場裡，果然是「向西行」這種感覺。現在想來著實滑稽。當時的心情大概跟愛因斯坦發現相對論有八九分相似吧。

早期勸工場如雨後春筍般出現的那段期間，作家自己也解釋，將日常雜貨集中在一處的勸工場，取代了雜貨店並不是沒有道理，爾後，新時代的百貨公司崛起又將勸工場逐出市場，同樣有其理由：

說到這個理由，要先明白所有這種商業形式的進展，第一要件就是方便。一切都是從這裡開始。不管是買方還是賣方都一樣，都互相配合讓一切變得方便，這就是伴隨文明而起的商業最重要的條件之一。商業活動就在這樣的原則上萌芽，開花，結果。這樣說來，勸工場也可說是其果實之一，而接下來結的果實正是百貨公司。

若在當前的東京市大張旗鼓地尋找，不會找到一個勸工場。那就是現在已經進入百貨公司的時代。那麼，百貨公司與勸工場之間有什麼不同，又有什麼相同點。勸工場是許多獨立店家的群聚體，而百貨公司不管有多少部門，它還是一家店。這是他們最不同之處。在勸工場，甲店賣鞋，乙店賣書，兩家店連一起做生意，由於甲和乙的老闆不同，每天或賺或賠都是自己的錢，算在各自的帳本裡。但百貨公司不管是賣鞋還是賣書，甚至賣甜點，老闆都是同一個人，如三越和白木屋，他們的損益都是算在一間百貨公司全體身上。換句話說，百貨公司整體來說就是一間店，裡頭有各種部門為其特色。

基於這種特色，百貨公司的優點是，第一，整間店的經營步調可以一致；第二，由於可以一次大量進貨各種商品，可以不需要各種經費，也能以低價向廠家進貨，商品相對的比較便宜。但雖然這麼說，現今百貨公司究竟能買到多便宜，不得而知。不過，百貨公司就是這樣經營的。勸工場的全盛期已是過去式了，今後是百貨公司的時代，接下來又會進入怎樣的世界？或是不會進入怎樣的世界呢？

都市中交通發展與人口增長，逐漸改變生活與消費習慣，也成為有更多、更好的商品與消費空間更優適的百貨公司崛起的基礎，讓勸工場後來淪為便宜貨的市場，大約以四十年的時間走完壽命，成為過去式，歐洲法國的拱廊街亦復如此，都因新型態的百貨公司興起的衝擊而沒落，成為過渡性的商場，以至一次世界大戰後進入到大正時期，日本更多現代百貨公司挾雄厚資本擴張各大城市，而關東大地震（一九二三）後，重建復甦的東京，更是各大百貨公司插旗的據點，除了出張販賣達到前所未有的繁盛，加上地鐵與巴士的擴張使用，地鐵公司更看準大眾交通工具帶來的人潮，相繼成立如阪急、東橫等百貨公司，不管是日用品或高檔商品，百貨公司與大眾的連結日益密切，一躍成為都市中代表性的大眾消費文化，人們頭也不回的大舉前進，相形之下，勸工場的賣場與商品更顯寒酸，走入歷史只是時間早晚了。

❖ 一九三〇年代末，位於澀谷車站旁的東橫百貨。引自《東橫百貨店》。

❖ 一九三〇年代末，位於澀谷車站旁的東橫百貨。引自《東橫百貨店》。

勸工場在臺灣

勸工場在日本流行後，日商腦筋亦動到殖民地臺灣，一八九七年七月開始有名古屋建築合資會社臺北分店在新起街二丁目新設一處勸工場並招商，不過兩個月後開業當時只有十三間店進駐，似乎不太熱絡，而且到場遊逛的人幾乎門可羅雀。沒想到不久後場內還發生上吊自縊的命案，讓賣場更形冷清，也因此店家紛紛打退堂鼓，等於宣告勸工場失敗收場。不過初期勸工場的零售形式有其魅力，綜合琳瑯滿目的商品，足以吸引各色人等。一九〇五年，臺南打銀街、新大路西側，也有日商設立大勸工場一座，舉凡文房四寶、地輿書籍、竹器、陶器、漆器、玻璃器皿、家具、玩具等，又如布傘、絲履、皮靴、皮鞋、矮杖、短襪、杯盤、刀匕、皮包、巾扇等五光十色，應有盡有之器物，男女老少皆能各取所需。這段期間，日本舶來日用品逐漸為臺人接受，社會上也開始有人討論是否開設專門推銷商品、可增加銷路的陳列館，此外也出現希望在始政紀念日舉辦展覽會的聲音，此種議題較早其實已出現在日本內國勸業博覽會後，開辦勸工場的目的之一即帶有此種常設物展的企圖。

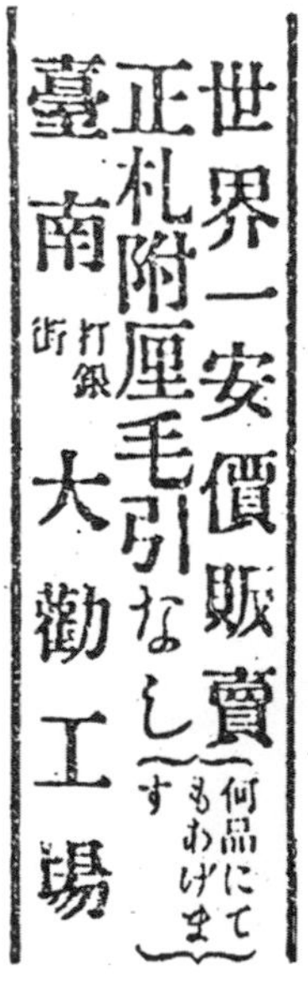
世界一安價販賣
何品にてもわけます
正札附厘毛引なし
臺南 打銀街 大勸工場

❖ 一九〇六年七月，臺南大勸工廠廣告。

縱貫線通車前奏——汽車（火車）博覽會與臺北共進會

❖ 辻利茶鋪主三好德三郎

一九〇八年縱貫鐵路北起基隆、南至打狗（高雄港站）銜接開通，臺灣進入現代化鐵路交通運輸新時代，在舉辦全通大典前，新築的基隆車站、鐵道飯店如期完工，或配合典禮整建的臺中公園與池亭，均屬具體的建設，至於如何趁此機會吸引民眾參與，除了宣揚殖民治理與建設的成績，還能促進大眾消費，可得考驗主事者的籌畫能力，事實上與官方友好的商人更期待典禮之外的商品販賣活動，在十月還未舉行通車大典前，以木下新三郎（曾任《臺灣日日新報》主筆、監察人，後轉入商界，對輕鐵與電鐵經營非常積極）、三好德三郎（辻利茶鋪）為首，有良好政商關係的媒體人、實業家與茶商，尤其經過前一年東京勸業博覽會的洗禮，熟知博覽會的商機魅力，此次先利用鐵道，將火車車廂布置成移動式的商店，舉辦巡迴汽車（火車）博覽會，很明顯參考日本《時事新報》在一九〇六年邀三越百貨舉辦的這場汽車博覽會，事實上三越百貨也參與了臺灣此次的火車巡迴展。在此也能見識到大眾媒體介入的重要性，如果沒有每日列車巡迴展的動態報導，宣傳效果將大打折扣。因縱貫線通車前宣傳之便，利用眾多商家出品展示的機會，每到大站停靠數日，讓民眾參觀各式商品與土產，直接將類似百貨店與機動櫥窗概念的商展延伸到臺灣南北，經臺、日商人熱烈響應，各大站的參觀民眾也非常踴躍，以至於這次的展出企劃也得到報紙的好評，有「實則為勸工場，或有如現在流行語中的Department store」

❖ 一九一〇年代的新起街西門市場，八角堂是顯著的建築標的。

的概觀。此外，原本是地區性農會的農產品評會等級，也在官方挹注資金的支持下提升為網羅全島性物產的臺北共進會，而此時新起街市場八角堂初落成，在共進會場地遍尋沒有著落下暫時挪用為會場，活動不僅物產展出，更多的其實是商人新奇商品的販售，還加入汽博原班人馬三好德三郎、木下新三郎共組的協贊會參與，規劃賣店、飲食店，以及餘興節目等吸引大眾進場參觀與消費，幾乎複製汽車博覽會模式招商，各家商號有如勸工場般再次展現。

而八角堂在共進會結束後也依約抽籤分租，其賣店的安排即以勸工場的形制分類不重複，「同一種類物，不得開兩店，預定為二十八箇所，其物品各異」。臺灣各地雖屢有商家籌設勸工場，但多雷聲大，較具規模的如一九一四年八月十日在北門街開幕的臺北勸工場，三層樓建築一樓二側分門五十九鋪，二樓十五鋪一大廳，三樓則充當出差者的宿舍。開幕後來客人潮踴躍，二樓還有松井吳服店主持便宜貨拍賣，記者實地訪查，就見到拍賣臺上站著一個男人，大喊「要出多少錢」，讓圍觀的群眾開始競價，然後不同的便宜貨浴衣、印花棉布、布包帶等一件一件的出清。

工商會發展與商業經營手法創新

❖ 迎神賽會除了吸引消費族群的眼球外，也是鐵道旅遊一大旅遊觀光重點。

日治時期臺灣經濟的殖民地化及工業化發展，據學者涂照彥所言，從歷史角度略分，被殖民的臺灣經濟發展過程，歷經土地、人口調查，制定貨幣、金融制度等資本主義基礎工程；現代化製糖業發達階段、米糖相剋階段，以及軍需工業化等四大階段。尤其第四階段，一九三〇年代以後因軍需工業化逐漸加重，現代產業化的建立，城市與農村的階級與起落差距更形加劇，帶有國防需求的資本主義，並未帶給大多數臺灣人更幸福的生活，作家呂赫若的〈牛車〉中，就點出了現代化帶來的悲慘世界，市街馬路拓寬，現代自動汽車取代牛車運輸，無能轉型的家庭頓時陷入愁雲慘霧之中。又或者朱點人的〈島都〉，透過主角老秀才個人的民族意識，抵抗殖民帝國看似文明進步的臺灣博覽會與現代事業。

雖然大環境有官方主導經濟政策，但以零售業而言，卻是在市場上兵戎相見，進行肉搏戰廝拚，不只同業，甚至日商、臺商之間都短兵相接，這從日本殖民臺灣後的工商會發展可得知一二。研究者趙祐志指出，在日臺商人競爭下，商業經營手法的不斷革新攸關生存與否，其中以廉賣會與廣告最為重要，也難怪勸工場生意在臺灣較無施力點，因為自一九〇〇年開始，臺灣商人已運用報紙廣告刊出年度的歲末聯合廉賣會，日後更發展為有組織性和季節性的歲末（過新年）、歲中（如納涼會、迎神賽會）、特定商展（如土產品）等活動，並不斷推出高價獎品或獎金的摸彩券吸引顧客。相形之下，勸工場的出現只淪為便宜小商品的拍賣與特賣，實際上無法與工商會發展而來的聯合特賣相較。一九二〇至三〇年代間，臺灣南投、花蓮、新竹、彰化等地都有勸工場興設的消息，但已不足以影響零售市場。

❖ 一九三二年底，本町、京町、榮町歲末大賣出。

❖ 一九三二年底，年終歲末大賣出街景，店面掛出大大的促銷標語。

日本百貨公司出張販賣

當日本的都市與交通發展成熟，知名百貨公司在各大都市紛紛設立分店，為了維持並且以「出張販賣」（臨時販賣所）與「通信販賣」（郵購）方式，從大都市往地方拓展客源與業務，一方面宣傳都市百貨公司形象，一方面吸引消費力，若遇不景氣時期，更成為傾銷出清庫存的管道。一九〇八年三月，三越百貨首先抵臺於吾妻旅館出張販賣，報紙以接連兩幅醒目漫畫「三越の襲來」、「賣上高三越凱旋」來譏諷三越出張販賣吸引大批消費者以及獲利頗豐的現象，六月時，三越並再銜接上縱貫線通車前舉辦的汽車博覽會。白木屋與大丸百貨則聯合在一九〇八年四月來臺。高島屋百貨也從一九〇九年之後，每年大約換季時節，到臺北、臺中、臺南等城市出張販賣。以後一度還傳出日本百貨公司將到臺灣設立分店的流言。

日本三越、白木屋、高島屋等百貨公司來臺出張販賣，引起不小旋風，不論紳士或淑女都趨之若鶩，多數相信這些百年老店的商品必定有過人的品質，殊不知「出張販賣商品不過是內地賣不出去的東西或退流行的東西，而且價格沒有當地商店來的便宜，價錢還頗高。」而買到的人往往還盲目的炫耀虛榮感，當時記者已觀察到各大百貨出張販賣的問題點，毫無保留的犀利評論就這麼說（〈出張販賣店評判記〉，一九一〇）：

本來三越也好、白木屋也罷，都是營利事業，要他們悖離商業經濟的原則，便宜地採購優等品，再便宜地販售，就算變魔術也做不到。尤其要派遣店員到臺灣三界出張販賣，需要龐大的經費，東西自然就無法賣得便宜，這是經濟學的原則。說到底，人們會相信三越或白木屋的商品品質優良又便宜，這實在是很大的誤解。尤其他們這些大商店跟住在臺灣的內地人一樣，都把這些紳士淑女叫做暴發戶，鑑識能力都沒有，只會衝動買下賣不出去或退流行的東西……

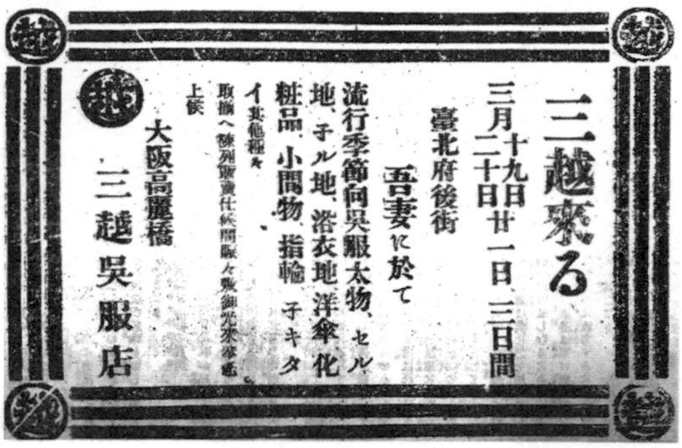

❖一九一一年三月，三越到臺北出張販賣，地點是吾妻旅館。

其次，在地臺、日商人對出張販賣的反彈，有的不出租公會堂場地，有的地方政府徵收稅金，有的本地商人也聯合起來抵制。一九二八年十一月，有報導指出，三越百貨計畫歲末年終到臺南出張販賣，鑑於歲暮是在地零售業的大日子，三越的出現等於破壞規矩，搶食市場大餅，以往換季的出張販賣已對臺南的零售業打擊很大，此次戒慎恐懼的本地商人準備醞釀聯合抵制的行動，但對於市民消費者而言，三越百貨的商品貨真價實，都展開歡迎之手。拿新竹地區社會運動者黃旺成先生的《日記》為例，一九三一年三月，三越至臺短期巡迴銷售，二十一、二十二此二日在新竹座出張販售，二十一日第一天開張日，即有朋友呼伴到新竹座參看三越出張店，場內人潮比肩繼踵，尤以女性居多，黃旺成也記下「予為蕙蘭買將入學用的雨衣一枚一・四元　自己買ワイシャツ一枚一・五元　香肥皂一箱三つ七・五△(與一つ與曾)　正午才出」的紀錄。另在一九三四年四月，也見三越出張高雄市，讓嚴陣以待的高雄商公會緊張不已，不得不聯合各會員商店以及實業新興會、森本、吉井等吳服店，站在同一陣線對抗三越。

百貨公司與零售商之戰，不僅見到臺灣零售業積怨已深的抵制行動，日本政府面對內地零售商的壓力更大，終不得不立法縮限並禁止百貨公司的出張販售活動，只不過在臺灣的出張販賣仍未完全停止，一直到一九三三年《臺灣日日新報》開始可見高島屋、三越、白木屋等日本百貨公司刊出通信販賣的廣告，才逐漸改採郵購方式繼續在臺的銷售業務。

由於每年各日本知名百貨在臺出張販賣銷售的業績都不賴，有媒體適逢高島屋和廣島山西屋至臺北市出張販賣，便邀請出張員以及臺灣在地知名零售業達人、消費者發表意見，如榮町菊元百貨的今井武藏即說到（《臺灣婦人界》〈內地大商店の臺灣出張販賣に就て〉，一九三六年十月）：

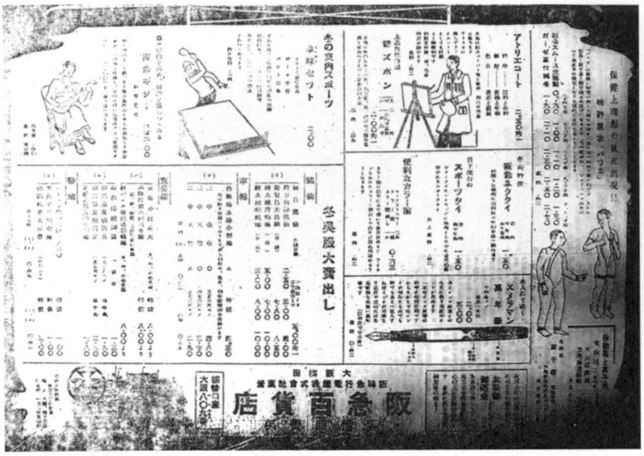

❖ 一九三三年，阪急百貨通信販賣。

> 如果內地一流的大型出張店進軍大眾取向的店鋪，對我們來說是有影響的。內地一流商店將於年中開設販賣店，與我們的店鋪比鄰，若真如此，我們會苦心思考對策，唯大眾取向的品項該如何防範，我們怎麼也想不出來。
>
> 他們為了吸引客人，會將季節性的流行品上架，實際目的是要出清庫存，有賣就是有賺。即使如此，臺灣的客人也不會輕易上鉤。

另外盛進商行的吉田氏也談到：

> ……對客人來說，雖然價格十分便宜，品質似乎也不是很好。但要是賣出了一萬還是兩萬，那一年下來，這樣的打擊是有可能波及到我們的。不過這不會永久持續下去，對我們的影響不大。因為這次沒有一般實用

取向的商品。

不會有人這樣說「因為那些在京阪神流行、走在時代尖端、存亡未卜的商品在這裡無立足之地，所以本地的流行相較之下腳步較慢」。我認為就算在臺灣，流行的腳步也沒有較慢。

一九二〇年代以後，臺灣人口多的城市，鐵道交通、電信通訊建設已具一定基礎，照理應該能夠吸引日本的百貨公司來臺設立分店，三越、高島屋、白木屋等百貨公司，從一九〇八年起已陸續定期到臺灣「出張販賣」，從銷售額資料看，對臺灣出張販賣的成績不俗，業績比日本地方性出張販賣都來得高。換一個角度看，出張販賣也算百貨公司另一種超前試水溫的方式，如果一地有足夠的人口與消費力，就會是設立支店的好地點。一九三〇年代初，甚至連殖民地朝鮮京城都設有三越的分店，何獨臺灣最終沒有日本百貨公司進駐？學者李衣雲整理出幾項重點，出張販賣的考慮條件包括交通便利性、人口質與量等面向，其中尤以臺灣大城市中，日本內地人

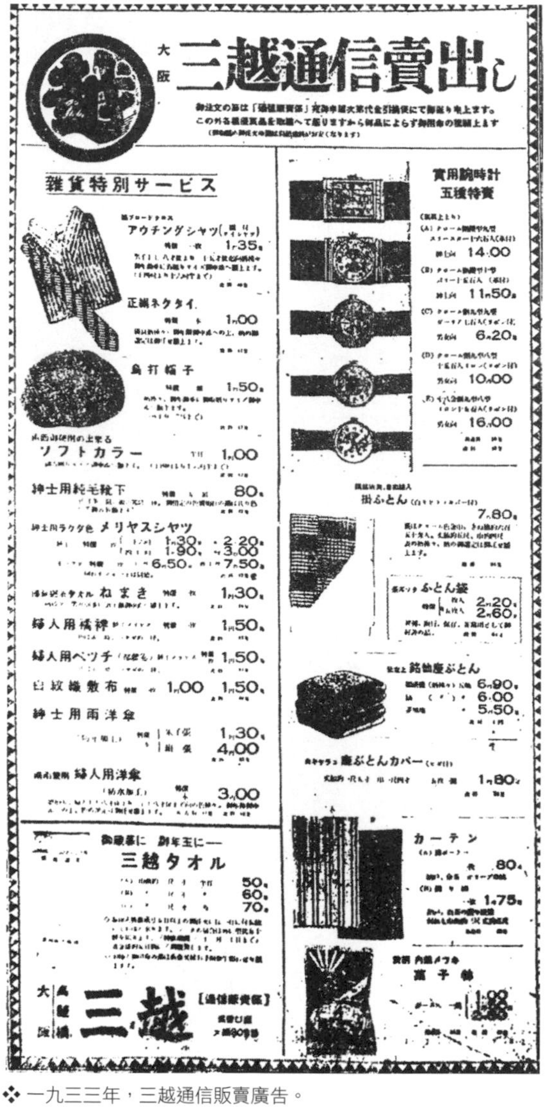

❖ 一九三三年，三越通信販賣廣告。

口的占比最關鍵，雖然人口數超過一、二萬的小城市不少，但如果居住的日本人未超過一定數目，日本百貨公司也會略過這些城市而無出張販賣，因此，一九三〇年代的臺北市雖有二十幾萬人口，但日人占比大約三、四萬人的情況下，加上臺北三市街的消費習慣不同，日本百貨公司認為臺人進入城內消費的比例相對較少，也阻礙來臺設立分店的意願。不過等到菊元百貨設立後，這樣的創設條件反倒出現落差，也顯現臺灣百貨零售經營的複雜性，更凸顯在臺經營百貨，必須更深入理解臺灣人的「生活經濟、必需品、嗜好、購買心理」，而不管是菊元百貨經營者重田榮治，或是臺南林百貨創設者林方一、高雄吉井百貨創建人吉井長平等人，都具有長期在地經營的資歷與社會資本，也更加能理解臺灣人的消費習慣與需求，經營的思考與方針就較能全面性考量到臺、日人客群的差異，因此有別於日本百貨公司需嚴密計算出張成本，並只針對當地日本內地人的消費者的考量方式。

當日本的百貨老店每年定期來臺出張販賣，每每造成本地商人大恐慌，一九二五年七月雖一度傳出大稻埕臺商計畫籌設新式的大百貨公司，惟在只聞樓梯響的階段。而臺灣真正設立百貨公司的故事，還需等到土地與設計就緒，一九三二年一月，臺北菊元百貨動工後才開始進入正題。

創辦人重田榮治與菊元百貨的開設及經營

❖重田榮治

一九三二年十一月二十八日，菊元百貨完工落成，十二月三日正式開幕營運。菊元百貨未登場前，已備受媒體焦點關注，「臺北榮町一角，出現高大建築物，菊元百貨公司大放異彩」，報刊醒目的標題，配上菊元百貨與一旁建物高低反差的背影取景，視覺上已預示了菊元將成為城內現代消費的新地景。

百貨店菊元商行主人重田榮治氏在臺崛起的軌跡，據《皇紀二六〇〇年記念　躍進臺湾の產業と山口縣人》（一九四〇）載，生於一八七七年（明治一〇），出身山口縣岩國；十四歲自岩國小學校畢業後，旋即進入菊元小一郎氏經營的商店，一邊實習一邊在義濟堂夜間學校修讀中等學校課程；一九〇〇年（明治三三）加入山口四十二聯隊，因出征北清事變（八國聯軍之庚子事變）有勳功，獲賜勳章及獎金；一九〇三年（明治三六），為了擴張岩國義濟堂的織品通路而來臺。

岩國義濟堂株式會社的設立，與明治維新後的日本社會情況有關，許多地方士族沒落，為求生存，不得不轉型為民間企業組織，岩國的士族不例外，也投入以生產現代工業產品為主的行業，其中義濟堂創立製絲、製紙、織物部門，也發展成為地方重要產業，其中至今地方上仍出品的「小倉織」霜降布就是名產之一，臺灣也是當時的銷售地之一。重田榮治會拓展義濟堂的布織品來臺，除了有受過義濟堂教育之恩，另外，根據與重田榮治有染布生意往來的臺南錦榮發商行後代所述，重田的姪女也嫁給義濟堂布廠的經營者菊田小一郎，更加深了這層連結關係。

重田榮治來臺後，在臺人的重商區大稻埕創立菊元商行，其店號很容易聯想到前述岩國的老東家菊元小一郎。據載，重田先立足於臺北市太平町三丁目（今南京西路上）開業，賣起棉布，不出幾年，事業做大後即於斜對面的二丁目（今延平北路一段、南京西路口）一角開設吳服部，成為無人不知的棉布商。不過在菊元商行草創歷史中，先期有一則《蕃界平定紀念　臺灣開發誌　全》（一九一五）的紀錄似乎被忽略掉了，即早重田一年（一九〇二）渡臺的岩國同鄉田村積太郎，在文武街一丁目開設賀屋商會，經營國產蚊帳、棉布生意，但不久後就頂讓給重田，同鄉則另於一九〇四年二月轉而承接古亭的柵牧場，改為經營牛乳榨取販賣事業。如果記載屬實，那麼重田榮治抵臺最初起家，可能已先頂下賀屋商會的棉布生意，而後才展移至大稻埕太平町。

❖ 大稻埕菊元商行總務部與批發部

❖ 大稻埕菊元商行吳服部店面

❖ 臺灣日產自動車臺北工場

另據錦榮發商行後代言，重田榮治的布料生意草創之初極為艱辛，先有大稻埕南街（今迪化街，民生西路到南京西路段）的批發商願意讓他賒帳買賣，一九〇八年縱貫鐵道通車後，才能有南下的生意行腳，並與臺南錦榮發結下長期友誼。甚至後來勸動錦榮發老闆石秀芳，讓么兒北上到菊元百貨工作。

重田經營事業有成，買下臺北市鬧區榮町一角，一九三二年蓋起六層鋼筋水泥建築（後增改為七樓），創設菊元百貨，成為臺灣經營百貨店的開端。且說來到一九四〇年當時，菊元百貨的規模已有員工近四百名，總務部有高商出身的村松龍司、村重宜之、採購部有慶應大學出身的長男平太郎，加上佐佐木峻三等諸氏，百貨店總管則是高商出身的三浦正夫氏等。商品的通路，遍及全臺，更在高雄鹽埕銀座通、廈門（據曾服務於菊元的員工口述歷史指出，海外還有泰國）等地開設分店。

一九四〇年，重田榮治以六十四歲高齡仍經管菊元百貨，頭腦清楚，與少壯者開會必定親自出席，傾聽年輕社員或店員的意見，心態上依舊年輕，生意手腕高明，難怪還擔任了東西商工公司社長、臺灣日產自動車株式會社社長、臺灣苧麻紡織會社取締役、東光油脂、東光興業、南邦自動車各株式會社監察役等職。並獲官選臺北市會議員，以參事會員的身分參與市政，擔任臺北市方面委員、城北區防衛團長等，參與公共事務。甚至為了菊元食堂餐飲的貨源供應而經營養雞場，提供新鮮雞蛋與肉類，且還把食堂的廚餘用在養豬上面。

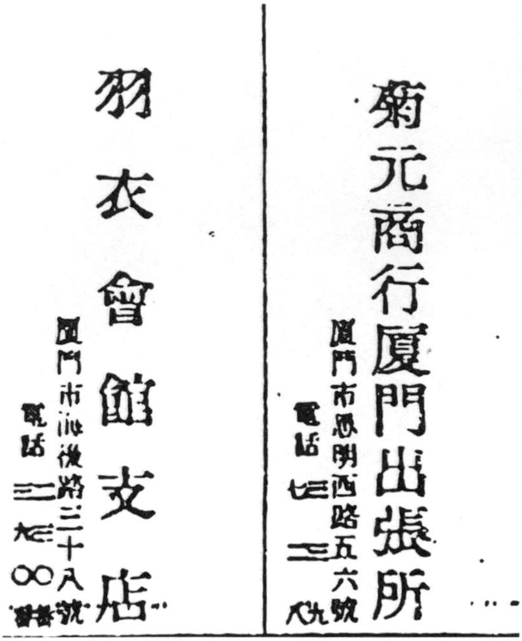

❖ 一九四〇年底，菊元在廈門的出張所廣告。

菊元百貨與天母溫泉

菊元百貨食堂為了供應新鮮雞蛋與雞肉，而直營養雞場，其所在地大約相當於士林街三角埔近磺溪一帶。除了養雞場，重田榮治也在附近擁有個人別莊與大片土地。但又如何會與天母扯上關係？此處暫且先說明一下天母教與天母溫泉的由來，因為，三角埔曾是天母的舊地名。

依一九三六年刊行七星郡管內的士林街地圖上，天母一地仍舊以三角埔土名行之。不過，三角埔的公路盡頭（約今中山北路七段），已見到溫泉符號在此落地標示，顯示三角埔並非天母溫泉一開發就改稱天母，還需包括交通的完善，從士林驛有巴士可達天母溫泉，以及可供住宿或餐飲的旅館與泡湯設施。另想從臺北出發泡湯，相對距離又比草山或北投溫泉近，加上媒體推波助瀾的報導，旅遊新景點在條件具足下，也才能漸漸形成。

天母教的創始教主中治稔郎創立此教，在某種程度上有日臺融合與同化的想法，秉持「神儒佛道法，為萬教歸一法」之基本教義，主神有日本天照大神，並從福建湄洲迎來天上聖母媽祖（甚至連同福建都城隍爺），由天照大神與天上聖母合稱的「天母教」，在大正十四年間（一九二五）的大稻埕永樂町原鴨寮街鯤溟會館鄰近，創設安置臨時宮廟並組織天母教會，香火漸盛之後，不僅有媽祖、城隍，連關帝爺也迎來合祀於廟中。

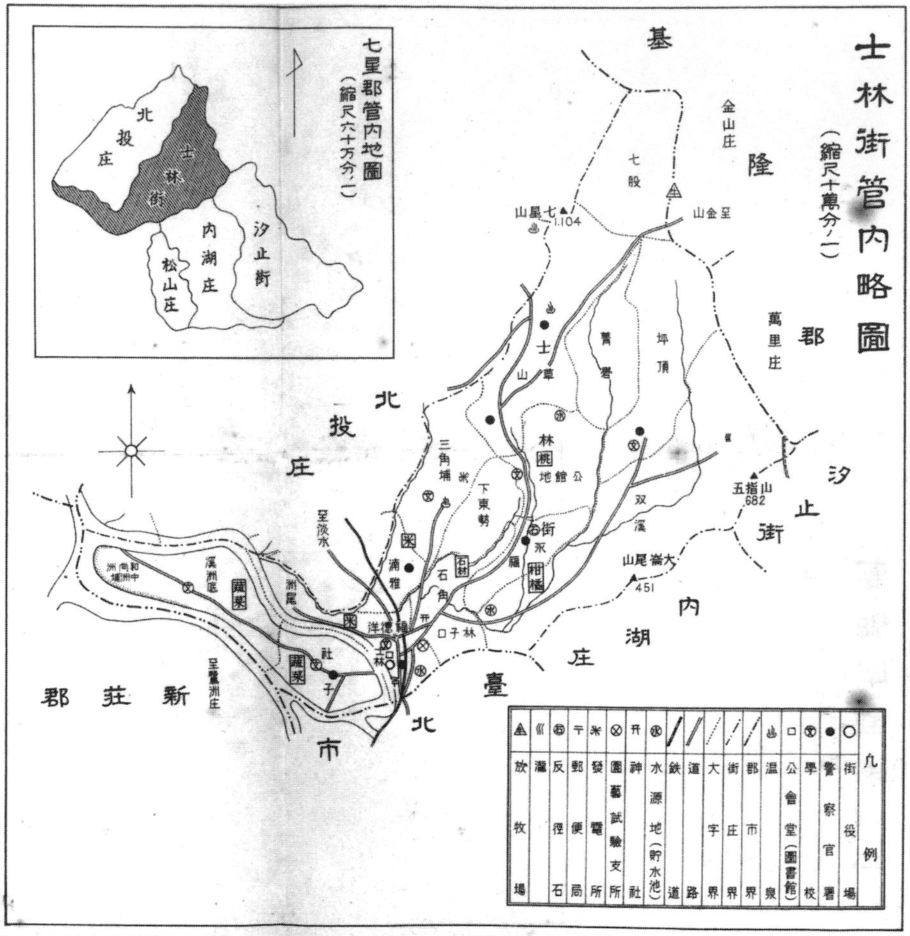

❖ 一九三六年士林街管內地圖。可見三角埔的其中一條公路盡頭，有溫泉標示。

隔年，天母教會日益擴大，臨時本殿也從大稻埕遷往臺北市元園町二五三番地（今成都路、雅江街一帶），開始有規模的建設廟殿。一九三〇年代昭和期間，天母教教主中治氏活耀於布教及募款，也取得士林街三角埔的溫泉開發權利，至此，恰與重田榮治在此擁有的土地交疊，兩人因此聯手共同事業，逐漸將三角埔開拓成為結合天母溫泉、天母教會本館與教主住宅地，且兼具宗教、療養、度假與移居的園區。

天母溫泉的開發過程，天母教主中治稔郎有不少個人記載。起先，教主中治氏感應到神意，選定三角埔為天母教大本殿與園區的建築基地（即重田榮治的私人土地）。此外，計畫引流磺溪上游溫泉水，又冥冥中有神明託夢指示，讓中治氏循磺溪找到紗帽山麓共有五處的溫泉源頭，該地奉設天母溫泉五社；並從附近無名溪來到一處絕壁下方，當時中治氏掬起一把溪水，隨後大聲喊說：「此乃天真名井水，質優，甘美，清澈，具藥性，可治內病啊，來立起標木。」隨行教友依教主指示，開挖岩壁，採得湧泉，並在此處奉齋天母水神三社。那是一九三二年十月底的神啟事蹟。

就這樣在一九三三年七月，天母本宮園區的規劃與天母溫泉申請使用的計畫，開始並進。隔年九月，也順利取得溫泉使用權。中治氏也認為，由於本溫泉不屬於草山溫泉或北投溫泉，故命名天母溫泉。一九三五年十月，天母溫泉新浴場開始對外經營，趕上了臺灣博覽會的觀光潮。

園區與溫泉的興建，除了基地之外，其實也可見重田榮治與天母教主既合作且友好的關係。如進行中的溫泉導管工程，即順神諭挖掘的溫泉源頭而下，導管一路經過「鼓之瀑布」，由於偏僻人跡罕至，蟲蛇出沒，在此右岸祝奉天母波婆神；導管架高而起的第一鐵線橋，其下游的草山溪合流點（按：行義路二六〇巷附近有磺溪支流合流點）有一瀧瀑，因為聲響很大，即由重田榮治將之命名為「岩戶瀑布」；後導管續從磺溪西岸橫跨至東岸架高的第二鐵線橋；再經第二鐵線橋下游的白木棉瀑布；最後來到天母本宮園。園區坐落在山水環抱之中，還可遠眺臺北市夜景與觀音山夕照。基地計畫開發出的規模有天母本宮（天母教大本殿）、天母教教務廳、中治教主宅邸、天母溫泉一之湯屋、遊園地、住宅地（二萬坪）。湯屋建地占七百坪；磚造及木造平房四棟（含宴會廳、別室、食堂），建坪一二一坪；浴場二十五坪，有男用與女用，湯槽特別防水防酸處理，並貼四色磁磚。除此，庭園內還有奇岩水池造景。 其中，園區內計畫中的建築之一，也納入了掛名「菊元」的靜養所——菊元會館。

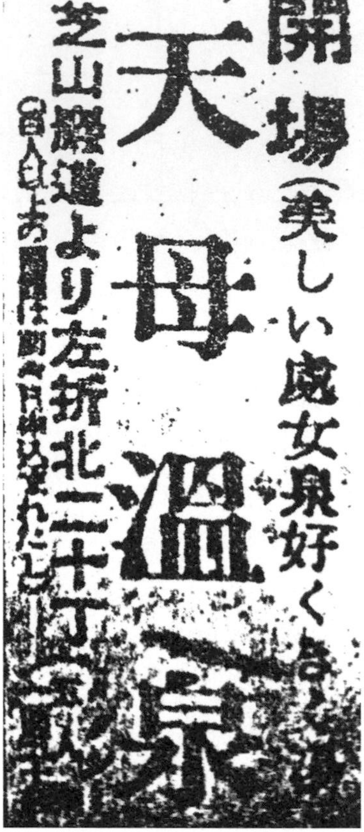

❖ 一九三五年底，天母溫泉開場廣告。

一九三六年底，天母溫泉浴場取得旅館營業許可，開始提供住宿服務，另有較早於三月開通的巴士銜接，交通便利，一趟泡湯旅遊行程的花費，從士林驛到天母，搭乘巴士單程九錢，入場費三十錢，家庭室使用費坪數六疊一日一圓，八疊一圓五十錢，住宿附兩餐兩圓五十錢至三圓，但如果是住宿，則無須入場費與家庭室使用費。

菊元會館、住宅區與溫泉療養休閒的結合，重田榮治想在郊外開發土地成為田園文化住宅區的意圖明顯，惜因二戰影響，再者天母溫泉湯屋又因溫泉導管破裂與淤積問題而遭捨廢，戰後日產也由國民政府接收。

而大約位於今行義路四〇二巷一帶的上游溫泉源頭之一，一九七〇年代有業者在溪谷開發整建為簡陋的半露天浴場，並改新名為峰溪溫泉（後經整頓，現溫泉源頭已無商用建築），而這裡，也是最接近日治時期天母溫泉湯屋靈泉的源頭了。日後溫泉源頭附近也吸引大量泡湯兼土雞城餐廳的興建，逐漸形成紗帽山溫泉區不夜城。今行義路二六〇巷至四〇二巷有上達磺溪嶺的景觀步道，沿途溫泉餐廳林立，並以木棧道接連至磺溪嶺溫泉露頭景觀保護區，是為紗帽山溫泉區主要水源地。

❖ 一九三五年十月報導，天母溫泉新興建的湯寮（湯屋）。

重田曾發言：「百貨商店是現代城市不可或缺的一部分。做為一名經營者，我始終牢記要給客戶便利，並準備新鮮的食物，而且要在它賣不出去之前，在短時間內消除庫存。假使店裡深度不深，臨街的店面很廣，在一定範圍內給普通大眾新鮮感，這似乎是百貨商店的生命。」一面對臺灣城市人口較少的問題，重田慎重的以在地經營經驗出發，認為只就人口數計算，即否定百貨公司的存在，是過於膚淺的觀察，前提還應加上「必須考慮商店的擴張、充分利用設備等的土地地段，還應考慮內地人和本島人的喜好。」（〈百貨店該怎麼經營　用食堂剩飯養豬的菊元百貨店店主重田榮治〉，一九三六）

如前述百貨公司在日本興起後，發展步調非常快速，侵蝕了所有的小商店聚集區，因此引起零售商群起抗議，後來因為百貨公司自制協定實施（一九三二年八月），設下種種限制，包括出張販賣的廢止、商品券的規定、新設分店、不公平的服務廢止、免費配達的區域縮小、共同休假日的實施等，但仍無法達到完全限制，其實最讓零售商人欲哭無淚的是「商品切手」（商品券）的發行與地方出張販賣。臺灣每年有日本三越、高島屋等百貨公司一兩次的出張販賣慣例，在地零售商皆因此舉而煩惱，善於宣傳的松井吳服店雖曾反過來利用出張，在全臺賣出不錯的銷售業績，即使這樣也只能袖手旁觀。至於有人提出在地方建立百貨公司的計畫（如一九二五年大稻埕臺商），都受限於資金問題，而最後率先勝出的，便是「犧牲自我」的菊元百貨。但有趣的是，日本百貨公司打擊零售商最烈的商品券，菊元百貨開設後也經常推出，獨自舉辦的特賣活動往往成為吸金焦點，同樣成為在地零售商的痛點，因此商店街推出的聯合大賣出，也會極力拉攏菊元、松井等大零售商參加。針對此問題，重田也提出自己對商品券的看法，認為是一時的杞人憂天，「在臺北市，城內、萬華和大稻埕的客群是不同的。大稻埕的本島客人很少去城內購物。儘管可能有冒犯到城內業者的顧客範圍，但是我這家店事實上也吸引了相當多的本島客人，而且我覺得相互抵消之後還有剩。我認為榮町這個商店街，將吸引所有臺北市民。我不時會看看樓上的食堂，但是有時內地與臺灣人數相當，最近本島人客人占了多數。」以菊元百貨為例，就重田的觀點，菊元百貨吸引的消費者，並非菊元獨占，反而是讓榮町街區更加繁榮，並吸引更多市民到此消費的誘因。

並且，在菊元百貨創設後，雜誌媒體隨後拋出百貨店時代來臨議題之時，重田對於同業零售商批評百貨公司的雜音，也不吝指出：「我已經聽到了對百貨店管理的批評，但我沒有想要弱肉強食，試圖剔除本地商人來賺大錢。從我的角度來看，對本地百貨商店的管理在各方面都是當務之急。現在，很明顯，臺灣內地的商人將被內地的大資本經營者蠶食。我認為這是一個大問題。另一方面，這個時代正朝著百貨商店時代邁進。可以這麼說，它並不是像商品陳列館那樣目的是巨大的銷售利潤，而是對消費階層來說是一種方便，也就是說，它是一種針對臺灣的產品，現金交易，不賒帳，我認為是非常必要的。」（〈菊元百貨店に對する批判〉，一九三三）

❖ 不僅是雜貨零售或吳服界，有的品牌也會推出特別的福引卷。圖為森永奶粉的大特賣附贈「福運卷」廣告，「人人有獎，每罐皆有現金兌換券，五圓券、兩圓券、一圓券，以下十萬張」。

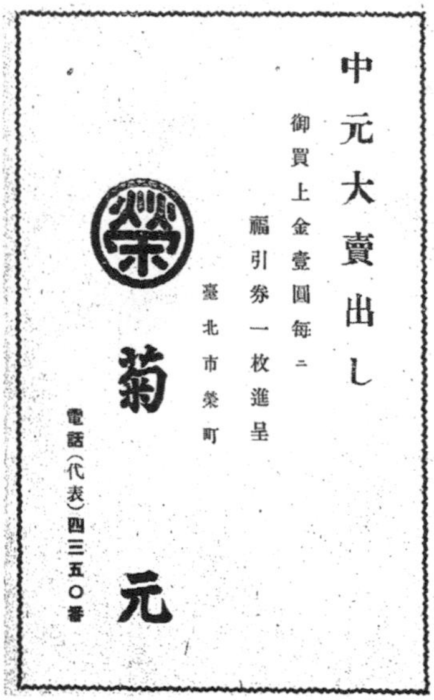

❖ 菊元百貨在臺人的農曆中元節，推出特賣與購滿一圓送福引卷的廣告。

此外，在菊元百貨的發展史上，重田榮治的姻親兼左右手三浦正夫，也不可不帶上一筆。明治四十五年，三浦從山口高商畢業後，接連在三井礦山、三菱商事、朝鮮銀行等商社工作過，到臺灣加入菊元商店後，一路做到經理。在三浦的管理方向上，除了防堵內地百貨公司出張販賣的促銷之外，與各種娛樂、演藝活動的結合也密不可分；為了因應瞬息萬變的零售業，最忌故步自封，百貨公司的生存之道，他指出應為：全力培養員工、待客開朗親切，另一方面採行薄利主義，增加顧客的回購率。在營業方面，首先讓早班的店員午休，這是其他零售商所沒有的；在員工訓練上，則改掉態度不好的待客方式。

另據菊元百貨女子從業員徵才廣告（《臺灣日日新報》，一九三八年三月三十一日），徵人的條件為內地人（日本人）女子，年齡要滿十八歲至二十五歲止，中等學校或高等小學校畢業者，市內需要連帶保證人，募集的資格標準頗高，若以此條件視之，也代表站在菊元第一線服務員的程度不低。其次，臺人雇員多在太平町的販賣部服務為主，有時則支援榮町的百貨公司。根據一九四一年公學校畢業後，曾在菊元商行工作的陳吳敏女士口述，要進入菊元的考試「主要是考驗我們的講話清不清楚，也就是口才，還有算帳的能力，主要是打算盤。」—（《臺北文獻》一七五期），似乎募集的條件已放寬不少。至於營業空間，三浦也指出，後來由於需求，菊元百貨屋頂原本的庭園藍圖被改造為大廳，成為小型集會的空間，為市民提供各種展覽，另一方面也可用來宣傳菊元。（〈百貨店の鼻祖　三浦正夫君〉，一九三三）

❖一九三五年徵才廣告

針對臺灣迎接百貨公司的來臨，就在菊

❖ 一九三二年十二月三十一日廣告，林百貨初賣二日，三樓販售五圓和十圓福袋。

元百貨與臺南林百貨相繼開幕後，《臺灣實業界》雜誌在一九三三年二月號推出「百貨店時刻到來」專號，首先就針對百貨公司的出現是否造成雜貨零售業競爭對手的影響作出層層評判：（一）當前的規模或經營方式究竟能不能適合時代和臺北居民的需求，還無法立即做出判斷，但百貨公司的出現是時代的需求，這點是無庸置疑的。（二）菊元百貨在城內設立後，開始有了其他競爭者設立百貨公司的呼聲，包括大稻埕在內，競爭的態勢未來將不可免。（三）消費者會跑到商品豐富、價格低廉、店員服務完美的店家，產生的影響將會是中小型商店很可能會被龐大的資本所淹沒。（四）中小型商店也不能因此而悲觀，仍有其使命和活動領域。中小型商店的便利之處在於，從店頭的櫥窗裝飾到店內的各個角落，可以注入店主的個性，可以提供令人難忘的服務。尤其對於專門店商家而言，它對商品的了解是最清楚，最忠實的。無論百貨公司有多大，都不能說自己是專家。也就是說，要用智慧對抗資本。（五）菊元百貨店的出現，除了某些類型的商店和某些商品以外，反而導致了榮町通的繁榮。但造成較大打擊的，則是商品券的銷售手法，因此，其他被影響的商家勢必要做出對策不可。（六）菊元的設立勢必引起日本本地更大資本的百貨公司來臺的可能，過往三越、白木屋、松坂屋每年的跨海特賣，已經引起在地零售商很大的反感，如果又有更大型的百貨公司來臺設立，將是零售業更大的痛苦，不可不慎。

雖然菊元百貨的出現對於零售業帶來一定的影響，但經營上良性競爭而又共生共榮，積極應變提升各自的盈利能力，也成為當時零售同業的原則。

城市新風景——臺灣現代城市消費地景的誕生

❖一九三二年十一月三日報導，臺北榮町一角，菊元百貨誕生地。菊元百貨開幕前，雖有批評聲音，但畢竟與報社頗有淵源，當時報導讚譽為「城市新風景」，與周邊建築相較之下，確有高人一等的視野。

菊元重田榮治雖買下榮町的用地，但建築過程並非一帆風順，一來建地不是最佳位置，且基地面積不足（九九．三六坪），以及營業賣場空間狹促，甚至建物本身也招致各界批評等問題，都是考驗設計者的能耐，不但須滿足業者需求，設計者本身也很在意，一棟高樓出現在市街，視覺上是否對城市的整體美感造成影響。菊元百貨的出現不僅僅要成為臺灣第一家百貨公司，而且是當時城內除了總督府高塔之外的最高樓層，其可觀的重要性與獨特性，均表現在近代建築與城市發展，以及臺灣現代消費文化地景的發軔上，因此在菊元百貨建築的設計以及變更的過程中，有必要如實的呈現設計者的想法與思慮。

相較於小說《婦女樂園》，百貨商店猶如「拜物大殿堂」的空間奇觀，菊元創立時的規模，某種程度限制了未來的發展。但也因此，讓建築師古川長市（臺灣土地建物株式會社課長）在瞻前顧後的設計下，對於臺北市，甚至全臺灣而言，一間最高商業樓層的現代百貨店的誕生，已是當時代最摩登先進的消費空間象徵。

關於菊元百貨店的設計

正員　古川長市

前言

在島都臺北市榮町三丁目一角，菊元百貨的六層樓建築即將竣工，因其樣貌已具雛型，在各方面招致了各種批評。

此為臺北初次嘗試的百貨店，其建築內容若表現得宜，便能予人強烈好感，若表現不適當，反而會強化不良印象。

幸好菊元商行主人對於最初的規劃，除營業主的設備之外的設計，皆予以信任，並採取極為寬容的態度，真是感激不盡。

唯一遺憾的是，由於建築技術者準備不周、無暇做好充分準備、監工不周，首當其衝的便是施工變得極為困難，以至於無法充分發揮設計者的意志，著實可惜。

無論如何，一棟建築的設計不免有窒礙難行之處，建築設計者往往因財務或其他錯綜複雜的因素而受到牽制、無法自由發揮。然而我相信建築技術者的常識與修養，也相信一般人的建築常識以及對建築的興趣有所普及與提升，可以在某種程度上得到緩和。當然建築家在設計上一定盡可能採納委託者的要求，還會考慮建物的實用性，但在施工方面，若做得不確實，就算設計再怎麼努力，效果也極為薄弱。

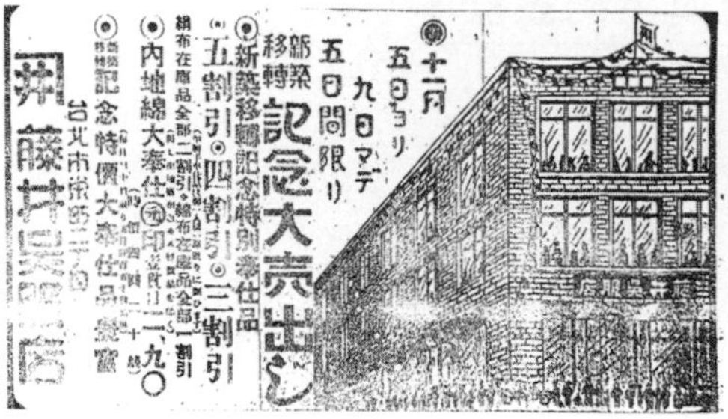

❖ 一九三二年，藤井吳服店廣告，雖只是三層樓建築，但比例誇大後，看起來與大型百貨店無異。

❖ 一九二七年三月六日，第一回臺灣產業組合紀念日宣傳車隊，在前臺北信用組合事務所外集結。

未來我們臺北市也將實施都市計畫法，我相信在此法實施初期，還有很多有待建築會會員的努力，讓大小建築物具備都市美觀的要素。我身為這家百貨店的設計者，實在感到慚愧，然仍舉此實例，盼會員諸君好意指導，若透過批評，能有助於普及社會大眾對建築的興趣與常識，我將喜出望外。

建地的沿革與百貨經營的動機

臺北市市區之內第一期（大正元年至四年）改建的街區，有原本的府後街（現在的表町）、一部分的府前街及石坊街（現在的本町通）、一部分的西門街及書院街（現在的榮町通），而當時的北門街、現在的京町通為大稻埕與城內唯一的主要聯絡道路，而且還極為老舊，外觀甚是貧弱。在當局的英明果斷與好意轉讓之下，此處接收了西側相接的政府地，促成初步的京町通的改建，至今已幾乎完工，商店街變得美輪美奐，然而榮町與京町的交叉處（即本建物基地西邊）一直到電話交換局之間的地，因為有些事情致使未能改建而維持原樣，缺乏整體感與市街美感。最近臺北信用組合事務所、藤井吳服店等體面的建築即將完成，等這些建築竣工之後，臺北市有了首屈一指的商店街，定能增添市街之美。

❖一九三三年五月五日竣工，十八、十九二日舉行落成式，臺北信用組合的新建三層樓事務所，由臺灣總督府技師井手薰設計，一九三五年外觀寫真。

菊元百貨的基地原本定在某銀行之所有地，但是該土地在買賣上似乎有各種問題。該地坪數一〇三・五七坪，原本預計其西側鄰接的五五・〇坪土地（今秋本商店基地）順理成章可以轉讓，但由於開價較高，結果無法轉讓，計畫也陷入坐困愁城的狀態，導致無法如計畫將百貨店蓋在選定的地上，菊元商行老闆無可奈何也只能接受。

臺北市因為地理上的關係，分成城內、大稻埕、萬華三塊市街。最近大稻埕發展顯著，經濟中心有從城內移往大稻埕的傾向。菊元商行老闆察覺到此點，因為他居住在大稻埕多年，以內臺融合為座右銘，秉持統一三市街的理想，同時考慮保有城內既有商店的繁榮，想出防止內地百貨進軍的對策，那就是廣納符合內臺人士喜好的商品，齊聚一堂，專門追求顧客的便利，產生了犧牲自我來經營百貨店的動機，同時他也認為，百貨店的位置相當重要，構造樣式也應與其位置相符合，並且有義務調和市街的美感。

平面計畫

基地實測坪數為九九・三〇坪，由於建築法規的限制，所設騎樓的面積為基地的三分之一（約三三・〇坪），再扣除法定空地，一樓使用面積僅五〇・〇餘坪。其一樓內部，面榮町通和京町通設立寬五尺之陳列櫥窗，東南角與臨榮町通處各設出入口，西北角設有樓梯、電梯、洗面所與便所，沿北側牆設有輔助樓梯，其餘的面積幾乎只能當作交通動線使用，因此一樓皆無賣場。由於賣場配置相當困難，因此依建築案主的希望，撤除臨榮町通之出入口，將其改為櫥窗，出入口改為東南角一處。

至於建築物在基地中的大致配置，其西北角做成空地，設置換氣、採光以及淨化槽；北側與既有民宅完全隔開，保持距離四尺的空地；西側與秋本商店預先說好共用牆壁。

由於電梯與樓梯的位置已由建築案主預先指定，再加上要預設變電室、並依電力公司的要求設置地下室，電話交換室要在樓梯下方使用等等原因，配置極度急約。從上述緣由看來，這間百貨公司的設備並不完全。

各樓層的使用目的，一至四樓大部分為商場，五樓為食堂和喫茶室，六樓只將騎樓上方作成露臺，其餘空間後推成一大廳，預定做為小型集會與其他臨時之用。

附記

由中央樓梯的踴場（梯臺）可通往各樓層的洗面所與便所，五樓六樓則變更為休息室，六樓有一部分空間將談話室廢掉，改成大廳。因為機械設備的關係，閣樓做了增設與變更，還加了避雷針臺。

樣式

不可諱言，大型建築物能大大地提升都市的美觀，然而使都市變得美觀的大多來自於一整排立在街道上（特別是市街醒目之處）之較小建築物，這才是更重要的。還有，一整排的小型建築，其高度應與街道寬度相當，高度大抵一致，才能呈現整體美。當全體都一致了，始得見其美感。當然，其中多少也要有些變化。意即一致性為主，變化性為輔。若以變化性為主，一致性為輔，結果出現極端的變化，那絕對不美觀。意即建物不管高度、樣式、色彩，都要一致，抑制變化以求統一。因此，樣式突兀、特別是過高之建物便會破壞協調感。

此百貨店指定建高六層樓，左右鄰棟為既有三層樓建築，也是所謂的京町式建築。因此這座要從中間建起的百貨公司，其樣式有先天性的限制。而且不管是高度，還是街道寬度與建物高度的比例，很明顯的都缺乏協調感，因此建築的特性多少都被犧牲，變得極為樸素平凡。（案主原本希望四樓或五樓有大型的拱狀造型，但沒有實現，真是萬幸。）

臺北的商店街建築，大多只有一至二面牆面向道路，其餘則與隔壁相鄰。因此，面向道路的牆面非常重要。儘管如此，受限於騎樓的關係，多少有窒礙難行之處。由於建築樣貌僅能透過牆面與窗戶的構成呈現，與獨棟建築相比較為不利，所以往往大肆強調牆面與窗戶，結果更強化了前述的隱憂。

備考

此工程今年一月開工，預定十一月三十日完工，現正工事中……（按：字跡模糊，略）

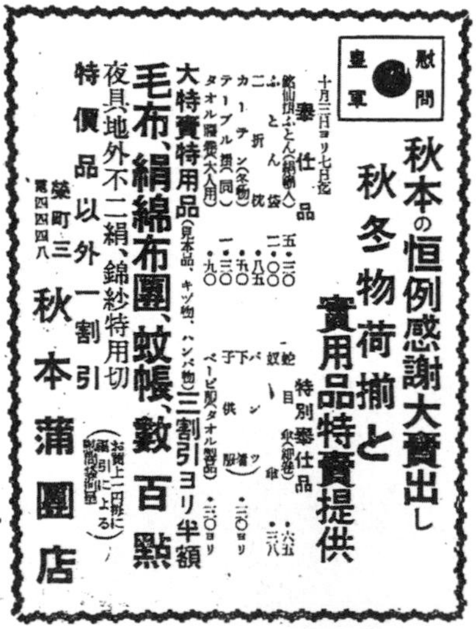

❖ 一九三七年十月，秋本商店的特賣廣告。

❖ 一九三二年，臺北市職業別明細圖局部圖，菊元百貨還未蓋好前的建築基地。隔鄰是共用牆壁的秋本商店。引自中研院人社中心地理資訊科學研究專題中心。出處：地圖與遙測影像數位典藏計畫。

臺灣百貨公司元祖之爭——林百貨VS菊元百貨

日本時代臺南的百貨公司「林百貨」，一九三二年（昭和七）年底雖比臺北菊元百貨早先完工，但卻因為主事者重病，以致打亂了開幕安排，臺北菊元百貨率先在十一月三十日招待耆老參觀，並在十二月三日開張，林百貨則落在二天後的十二月五日，但其實早於菊元，林百貨還未開幕前，同一街區「銀座會」已經有特賣活動的廣告。南臺灣數一的流籠電梯大樓林百貨，開幕時樓層安排有研究者比較顯露，一樓和洋雜貨（和洋菓子、香皂、小用品、食品、酒、菸草）、化妝品；二樓紳士用品、和洋雜貨、毛巾、童裝；三樓吳服、婦人用品、洋裁布、女裝童裝布料；四樓文具、玩具、家庭用品、日本餐廳；五樓食堂、喫茶室；六樓展望臺。當時也成為臺南醒目的地標。如今整修重新面世的林百貨五樓也開設咖啡屋，於是，到此一遊的人古今皆同，登上五樓逛累了就可以歇歇腳、喝咖啡。

❖一九三二年十二月一日，臺南銀座會特賣廣告。

林百貨開幕後是何等大事，甚至被寫進了小說中，一九三五年刊露蔡秋桐短篇小說〈興兄〉，做為故事背景，林百貨是如此出場的：

一步入店內，如臨仙洞，什麼貨都有，在那間店內，足足行了好半天，還看不盡，

❖ 林百貨二樓紳士用品等部門

❖ 林百貨一樓和洋雜貨、化妝品部門

❖ 林百貨五樓食堂

這時興兄腳也瘦了……

小說描寫的那年，是作田人興兄用田擔保，向勸業銀行借錢讓小兒子風兒去東京讀書，與大和媳婦成親回來後，在古都臺南擔任文官，逢農曆新年，興兄左等右等等不到風兒回家拜年，於是起了興師問罪的念頭，直接來到久未拜訪的古都，一場與媳婦的誤會後，才終於見到兒子。

興兄出門赤腳，對兒子而言不體面，風兒於是買了中折帽、烏布鞋打點，興兄雖不習慣但也勉強穿戴。兒子與媳婦帶著興兄上銀座鬧市，出了官舍迎面而來的：

> 一遍都是大廈高樓，馬路光閃閃，一步入店內，如臨仙洞，什麼貨都有，在那間店內，足足行了好半天，還看不盡……

這時興兄走瘦了腿，不習慣穿鞋的腳底也長了幾個水泡，登上林百貨頂樓時所見的食堂，美女來來去去，以為是風化場所「菜店」，日式食物與酒也吃喝不慣，興兄一氣之下想要離開，卻因未曾搭過電梯，一時著驚暈了去，還驚動了百貨店內的人。

那逛也逛不完、看也看不盡的百貨店「林百貨」，在一九三五年左右被文學家寫入小說，鄉下與城市空間的轉換，臺日物質文化的劇變及民俗慣習的差異，在在讓興兄與古都的現代新建設格格不入，連走在馬路上左右未分也遭殃，只得氣憤而回。

反觀臺北菊元百貨設立後，除了民眾慕名絡繹不絕的一睹七重天的魅力外，其中人氣最旺的就是來去搭看電梯，當時的盛況從醫學博士李騰嶽譜寫「乙亥蒲月臺北竹枝詞」十首之中窺看一二，就有如此精彩描述：

> 兒女紛紛向菊元，後來松井亦名喧。
> 內臺經濟成優劣，似此前途不可言。
> 摩天樓閣盛鋪張，舉世風行百貨商。
> 卻笑儂家非顧客，也隨人去坐流廊。

❖ 位於臺南市街銀座的五層樓仔林百貨

無獨有偶的，臺北菊元百貨也成為當時大眾小說《命運難違》中的一幕場景，男主角李金池與妻子貌合神離，原本想重修舊好，遂帶著出手闊綽、無視節儉的妻子到菊元百貨散心，正當在頂樓喫茶店點了咖啡、蛋糕，哪知卻遇上了熟識的咖啡屋女給，男主角招呼親密，讓妻子的妒怨一觸即發，原本提供修補情感的現代化空間瞬間驟變，反而翻轉成為雙方無法挽回婚姻的墳場，與興兄在林百貨的遭遇有著極為相似的諷刺性，難道在當時，此種現代摩登的事物，除了是勾引、滿足消費慾望的場所，似乎也急於嶄露文學上惶惶不安的場面調度，令在此流轉的眾生逐漸走向挫敗和毀滅。

又或許是文人的想像力豐富，讓臺灣的現代百貨公司鼻祖百口莫辯，無論林百貨或菊元百貨，物質的消費本就令人無法抗拒，殊不知西洋文學中左拉寫就的小說《婦女樂園》，也適逢歐洲玻馬舍百貨公司崛起的世紀，宮殿般的宏廣建築，新奇舒適、商品集中、價格低廉的百貨公司讓消費者趨之若鶩，現代化的櫥窗設計，展現前所未有的迷幻效果，從鄉下進京（巴黎）的女主角黛妮絲根本無法抵擋，附近小商店更如臨末日般的遭受巨大打擊與毀滅，可現代的巨輪，仍無情的向前輾滾而去……

不過，現代事物倒也不全然如此可怕，一九三四年（昭和九）當時就有《臺灣婦人界》刊露菊元百貨樓上「菊元食堂」的片刻光景，記者寫下如此即時印象：

◎菊元食堂

下午兩點的太陽，像波浪般閃耀地拍打著五樓的玻璃窗。在我們所謂的「特別來賓室」裡，我們努力的透過綠葉之間瞭望閒散的食堂內。過了正午尖峰時段的食堂很清靜，只有電風扇對著沒有人坐的白色石桌吹送懶洋洋的風。桃色的制服包著她們正午的疲倦，她們的表情可解讀為慵懶，又好像可視為想勉強用笑容隱瞞自己快變得不高興的臉。水果飲料那使人心情開懷的口感，在口中滾動著再大口吞下去。

天氣這麼熱，連喜歡吃烏龍麵的記者也要先考慮一下。

好像要融化似的桃子香與口感，激起了夢境般的氣氛。

沒有脂粉味的兩個下午班女店員，留著長度不一的短髮，坐在面對面的位子邊聊天邊吃炸豬排飯。

有個身穿金茶色、一種極薄透明的「喬治紗」連身裙，乳頭從內衣裡若隱若現的透出來的女人，看不出是時髦的大小姐還是舞者的她，瀟灑的走了進來。

紅色的手提包和大大的造型書吸引了眾人的目光。

西瓜和冰淇淋，她離去後桌子上，盛夏的太陽正吸走我們的夢。

我聽說百貨公司的飯有點難吃，但這樣

看來，大部分的太太們好像都覺得牛肉燴飯很有魅力。白與紅的對比，瞄準吃蝦子的時機。

成群嘈雜的年輕上班族被電梯載了上來。

「五杯咖啡，要冰的喔」，他用五錢硬幣排出一個圓形。

可惜菊元百貨之行，沒能讓主角李金池與妻子盡釋前嫌，修補感情裂隙，無奈是一次怨懟的收場。

前述提到，李金池妻原就出生茶金世家，嬌生慣養出手闊綽，那時候逛菊元百貨，買時髦貨，一出手買香水毫不手軟，雖然李金池家世原本風光，只因父母意外雙亡而中落，即使李金池找到報社工作，但一個月也才不過七十圓，吃山山倒、靠海水乾，沒有富裕的收入如何供養好命的千金，價值觀注定兩人越走越遠的命運。

❖ 林百貨四樓文具、玩具等部門

❖ 林百貨三樓吳服、婦人用品等部門

菊元百貨各樓層的展售空間

無論是高檔香水、時髦飲食，或是販售最新流行的外國貨、日本貨，都不可不提及臺灣第一家百貨公司——菊元百貨。首先，在開幕前夕的日報，就打出廣告宣傳，強調「招待七十歲以上老人」、「消費滿一圓以上」就送抽獎券或是五圓以上送贈品，打算提供開幕期最大優惠。

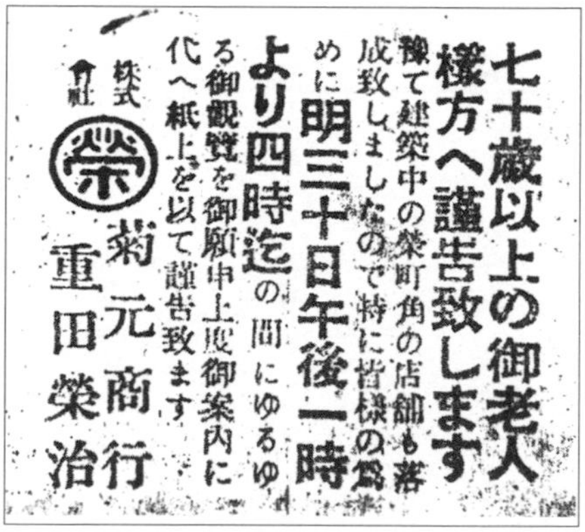

❖一九三二／十一／二十九

招待七十歲以上老人
三十日下午一點到四點可以參觀菊元

❖一九三二／十二／三

菊元開店廣告
一圓以上就送抽籤券
五圓以上就送贈品

敬老的舉動以及大方的消費抽獎與贈品，頗有博取正面形象的公關效果。緊接第二波促銷廣告推出，針對百貨公司商品物廉價美的好處加強宣傳力道，十二月十一日《臺灣日日新報》見報的廣告文宣如下：

歲末大服務（使命）
菊元商品券
歲末送禮可使用商品券
昭和七年十二月十一日
開店以來人潮空前盛況
東西好價格低廉（物美價廉）
菊元只有感激和感謝
為達成使命做大家的菊元
所以要拚命（全心全意）為各位服務與奉獻
便宜再更便宜
幫你省錢

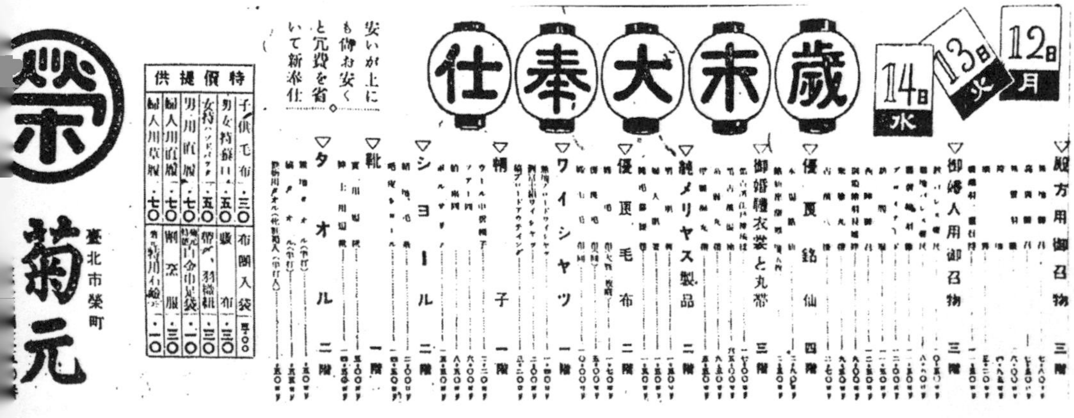

所謂的促銷商品，廣告當中也盡量全面展示，讓見報者知道菊元販賣的諸多商品種類，並且勾引消費者蒞臨買單。從廣告之中，也能看見此時菊元百貨各樓層所販賣的主打商品，一樓除了和洋雜貨和化妝品之外，也設有一般菓子的櫃位以及旅行導覽所，而臚列其上的流行商品則出現：

鞋子

實用短筒鞋（平價）五圓起

紳士短筒鞋十四・五圓起

帽子

羊毛中折帽

無邊帽

進口帽

義大利名牌（borsalino）帽

白襯衫

無紋寬織布白襯衫

各式布料白襯衫

外出休閒格子襯衫

先前引述小說〈興兄〉中，兒子要讓父親體面一點，替他添買了中折帽和烏布鞋，流行於南部府城的此行頭商品，臺北理當更加普遍。菊元百貨一樓櫃位，當時即售有羊毛中折帽，一樓是百貨店的門面，也是顧客進門前的第一印象，而踏入百貨公司的顧客，銷售員必定集中火力推銷時髦商品，不論〈興兄〉或《命運難違》小說，皆應驗了此帽在當時是專屬時尚男士儀容的標準配備之一。而騎樓櫥窗則展示尖端流行的時尚商品，更是極盡能事的摩登化布置，以吸引行人的眼球與目光。

❖ 出門穿著高級洋服、頭戴羊毛中折帽、手持白手套、拐杖，在當時才算紳士形象。圖為一九三六年逢坂屋商店的高級洋服廣告。

一樓之後顧客越往高層逛去，可接續看見更多琳瑯滿目、流行時行的商品，二樓是紳士館與生活用品，三樓是吳服與婦人用品，四樓則是文具、玩具、臺灣土產、家庭用品等。從「謝恩特價」（感恩特價）廣告中，也略可看出二樓以上的商品，大致上有：

一樓	（如 P.169 所述）
二樓（紳士用品、毛巾、雜貨）	透氣薄純棉製品 男內衣 女內衣 純毛都腰卷 優良毛布料 ...... 披肩 絹，毛線 毛皮料 毛巾 無紋路白毛巾 有花色毛巾 送人用的毛巾（化妝箱入 – 有紙盒包裝）
三樓（吳服、婦人用品）	結婚禮服與豪華腰帶 婦人用和服 男士用和服
四樓（文具、玩具、臺灣土產、家庭用品）	優良銘仙（平織布料，為時尚的平常穿的輕便和服用布料） 用銘仙布料做的坐墊
五樓（食堂、喫茶室）	

《命運難違》中，李金池的妻子慣用的香水，如果不是在大倉商店買到手，那麼大抵可在菊元化妝品專賣區精挑細選，逛累了更可上五樓吃東西、喝咖啡，這樣的行為模式正中百貨公司下懷，當然也是店家最衷心的企盼了。

時間來到一九三八年（昭和十三），往年依例年終大拍賣的廣告（十一月二十五日）也在年底見報，刊出「謝恩特價提供」（感恩特價提供）的廣告。

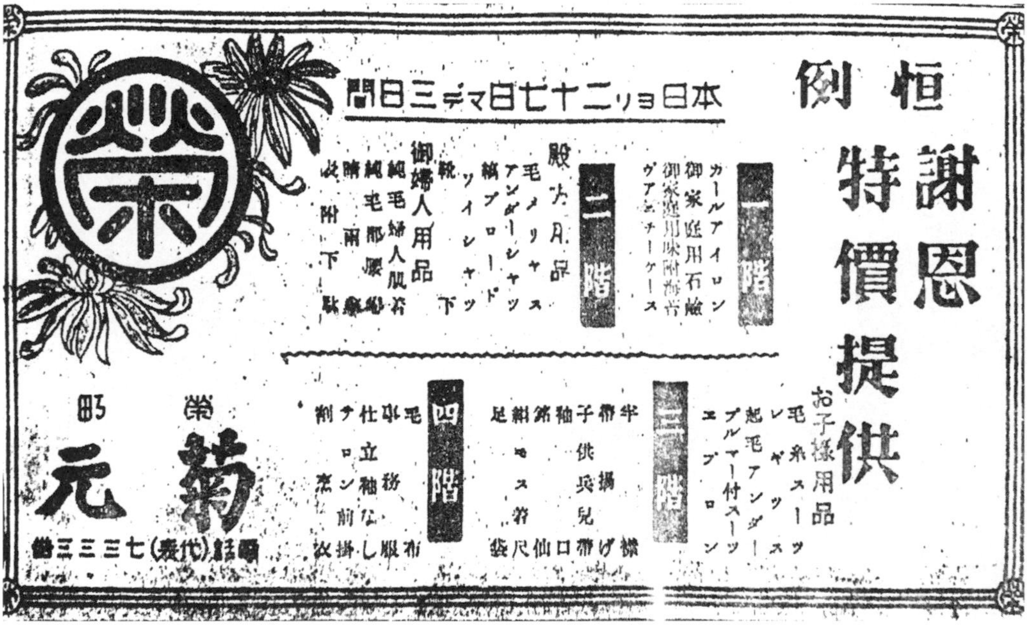

❖ 恆例
感恩特價提供
從本日開始到二十七日共三天

這時候的菊元百貨，各樓層的販售商品內容與開幕時相較下，似乎又有不同面貌。前此一年，日軍以建設新秩序「大東亞共榮圈」為名發動太平洋戰爭，對於百貨公司而言，流行商品通路與消費日漸緊縮已是未來常態，似乎見到更多戰時民生日用品所需，高樓層的展覽室，後來也成為軍方國防安全偵查的制高點，此時廣告所見，各樓層販賣的商品展售重點如下：

一樓	家庭用肥皂 家庭用口味海苔 小化妝箱
二樓	男士用品 針織 meias 布（葡萄牙文 meias 西班牙文 medias，伸縮性高） 內衣 有花紋的絨面呢（broadcloth 編得很密的布料，材質輕、平滑） 白襯衫 襪子 女士用品 純毛婦人內衣 純毛都腰卷 晴雨傘 草編木屐（木頭鞋床上再包覆一層草編鞋墊的木屐） 兒童用品 毛衣 襯衫 刷毛內衣 附內褲套裝 圍巾
三樓（此樓層都是和服的配件）	半襟 帶揚 兒童兵兒帶 袖口 鳴仙 絹 muslin 布著尺（muslin 是一種布料） 足帶
四樓	毛布 事務服 縫製無袖 工作圍裙 廚衣
五樓	食堂
六樓（曾設過大廣間、展覽會場、休息室、事務室）	按：菊元開幕不久，展覽會場有展出時髦的蓄音機，但大部分展場則徵用為「國防展覽會」展示區（依一九三九年《臺灣藝術新報》記者報導，此層有過玩具賣場）。
增建七樓（展望臺、喫茶室）	按：臺灣博覽會舉辦前增建

菊元百貨漫步記

一九三九年（昭和十四）一月一日《臺灣藝術新報》報導喫茶店巡禮，其中一篇〈島都百貨店菊元漫步記〉，記者霞中生男以男性油腔滑調的口吻，帶讀者走上一趟菊元百貨各樓層，說是漫步，卻更像是用眼睛吃冰淇淋，一開始出場，此君是如此描述的：

> 在菊元百貨店外，下班時間九點半，在公車站旁，從菊元百貨一樓，穿著白色衣襟制服的服務員，像煙囪的煙一樣冒出來，原來以前沒有發現的，現在才發現有很多美女服務員。

記者首先注意到的，是百貨公司的美女服務員，等於也把這次的漫步定調於「獵奇」觀點，對男記者而言，這些女性服務員也被視為是百貨公司內物化的「商品」之一。接著記者進入百貨店一樓，眼光這麼掃了一圈，

❖ 一九四〇／〇八／十六
日報刊出菊元百貨的女服務員合影，可一睹當時的服裝打扮。

目標當然離不開女服務員身上：

右手邊有接待員，樣子清純樸素，沒有打扮的樣子（很失禮），喊了一聲「歡迎光臨」，沒有仔細瞧她（很失禮），像尋寶一樣打量四周，除了進門右邊有像女學生樣子的接待員，左邊有兩位適婚年齡像姊妹的美人，但要有配得上的美男子才行。

走向右手邊，是化妝品櫃臺，有一位膚色較黑，屬於健康美的美女店員，賣東西的口才很好。

賣甜點（果子）的櫃位，有一位女店員，猶如荒野中綻放的玫瑰，她的左下巴有顆痣，出神發呆的看著她五分鐘，店員也用奇怪的表情回看著。

爬上二樓，記者臉不紅氣不喘的，繼續搜尋心目中的最佳女主角：

先看到賣鞋子的店員，像明星「江川直美」，跟店員說她像江川直美，但店員反過來說是江川直美像她，被吐槽很不舒服，很沒風度的轉身就走。

走往賣領帶的櫃位，是一個圓臉親切的店員，沒買東西仍會微笑回禮，一定是看到好客人的關係，又向那人眨眼睛。衝著這店員，所以買了她推薦的一條領帶，二圓五十錢，其實不買也可以的。

❖ 步上菊元二樓的樓梯與樓梯間

逛過二樓，記者來到了三樓，是販售吳服的樓層，皆為女性服飾，所以沒有一刻停留，於是直奔四樓。上到了這層賣場，也令記者忍不住心花怒放，直流口水的寫說：

> 美女如雲，一二三四五六……數也數不完，賣手帕的店員二十幾歲的樣子，像明星「入江高子」；賣布料的店員，臉色看起來很臭，但卻意外的和氣；賣女裝的店員很像「堤真佐子」，臉很討喜，總是微笑著，有酒窩，但臉上有小痘痘，有點凝眼，不過很可愛，四樓的美女很多，說也說不完。

五樓是食堂，記者活像以雙手拉出空空褲袋的姿態，很直率的表示「沒有錢，所以略過」。

而更上六樓則是賣玩具的賣場，他表示：

> 印象比較深，還OK的只有一個女店員可

❖ 菊元五樓食堂，很可惜這位記者沒有利用報公帳來喫杯咖啡。

以形容；而責筆記本的，只對一個人有印象。

當登上頂樓七重天後，記者只對那位可愛的電梯服務生有點印象：

笑起來有金牙，很像「泉清子」但還要年輕漂亮，身材豐滿，電梯若客滿看不到人，仍可聽到她的聲音，聲音好聽像女高音，清楚可辨，聽到她說：「電梯已滿，請等下一次。」清亮的聲音讓人想入非非，太慢出電梯的年輕人還會被她從後面推出去。

等了三次電梯上下才坐到，結果換了一位電梯girl，更年輕、個子更矮，襪子拉一半，穿鞋的儀容不整的樣子，但是笑起來很可愛。

這次的巡禮像凱旋將軍，買了一些東西荷包大失血，但心情很好。

走完這次巡禮，正好見證了一九三〇年代女性走出家門，投入百貨店工作的職場光景，更看見部分擁有權力的男性，戴上輕浮色色的「偏光」眼鏡，任意宰制外出工作的

❖ 從菊元百貨頂樓眺望觀音山。引自「菊元階上ヨリ觀音山ヲ望ム」（T020301_01_1189）。中央研究院臺灣史研究所檔案館典藏。

職業女性形象，當然更多的漫遊者，來到新奇的摩登時代百貨店，只是為了坐流籠。

難怪許多人對搭坐現代化流籠興致勃勃，醫學博士李騰嶽那時參觀菊元百貨店後，不禁題詩形容「隨人去坐流廊」逛百貨店，以及坐電梯登高七重樓的新奇經驗。

❖ 臺北榮町菊元百貨前

菊元百貨「大外宣」

「廉賣會」特賣活動在一九一〇年代開始後，直到一九二〇年代末受市況不景氣影響，商工會更加盛行舉辦，由於活動都會持續一段時間，會員的店面美化可以直接刺激消費慾望，也攸關活動成敗與生意好壞，商工會多盡量勸導各商店裝飾自家店頭，櫥窗展示此種與視覺美學有關的新時代廣告方式進入臺灣後，玻璃櫥窗的陳列與裝飾，逐漸成為店面吸引顧客不可免的廣告手法之一。隨櫥窗競賽而來的成效，則鼓勵更多商家共同加入美化店面，其目的無非讓市街的商店，從點到線的串聯，更擴大為面的活絡町區商業。一九二一年底，臺北市首見舉行飾窗競技比賽之後，一些大型活動，如共進會或始政紀念會，為刺激商業與消費，也相繼舉辦窗飾比賽，新竹、基隆、嘉義、臺南、高雄各城市的商業街內，越來越多的商店加入此

❖ 臺灣物產商中島藤製品商會的店頭陳列

項較為新式的實體廣告比賽，配合的活動則有美術商業展覽會、商工祭、廣告祭、產品展覽會、納涼會等慶祝節日或廉賣會。

經過幾年推廣下來，從一九三〇年代的老照片即清楚可見，店頭陳列的方式已大為改進，且在知名商店內已非常普遍，櫥窗類的商品已不再是隨意擺放到塞滿為止，甚至能經過清楚分類、空間留白的陳列設計，抓住消費者的眼光，提高購物慾望，在寫真照片中，如中島藤製品商會的店頭，產品皆井然有序的陳列，大型藤製品或吊掛或排列一側，玻璃櫥窗內則展示體積較小的商品；東陽商店製菓部的櫥窗內，以銷售的罐頭塔整齊堆

❖ 東陽商店製菓部的蜜餞陳列擺設

❖ 某酒類小賣店鋪，年近歲末酒類的陳列，整齊一致。

疊出豐盛的視覺效果；又如古川洋服店店頭門面櫥窗，除了經過美化擺飾的衣布料展示之外，更有人形模特兒穿搭最新洋服的陳列其中。而這都是菊元百貨公司還未興建前的商店，以實體櫥窗廣告刺激消費的例子。至於菊元百貨，在一九三七年的臺北商工祭窗飾競技中，也曾以摩登的夏日泳裝櫥窗裝飾得獎。

此外，在新聞紙類的廣告上，由於能較廣泛影響閱聽大眾，各國的百貨公司創設後，很快能夠利用大眾媒體的優點與影響力，大量的在報紙與雜誌上做廣告宣傳。一九一七年十月，上海先施百貨創辦，在開業前即曾利用《申報》連載廣告長達一個月，期以「價廉物美，建築宏偉，佈置壯麗，貨物豐盈」的大百貨公司宣傳，深植消費者的腦中。其中，先施百貨廣告形象的構成中，甚且可以看見其建築畫仿自法國玻馬舍百貨公司（Le Bon Marché）巍然壯觀形象的蛛絲馬跡。

菊元百貨未創設前，菊元商行已非常重視櫥窗的展示，毫無意外的，在榮町菊元百貨建築上，也考慮到玻璃櫥窗的重要性，面榮町通和京町通方向即有陳列櫥窗設立，還獲得了臺灣第一「現代化櫥窗」之雅稱。

❖ 一九三七年臺北商工祭窗飾競技，菊元商行櫥窗裝置上展現尖端流行，情境配合夏季流行的服飾，以及浴場日光浴休閒風，模特兒以泳裝示人，為櫥窗競賽二等入選作品。

菊元廣告大觀：重點介紹《臺灣日日新報》廣告

菊元商行主要以吳服起家，位在榮町的百貨公司未設立前，主力報紙廣告仍為吳服商品，皆可清楚看見主打的商品，以及每到年底或年初的吳服廉賣廣告。

但自從菊元百貨設立後，《臺灣日日新報》眾多的菊元廣告宣傳，已由傳統的吳服商店逐漸轉向具有氣派格局的百貨公司，也最能看出菊元品牌面對消費大眾的轉變。商品「廣告」自十九世紀世界博覽會期間成為宣傳商品的利器，進入二十世紀之後，更加成為廣告主普遍利用的銷售宣傳工具，有任何新產品或進口商品的消息，或者公司行號的形象宣傳，也利用接觸面廣的報紙與期刊來曝光。日本明治初期，最先有藥品商如寶丹、精錡水大量在報紙曝光，出品精錡水的生產者岸田吟香甚至還是報紙記者，並巧妙運用報導人身分，常常偷渡精錡水廣告在報導內，再藉由讀者回函吹捧藥效如何有效用，此種業配文之浮濫，還引發輿論批判，廣告的影響力可謂不小。

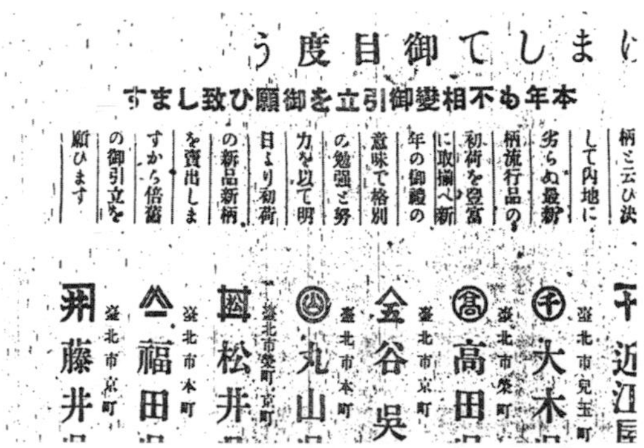

❖ 一九三〇年，大稻埕菊元吳服店從元月七到十五日舉行廉賣會，同一時間，城內的知名吳服商也聯合舉辦大賣出。

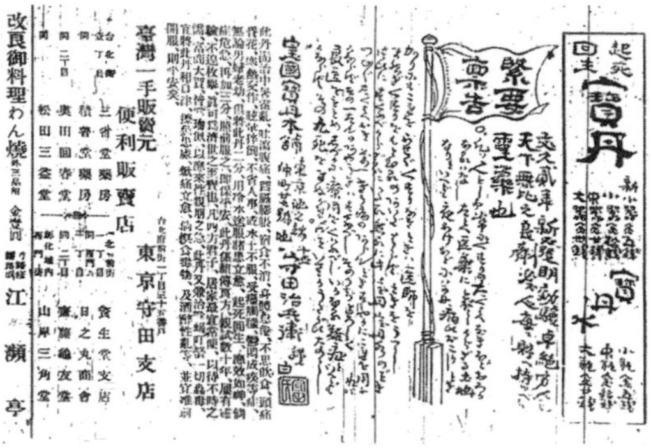

❖ 一八九八年五月，寶丹廣告。

而百貨公司因為流通大量製造的產品，對業主來說，雖然壓低了成本，卻也必須快速銷售產品，消化積壓的成本，為促使大眾提高消費慾望，銷售活動與廣告量也隨之提高。以臺灣而言，觸及面廣的《臺灣日日新報》，成為最主要的廣告託播刊載體，菊元百貨也不例外，開幕以後，每個月都可觸及到菊元廣告，更不用說年初新春、年中中元節及歲末特賣等大型促銷活動。興建中的菊元百貨與新公司組織，陸續藉日日新報的報導，加強百貨公司走在時代前端的印象，且擁有最流行及種類最多的商品，同時，在業配報導之餘，隨後而上的廣告，也成為刺激買氣、相輔相成的強心劑。一九三二年十一月三日報導，臺北榮町一角，一棟興建中的大建築物菊元百貨公司，在城區內嶄露頭角，再接下來的新聞也預告，最快十一月二十日就會竣工落成，並以公司組織的陣容面對消費市場。一九三二年十一月二十一日起，菊元百貨開店廣告密集出現，從此開啟了菊元百貨的「大外宣」。以下即以《臺灣日日新報》為主軸，其他刊物為輔，挑擇重點廣告，整理開幕後至戰爭時期，曾出現的菊元百貨廣告大事。

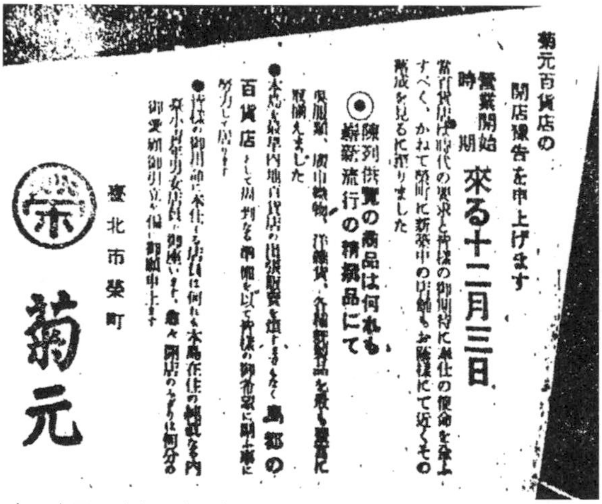

❖ 一九三二 / 十一 / 二十一
菊元百貨開店預告
十二月三日開始營業
本百貨因應時代要求與各位期待，且託各位之福，榮町附近興建中的新店即將落成。
所有展出商品皆為精選的新潮產品，我們提供最豐富的服裝，大面積織品，西洋雜貨和各種現成產品供您選擇。
◎我們是本島的百貨公司，我們的商品齊全，努力滿足每個人的願望，您不再需要為本島內地百貨公司出張販賣的商品哪間最快最新而煩惱。
◎所有服務的店員都是生活在本島的純真青年男女。歡迎惠顧。
臺北市榮町
菊元

菊元預告開幕日的廣告見報後，一九三二年十一月二十七日，日報繼續露出菊元百貨落成式將舉辦敬老會的新聞，二十九日再又加強一次，隔天還有一天的敬老會活動，可以到菊元參觀。譯文如下：

菊元商行的百貨店落成式

二十八日起舉行三天

三十日敬老會

菊元商行六層樓建築的百貨店於臺北市榮町一角落成，預定十二月一日開張，在此之前為供一般民眾觀賞，將於二十八日起於五樓的食堂舉行為時三天的落成式。二十八日下午四點主要有官民約二百名，二十九日為榮町、京町通的人約二百名，三十日為全島的客戶與大稻埕方面的人約二百名，同樣於下午四點招待，另三十日下午一時起舉行敬老會，不論內地臺灣，七十歲以上老人皆可觀賞本百貨店。敬老會不另行發送招待狀，請隨意到場。

一九三二年十一月二十九日新聞不間斷，記載前一天二十八日午後四時，菊元百貨公司正式盛大舉辦落成宴會，招待約二百名官民的情景。來賓從一樓至六樓依序觀賞，經過一小時的參觀，五點在五樓食堂舉行儀式，會中店主重田榮治氏講述他在明治三十六年（一九〇三）開始從事綿布盤商業以來的回顧，以及百貨店開設的經過與目的等，之後眾來賓一一獻上祝賀詞，再由女給提供酒宴之間的餘興表演節目。菊元百貨的

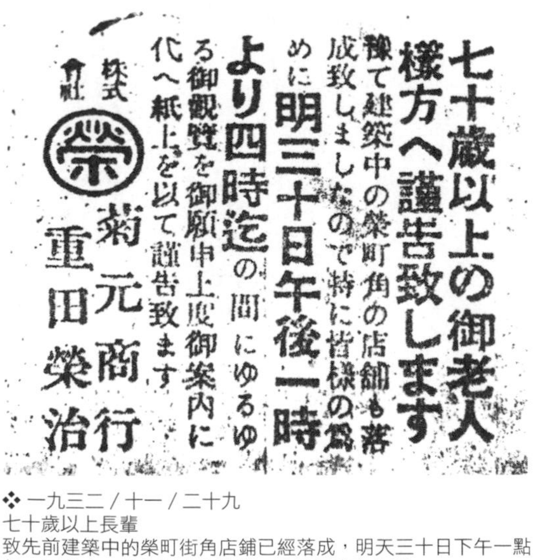
七十歲以上の御老人
樣方へ謹告致します
豫て建築中の榮町角の店鋪も落成致しましたので特に皆樣の爲めに明三十日午後一時より四時迄の間にゆるゆる御觀覽を御願申上度御案內に代へ紙上を以て謹告致ます
株式會社 榮 菊元商行
重田榮治

❖一九三二／十一／二十九
七十歲以上長輩
致先前建築中的榮町街角店鋪已經落成，明天三十日下午一點起，四點止，將特別開放導覽，希望各位來參觀。

株式會社 菊元商行
重田榮治

落成，先從官方名流的口碑帶動，熱身過後，隔月十二月三日，就可看見菊元開幕及之後密集的廣告接力而出。

一九三二年十二月十五日起，一連三天，在菊元百貨設置國防展覽會，五樓及七樓都有臺灣軍司令部與偕行社支援的兵營生活、國防、軍事衛生與新兵器等各式項目展出。國防展覽會的舉辦，讓剛開幕的菊元百貨很快蒙上一層軍事

一九三二年度廣告

❖ 一九三二／十二／〇三

擁有百貨的精粹
菊元開店
十二月三日

備有極優商品券

十二月三日起開館

感謝各位的等待，
本店備有吳服等豐富的百貨商品，
我們以各位的百貨店自居，為各位服務。

購物每滿壹圓即贈福引券或抽籤券
另購物每滿五圓以上即贈各樓層小禮物

營業時間
早上八點至晚上九點

臺北市榮町
菊元

風，前一年駐紮中國的日本關東軍發起事變，臺灣做為殖民地，無可避免的跟隨軍國主義腳步前進，統治者侵略的準備及國防意識已逐漸滲入社會生活。

❖ 一九三二年十二月十八日，報導國防展覽會，上圖為第一會場菊元百貨展示寫真。

❖ 一九三二／十二／〇四

感謝

十分感謝昨日開店蒞臨的客戶
由於店內擁擠混亂，讓各位不方便觀賞，實在很抱歉
還請各位繼續關照愛護

臺北市榮町
菊元

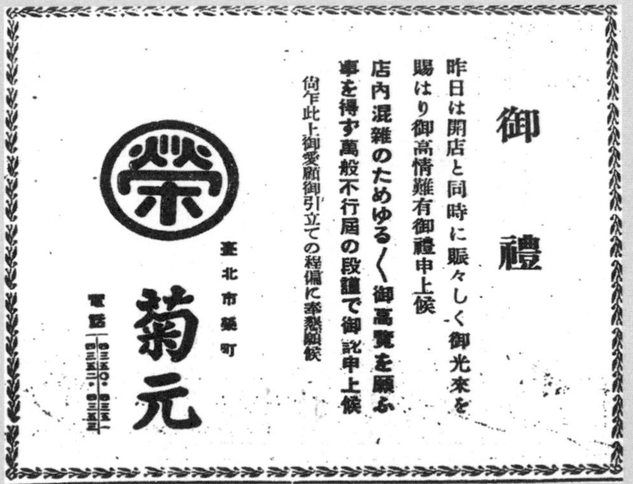

❖ 一九三二／十二／十

共通
榮町 菊元
太平町 菊元

歲末贈禮就用菊元商品券

選購贈禮最方便
請使用菊元的商品券

臺北市
菊元

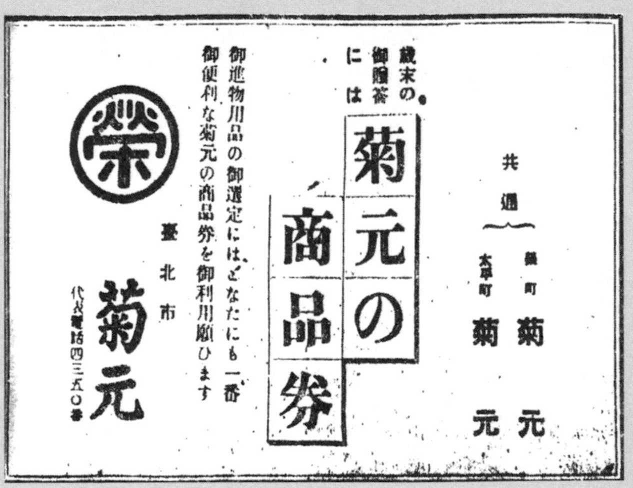

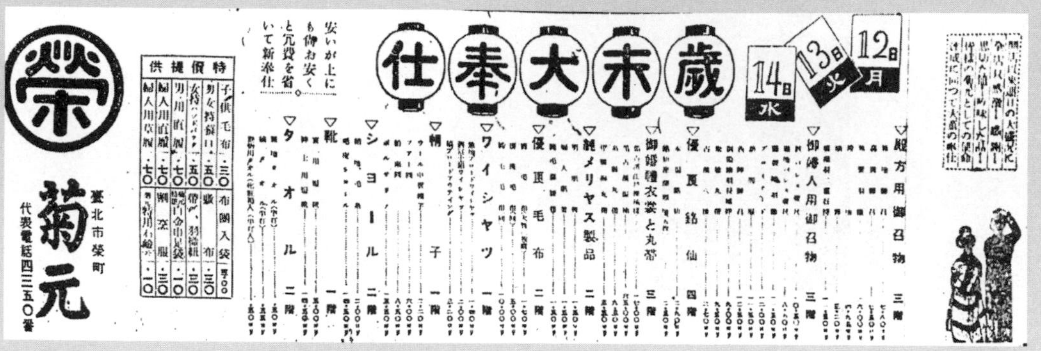

❖ 一九三二／十二／十一

歲末大優惠

十二日星期一
十三日星期二
十四日星期三

便宜再便宜
省錢新優惠

開店以來連日大盛況
全店感謝再感謝
好價格，好商品！
我們立志成為各位的菊元，
為此大優惠

男士贈送用衣物 三樓
無地御召 7.80 起
高貴御召 7.50 起
無？羽織 26.00 起
　地 4.95 起
？裏 3.20 起
？？羽二重石？ 3.20 起

女士贈送用衣物 三樓
紋パレス（按：Palace，平織紋絲綢）著尺 10.50 起
無地パレス著尺 8.50 起
？波繪羽織 11.50 起
？ 12.00 起
訪問服 11.50 起
西陣御召 12.50 起
別染繪羽長？？ 9.00 起
朱珍丸帶 9.50 起
古濱八卦 2.70 起

優良銘仙 四樓
本？銘仙 2.90 起
銘仙坐墊（五張）2.50 起
婚禮衣裳與丸帶 三樓
黑古濱江戶 樣 17.00 起
黑古濱振袖 65.00 起
系？丸帶 9.50 起
？？？丸帶 5.50 起
純針織製品 二樓
男內衣 1.50 起
女內衣 1.50 起
純毛？？？ 1.50 起

優良毛布 二樓
？毛布（大判兩張？）1.70 起
優良毛布（同）5.00 起
？毛毛布（同）10.00 起

襯衫 一樓
素密紋平織襯衫 1.40 起
西富士絹襯衫 2.00 起
花色密紋平織襯衫 3.20 起

帽子 一樓
羊毛中折帽 2.20 起
毛皮 同 6.00 起
舶來 同 8.50 起
Borsalino13.50 起

披肩 二樓
絹地毛線 2.00 起
毛皮披肩 14.50 起

鞋子 一樓
實用短靴 5.00 起
紳士用短靴 14.50 起

毛巾二樓
素面毛巾（半打）0.50 起
花色毛巾（半打）0.55 起
贈禮用毛巾（化妝箱入）（半打）0.50 起

特價
小孩毛布 0.30 起
男女用錢包 0.50 起
女用手提包 0.50 起
男用拖鞋 0.70 起
女用拖鞋 0.70 起
女用草鞋 0.70 起
棉被套 3.00 起
床墊 0.30 起
帶、羽織紐 0.30 起
菊元特？白金巾足帶 0.10 起
割烹服 0.30 起
菊元特用肥皂 0.10 起

而另一方面，對有閒階級而言，蓄音器在近代生活上，逐漸成為娛樂休閒的好夥伴，唱片公司的新曲發行，也假菊元百貨食堂舉辦發表會。

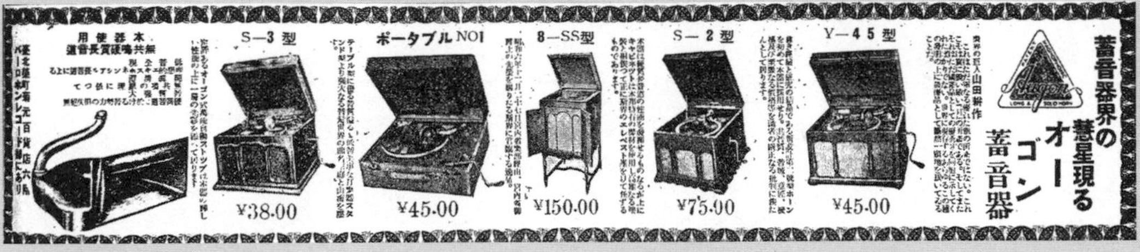

❖ 一九三二／十二／十五

蓄音器界的彗星
Augon 蓄音器

臺北榮町菊元百貨六樓
Parlophone 唱片部

❖ 一九三二／十二／二十

感謝

本屆軍事展覽會舉行中，在陸軍當局、臺灣日日新社及各位聲援下，成功結束，我們在此獻上誠摯感謝。

另展覽會舉行過程中由於店內擁擠混亂，造成各位購物不便。本日起各賣場將充實新鮮商品，為各位準備好購物商品，還請來店惠顧。

年末歲贈用品請至三樓陳列處。
購物滿一圓即贈送榮町聯合賣出福引券或抽籤券。

臺北榮町
菊元

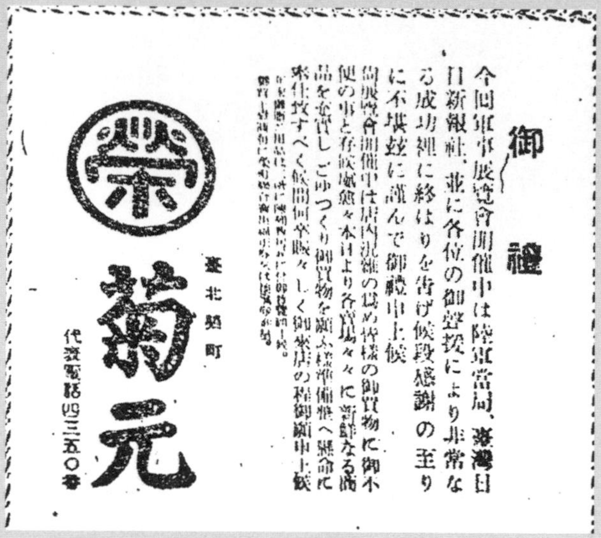

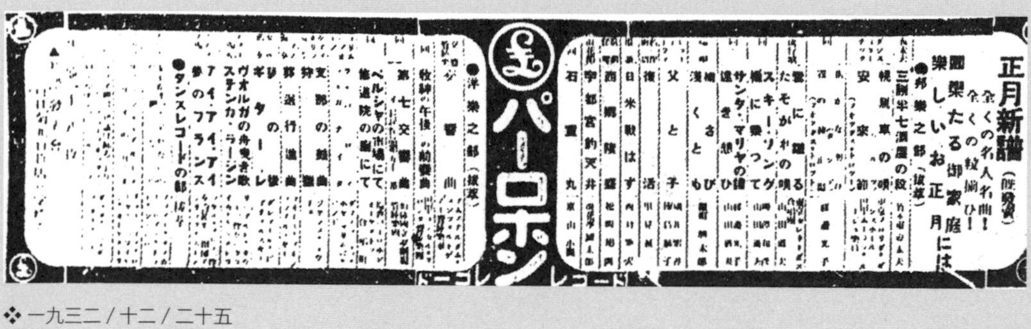

❖ 一九三二／十二／二十五

正月新譜（已發賣）
所有的名人名曲！
十分齊全！
適合正月時期合家歡使用

帕洛風唱片（パーロフォン，Parlophone)

新譜發表會每天於菊元百貨店食堂舉行

迎接臺灣百貨公司時代

一九三三年二月號《臺灣實業界》，特別為臺灣首度迎來百貨公司，而專題報導菊元百貨，象徵臺灣開始邁入休閒性的消費社會。另一方面，日本軍國氣焰逐漸延燒，同年三月份，國防演習不論是防毒或爆破演訓的情形越來越慎重，菊元百貨因為樓層高，在頂樓也架設高射機關槍，成為臺北市區防空的制高點。隔年，商店的櫥窗競賽，也能見到以國防為主題的布置。

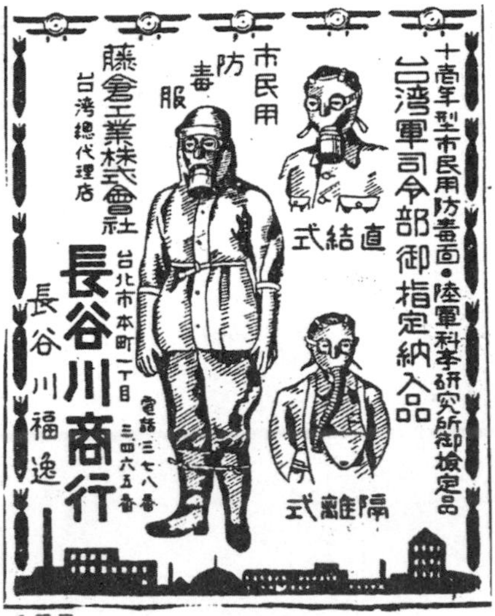

❖ 戰爭期越到後來，在商店也能買到防毒裝備。圖為長谷川商店販售防毒裝備的廣告。一九三七／〇六／二八

❖ 防毒面具練習報導。一九三三／〇三／〇九

一九三三年四月十七日報導，森永牛奶糖將於菊元百貨一連三日舉辦藝術作品懸賞，詳細辦法如下：

森永牛奶糖藝術作品展

十七日起三日　於菊元百貨

日前森永製菓會社向全國小學兒童與愛好者懸賞募集，利用該社的焦糖角料製作的藝術作品。第一屆的募集作品達到十二萬件，第二屆的募集已開跑，這次第二屆入選作品會在全國移動展覽，給一般粉絲參考。臺北十七日起三天於菊元六樓公開展示。市內各小公學校也會有展覽會供學生參觀。這些作品中洋溢著各種純真的兒童創作之心，既可啟發國民的手工技術，也能廢物利用，非常有意義。

一九三三年九月二十日起，在菊元百貨休憩室舉辦Cinema League（電影聯盟）的靜物海報展，並預定十月五日起舉辦「秋之電影週」。一九三三年十月，菊元重田榮治在以臺灣人為讀者群的《臺灣新民報》發表言論，談到大稻埕服裝發展變化，視覺上從明治時代的單一色調，至今布色萬紫千紅，實有隔世之感。其實這也與服裝的流行大有關係，一九二〇年代末期，除了漢服、和服之外，洋服店以及著洋服的人增多了起來，島內海外交通逐漸便利，雜誌刊物幾乎與日本同步，加上城市百貨公司的出現，商店現代櫥窗的時尚化，服裝上的變化就與前世代大大不同。大稻埕是菊元商行站穩布料業的基地，客戶也絕大多數是本島人，會在《臺灣新民報》做廣告並不意外。菊元百貨開業一周年前後，不僅日日新報（見一九三三／一一／二〇），同時可以在新民報（如一九三三／一一／二二）看見不少特賣廣告。

❖ 一九三三年七月六日報導，一些在島都臺北觀光的日本水兵，菊元百貨是必訪景點之一。下圖為水兵在菊元百貨內休憩一景。

一九三三年度廣告

❖ 一九三三／〇一／〇五

謹賀新年

❖ 一九三三／〇一／一六

十七日起至二十三日止　於三樓

春季新品

衣裳帶地（按：可以做成和服腰帶的布料）

陳列即賣

訪問服散步服繪羽羽織著尺地（按：布料）

羽二重丸帶片側帶名古屋帶

特價品

重目紋パレス著尺地

本羽二重片側帶

本羽二重片名古屋帶

今年度最新　本英ネル（按：一種法蘭絨）

特殊服地 品項豐富（四樓）

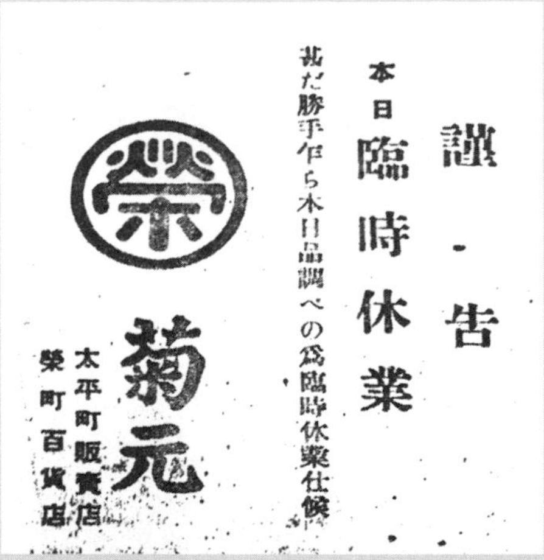

❖ 一九三三／〇一／二六

謹告

本日臨時休業

實在很突然但本日因調動品項的關係暫停營業

菊元

太平町販賣店

榮町百貨店

❖一九三三／〇二／一一

十一日、十二日 兩天 於櫥窗
明日會主辦
茶道速水流 點茶／茶室模型　陳列
華道池坊　生花／應用花　陳列會
點茶之接待地點在五樓休憩室

十三日起　於三樓
菊元雛人形陳列會
優雅端莊且新奇多變的菊元陳列會

新春新品介紹　　三樓四樓
嶄新的京染著尺地
新風味的帶側地
最新的薄紗著尺地／友仙
流行的婦人小孩洋服地
榮町　菊元

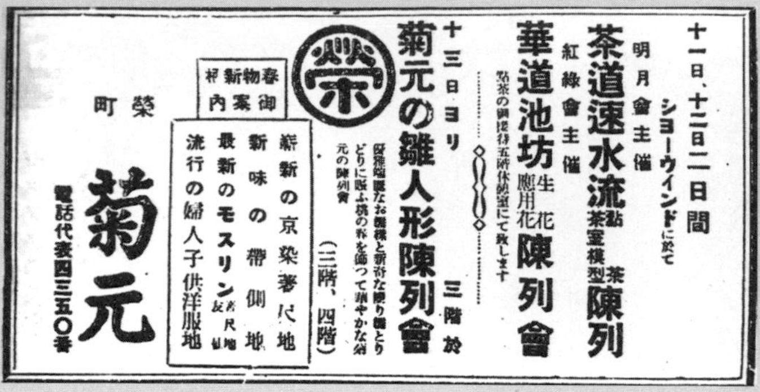

❖一九三三／〇二／二五

今二十五日起至二十八日止　春天特賣
婦人／小孩　洋服及洋服生地特賣（四樓）
Pharos 和洋裁縫研究所製作品陳列會
新奇的花色、質地、新潮的色調，流行的新樣式與生地，品項豐富

期間中　免費剪裁
想要生地的客戶，可以依照希望剪裁成最新的樣式，任何樣式皆免費

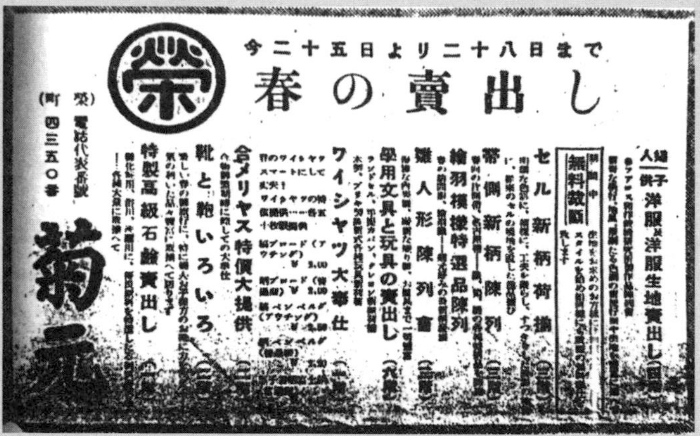

❖一九三三／〇三／〇一

一日起至十日止　新學期，嶄新文具特賣（六樓）
菊元鋼筆
寫樂鋼筆
萬古自動鉛筆
書包
手提包
剪刀
筆筒
特製大學筆記本
書檔
墨水臺
菊元蠟筆
刀、削鉛筆用
相簿

最新流行品豐富陳列（二樓）
傘與披肩

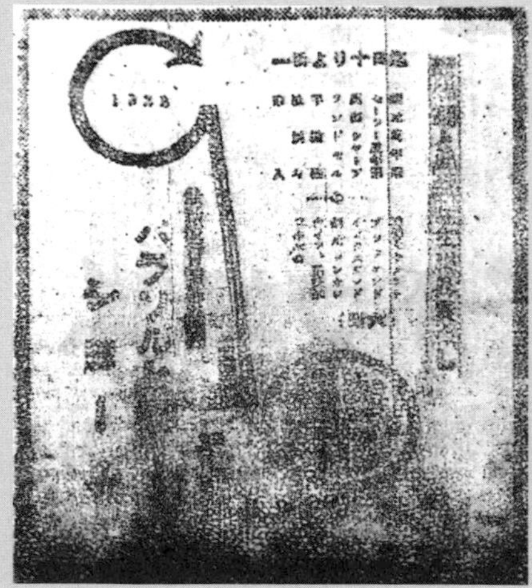

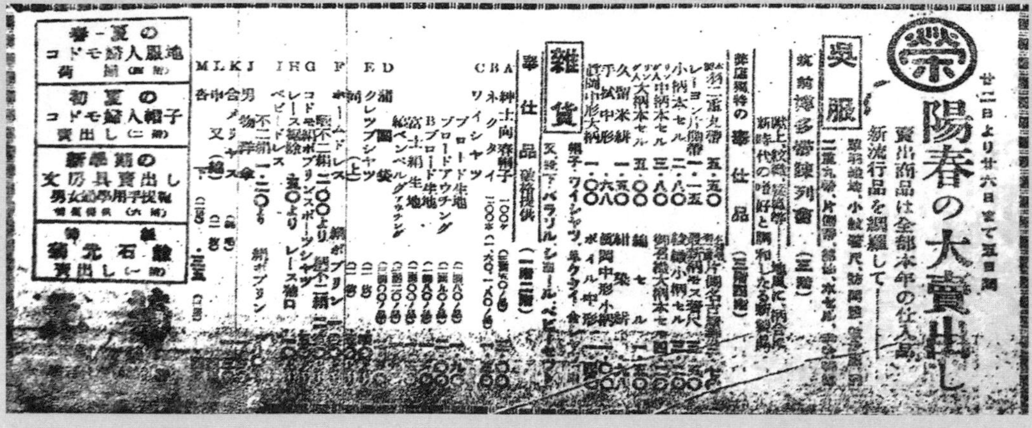

❖ 一九三三／〇三／二二

二十二日起至二十六日止　五天
陽春大特價
特賣商品皆為今年到貨
網羅最新流行

吳服
單羽織地、小紋著尺、訪問服、散步服、羽二重、片側帶、銘仙、本嗶嘰、半衿帶揚

築前博多帶陳列會（三樓）
獻上、紋織、綴織等……質地良好、花色適合新時代的嗜好與調和的新產品

❖ 一九三三／〇四／二一

盛夏吳服會

❖ 一九三三／〇四／一三

氣勢驚人
五月人形
武者人形、兜、織等嶄新的變人形等各種品項豐富

四樓
十七日起六樓
森永牛奶糖藝術展覽會開始

❖ 一九三三／〇六／一五，《臺灣新民報》廣告

夏物大特賣
馬上兑換　附福引景品（抽獎品）
自六月十五日至七月十五日

❖ 一九三三／〇五／二四

海水浴用品品項齊全

❖ 一九三三／〇六／一五

全店大福引　夏物大拍賣
六月十五日起至二十五日止
「特價期間」商品的價格不用説，全店店員也會以絕對服務的精神迎接各位。

內容優惠的大福引
頭獎至七獎，無空籤
每買金一圓給一張福引券（每五十錢給一張補助券）
兑換場所　其他館

❖ 一九三三／〇七／〇五
五日起十五日止　送福引券
中元納涼大促銷

送禮實在，品質、體裁上好，價格優美，品項豐富齊全

中元送禮
菊元商品券

共通
榮町店
太平町店

贈禮挑選就用菊元商品券，方便每個人使用

特選
內地名產促銷（六樓）
臺灣名產種類齊全
臺灣明信片新發售（一樓、六樓）
高尚優美嶄新意境優美的特製品

❖ 一九三三／〇八／二四

布料織染？
插花展示會

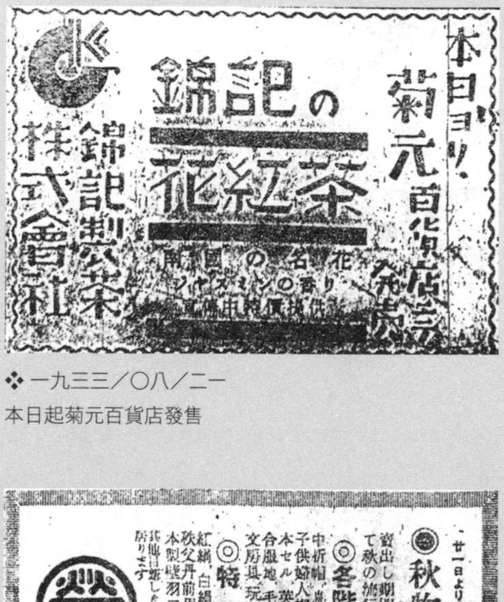

❖ 一九三三／〇八／二一

本日起菊元百貨店發售

❖ 一九三三／〇九／二一

二十一日起二十七日止秋日吳服雜貨大促銷

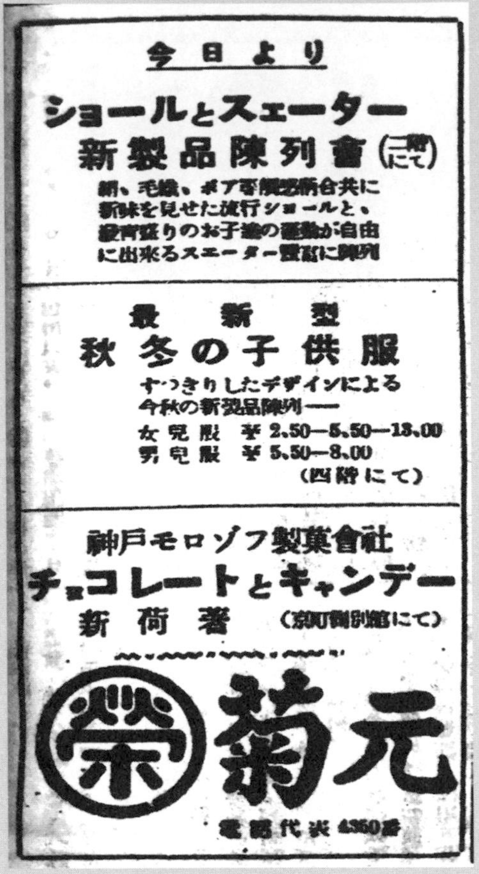

❖ 一九三三／一〇／〇八

今日起披肩毛衣新品陳列會（二樓）

❖ 一九三三／〇九／三〇

吳服雜貨大促銷

❖ 一九三三／一〇／一五

全國銘仙大市

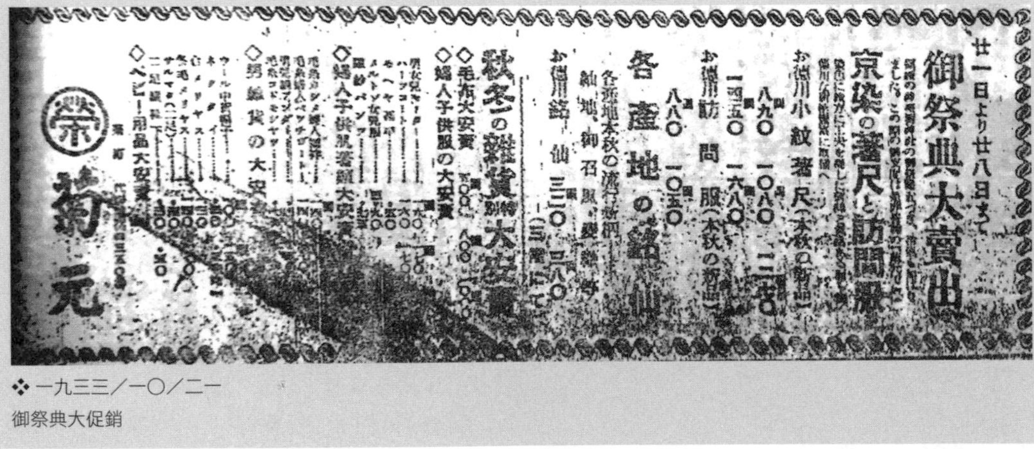

❖ 一九三三／一〇／二一

御祭典大促銷

❖ 一九三三／一〇／二三，《臺灣新民報》廣告

秋冬雜貨大特賣

毛布大特賣 5.00 圓 8.00 圓 10.00 圓
婦女小孩衣服大特賣
男女童毛衣 1.60 圓 1.70 圓 1.80 圓
短版外套 1.60 圓 1.70 圓 1.80 圓
安哥拉山羊毛甚平 0.5 圓
梅爾頓羊毛女童服 3.90 圓
羅紗褲 0.75 圓 0.85 圓 0.95 圓

婦女小孩內衣大特賣
毛線カシメ婦人襦袢（按：和服內衣） 1.40 圓
毛線婦人襯裙 1.40 圓 1.70 圓
男童綿內衣 0.40 圓 0.50 圓
毛線小孩襯衫 0.75 圓

男雜貨大特賣
羊毛中折帽子 1.00 圓 1.50 圓
領帶 0.30 圓 0.50 圓均一價
襪子 1.30 圓
冬天毛襪 1.40 圓 1.70 圓
男用內褲（二件）0.40 圓
二足綴襪 0.30 圓 0.50 圓

嬰兒用品大特賣

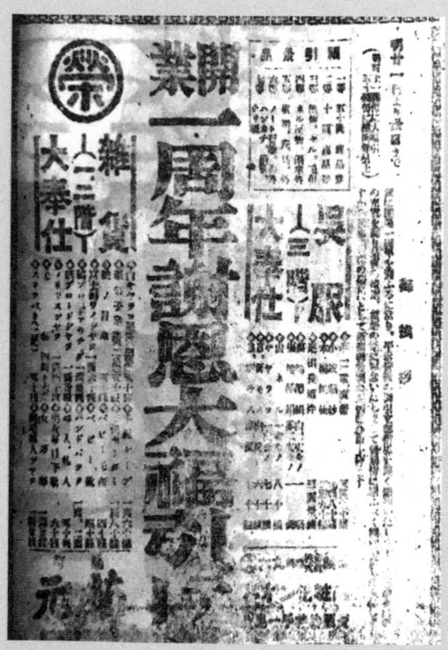

❖ 一九三三／一一／二〇
開業一周年感謝大福引

❖ 一九三三／一〇／三一
婚禮服陳列會

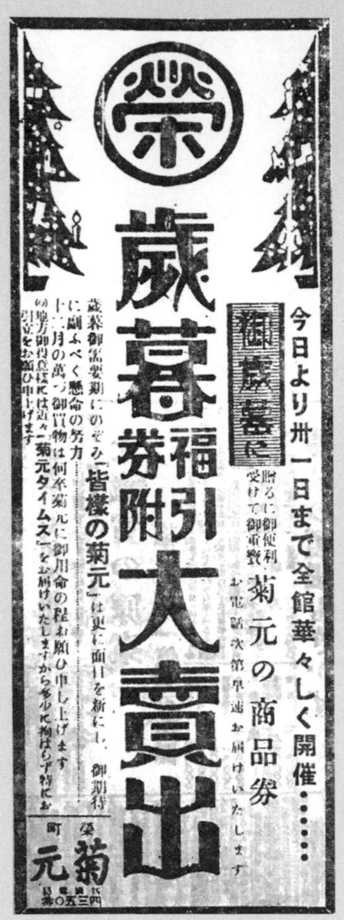

❖ 一九三三／一二／〇一

歲末大促銷　附福引

❖ 一九三三／一一／二二

開業一周年謝恩大福引日

二十一日起三十日止
（每購買一圓有大福引，每五十錢有輔助券）
福引景品
一等　五十圓商品券
二等　十元商品券
三等　銘仙、嗶嘰、毛布
四等　法蘭絨反物、雨傘（？）（按：字跡不清）等
五等　重？、玩具等
六等　肥皂、盃 等
七等　手帕、鉛筆、塵紙

感謝
開業一周年，感謝各位惠顧，今後也會充實商品的品質與內容，專注在價格上，請各位多加關照。

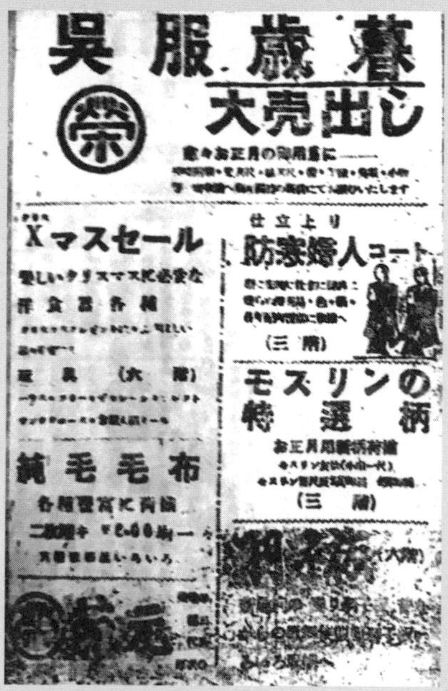

❖一九三三／十二／一八

吳服歲末大促銷

❖一九三三／十二／一〇

吳服歲末大促銷

❖一九三三／十二／二五

吳服歲末大感謝日

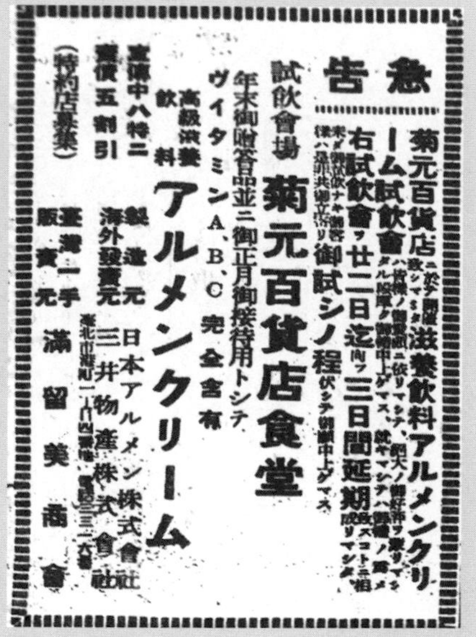

❖一九三三／十二／二一

滋養飲料試飲會

特別演習帶入商界

一九三四開年元月到二月，菊元針對親子有大規模的活動，從書法展到初節句（按：寶寶出生後的第一個節日）展出雛人形，婦人、小孩洋裝行銷也一網打盡。

一九三四年六月十九日報導，菊元百貨「以特種演習日為主題，飾窗裝飾極具意境，苦心佳作多，第一名為菊元」，特種演習宣傳節飾窗裝飾競技會的舉行，也將軍事演習之風帶入店頭街景，評審後得到一等獎者為菊元，二等獎有日本樂器、福田吳服店。

此年歲末，菊元百貨仍維持一貫大拍賣與抽獎活動。另

❖ 一等入選櫥窗競賽的菊元店面裝飾

❖ 歲末榮町福引會場以及本町會福引場景況。一九三四／一二／〇一

外，從廣告中還知道一樓新設食品部，以及旅行案內所設點在此。

一九三四年度，菊元百貨顯得既熱鬧又緊張，屋頂有軍事安全警戒安設，菊元百貨外的市街，更時常是防空演習的地點之一。到了年底，菊元夜間則有燈飾照亮榮町。

❖ 一九三四年年中，臺灣防空特種演習，菊元百貨前有投下毒氣瓦斯彈的演習。

❖ 臺灣軍特種演習，野口知事一行人於菊元百貨屋頂（一九三四年寫真）。

❖ 一九三四年十二月十五日報導，「歲末夜景」，臺北市榮町通菊元百貨的電燈裝飾。

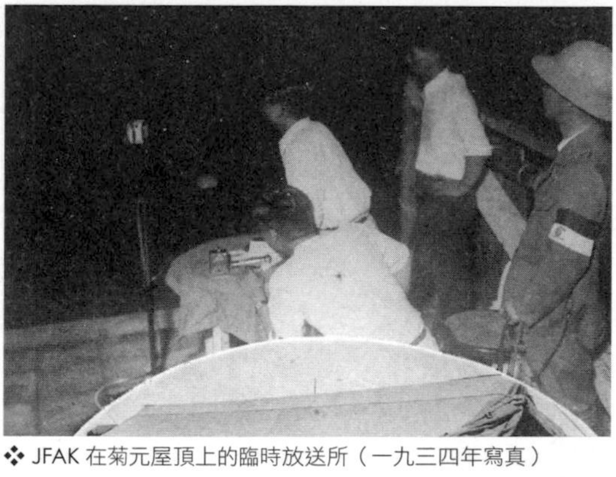

❖ JFAK 在菊元屋頂上的臨時放送所（一九三四年寫真）

一九三四年至一九三九年

《臺灣婦人界》菊元廣告

《臺灣婦人界》雜誌以「協助提升發展臺灣婦人文化」為宗旨，但發展初期並不穩定，創辦人還因為經營壓力而自殺。比較特別的是，雜誌的編採有很多女性記者參與其中。不過意外的，卻少見菊元百貨下廣告在這份以婦女為讀者群的刊物內。

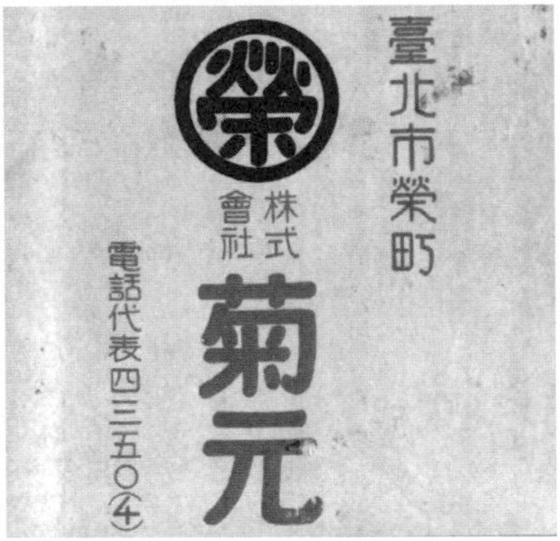

❖ 一九三四年五月號

❖ 一九三四年五月號

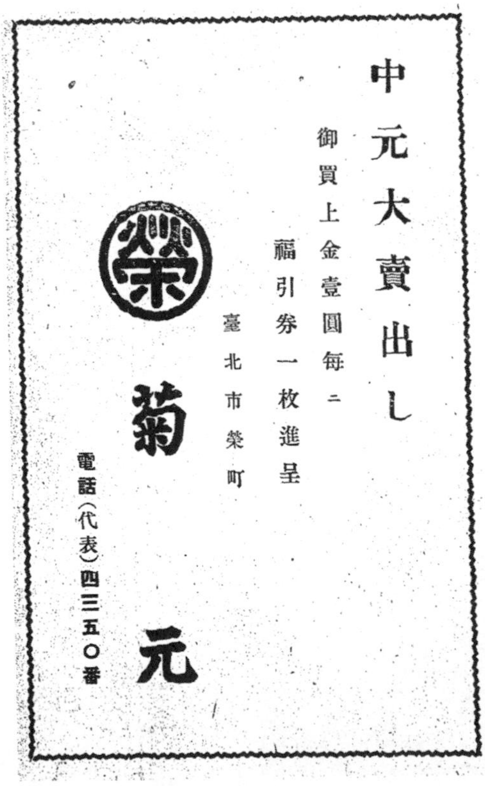

❖ 一九三四年七月號

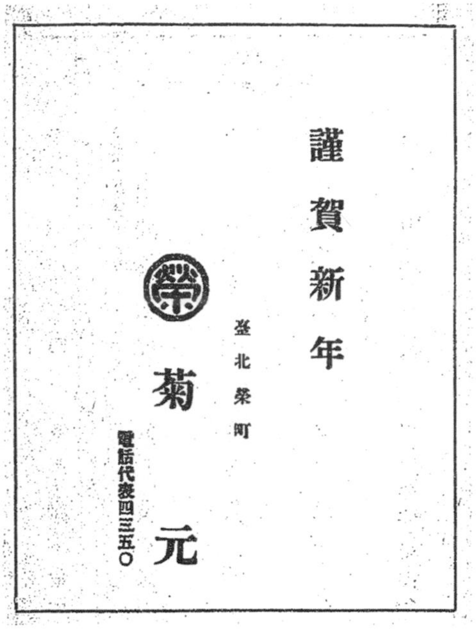

❖ 一九三五年一月號新年賀正

❖ 一九三六年十月號

❖ 一九三七年五月號祝天長節

❖ 一九三八年五月號祝天長節

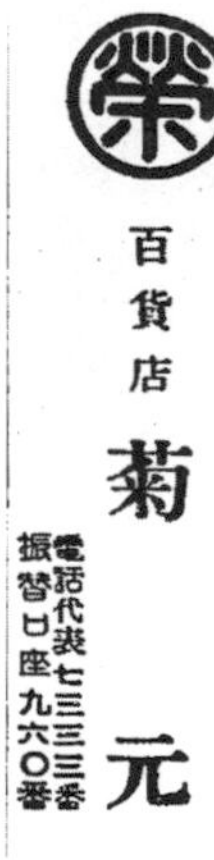

❖ 一九三八年七月號始正紀念日

一九三四年度廣告

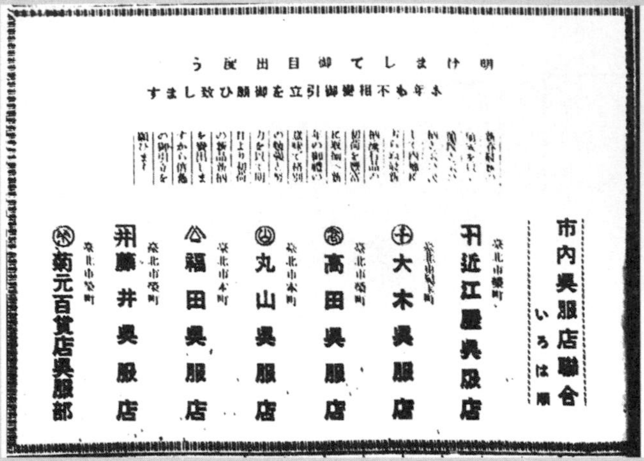

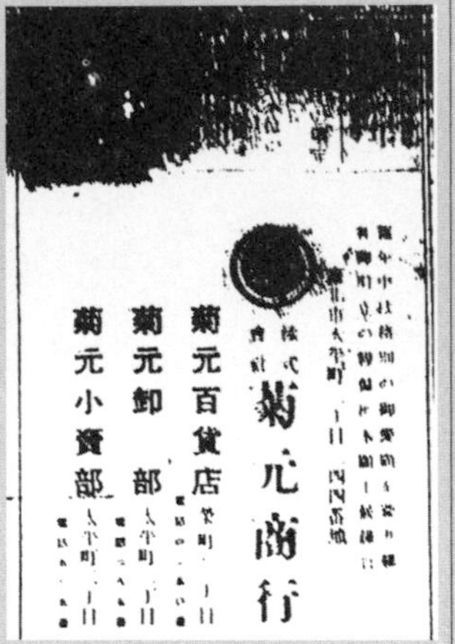

❖ 一九三四／〇一／〇四

市內吳服店聯合新年致謝

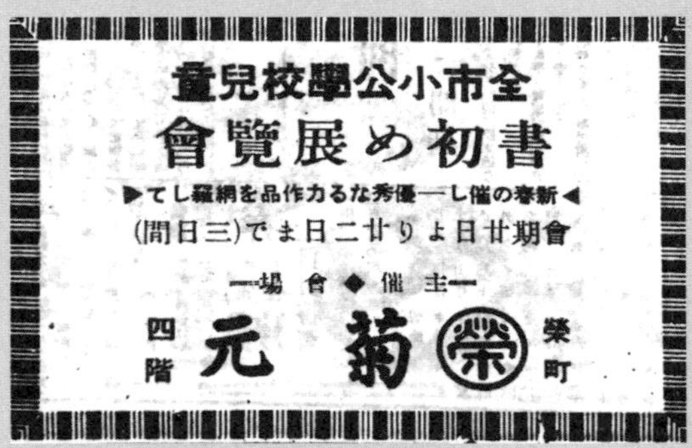

❖ 一九三四／〇一／一九

全市小公學校兒童
新年書法展覽會
新春活動——網羅優秀作品
會期二十日起二十二日止（三天）
主辦場地
榮町 菊元 四樓

❖ 一九三四／〇一／二一

吳服雜貨出清

❖ 一九三四／〇一／二九

全市小公學校學生書初展覽會
（按：書初め，是跨年後，用毛筆書寫吉祥文字等例行的活動。）

❖ 一九三四／〇二／一一

奉祝
今早良辰起活動開始

雛人形陳列（四樓）
熱鬧齊聚……慶祝初節句一定要用菊元

春季婦人小孩
洋裝促銷
十一日起二十五日止（四樓）

免費裁斷
您買的布匹能依喜好為您裁斷

春季帶地新品陳列
使用織、染、加工等先進技巧，春季片側帶等新品陳列中

春季的銘仙品陳列
添增新風味，且高級化的銘仙……今春新品特選

薄紗著尺與友禪
特選京阪一流業者的新製品，豐富陳列中

春季半襟與小物
特價品豐富提供

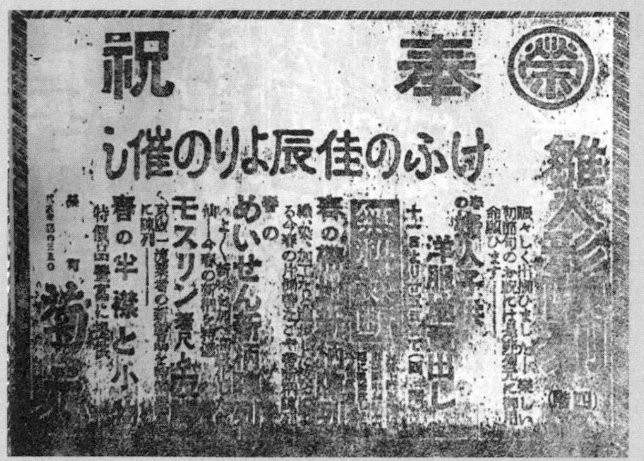

❖ 一九三四／〇二／一九

一年一度感恩大促銷

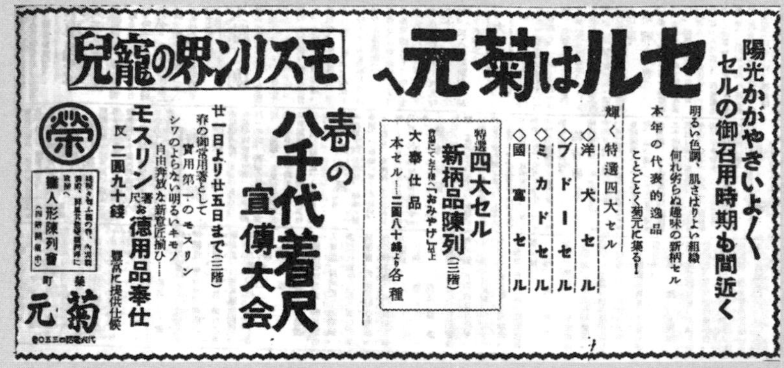

❖ 一九三四／〇二／二一

買嗶嘰就到菊元
Muslin 布界的寵兒

❖ 一九三四／〇三／〇一
春季服裝雜貨促銷
日俄戰爭白川大隊慰靈祭

❖ 一九三四／〇三／一八
春季吳服雜貨特價促銷

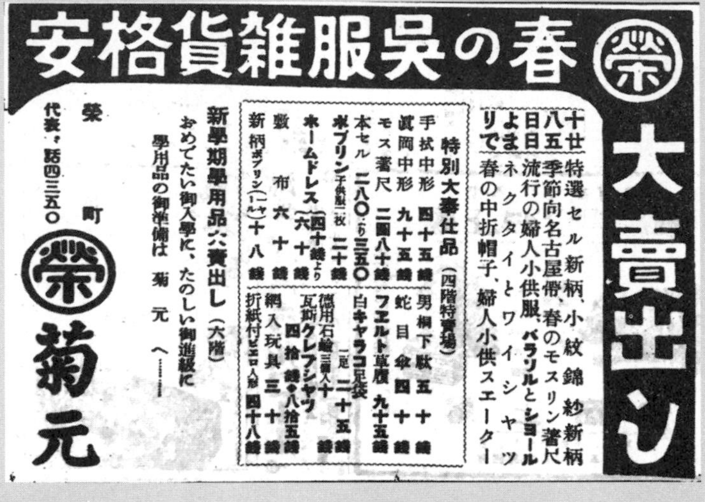

❖ 一九三四／〇四／一〇
夏物全部大促銷
日本第一大光五月人形大促銷

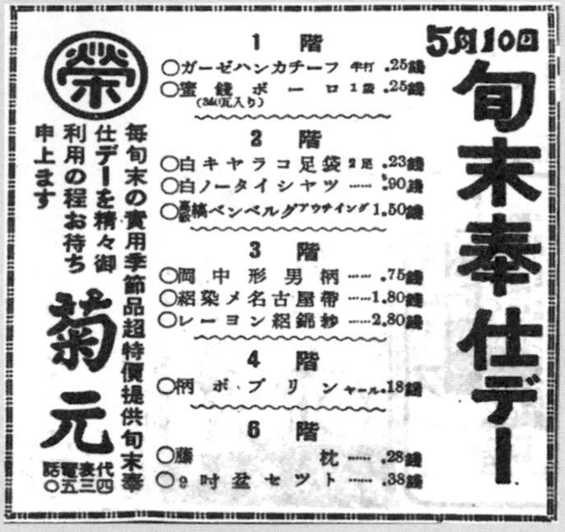

❖ 一九三四／〇五／一〇
五月十日　季末特價日

❖ 一九三四／〇四／二二
白蘭喬其紗　著尺地　新品大會

❖ 一九三四／〇五／二一
盛夏吳服雜貨大促銷

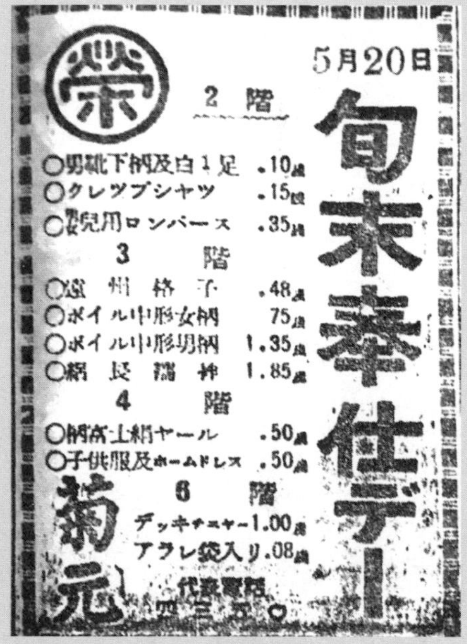

❖ 一九三四／〇五／二〇
五月二十日　季末特價日

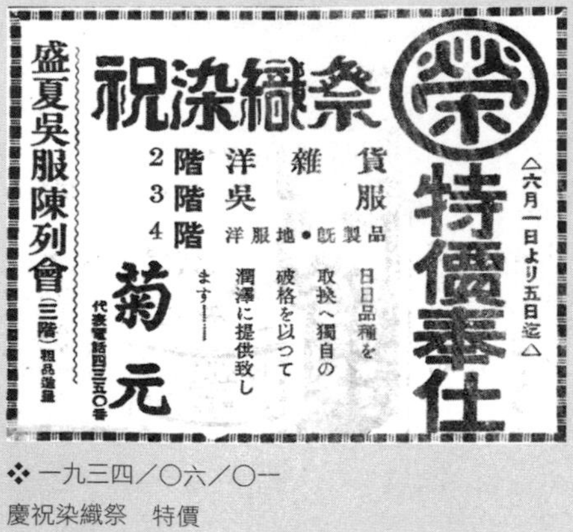

❖ 一九三四／〇六／〇一
慶祝染織祭　特價

❖ 一九三四／〇七／二七

吳服雜貨特別大促銷
今日起三十一日止

品項豐富 菊元
今夏新品一律獨家優惠提供

促銷期間各樓層特別設置九折、八折、七折的紅布幕賣場

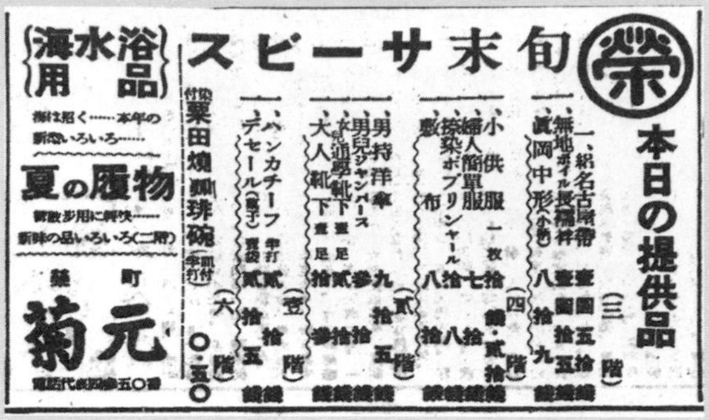

❖ 一九三四／〇六／一〇

季末特價

❖ 一九三四／〇六／二〇

中元福引大促銷
優良吳服雜貨大特價

❖ 一九三四／〇八／二〇

本日暫時休店

❖ 一九三四／〇七／二一

優良吳服雜貨大特價

❖ 一九三四／一〇／二二

祭禮促銷
第二回特價品發表

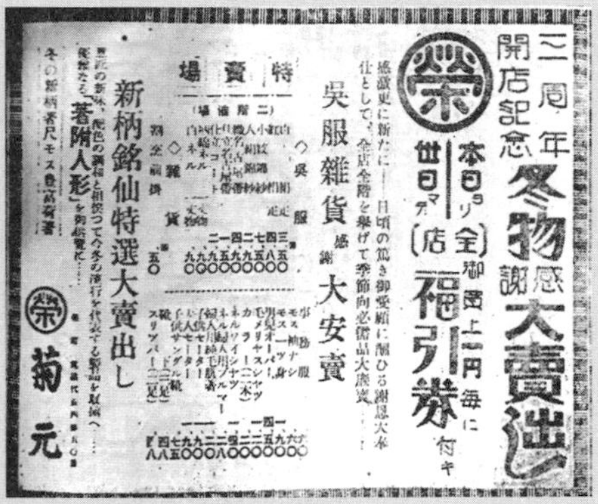

❖ 一九三四／一一／二一

三周年紀念　冬物感謝大促銷

❖ 一九三四／一一／二六

三周年紀念　冬物感謝大促銷

❖ 一九三四／〇九／〇八

嗶嘰　秋季新品大會

❖ 一九三四／〇九／二一

秋季銘仙大會

❖ 一九三四／一〇／二一

御祭禮大促銷
明二十二日起二十八日止
全店一律

秋季京吳服、銘仙特選會
秋季雜貨特選會
特價商品

各樓層每天有多種特價品
請多加利用

❖ 一九三四／一二／〇一

福引　歲末大拍賣
每買一圓就可福引，每買五十錢就送福引補助券
歲末之際大拍賣　品項豐富
廉價提供　本日起

送禮最佳選擇　全館品項充實

新柄銘仙　高貴織品　均一價　三樓
2.50 3.50 5.00 7.00 9.00 圓
半襟、帶揚大奉仕　三樓
婦人小孩洋服大拍賣　四樓
和服成衣大賣出　四樓
紳士用洋雜貨大奉仕　二樓
婦人小孩洋雜貨大拍賣　二樓
流行披肩大奉仕　二樓
婦人小孩帽子大拍賣　二樓
過年用襯衫大拍賣　二樓
贈禮用襪子大拍賣　二樓
贈禮用陶器組奉仕　六樓
過年用漆器大拍賣　六樓

食品部新開張　一樓

收到如獲至寶、送人十分便利　太平町店共通
菊元商品券
一圓以上　優美箱入
榮町　菊元
電話代表四三五〇

愉快的旅行　從案內所開始
十二月一日起開設案內所，旅行時一定要多加利用

臺北車站發車的各種車票……島內、內地、樺太、鮮、滿，各地旅行券、案內記、地圖發售，其他旅行相關請來洽詢

市內免費配送

臺北榮町　菊元
臺北車站派出鐵道案內所
Tourist Bureau（日本旅行協會）臺北案內所
愉快的旅行　從案內所開始

❖ 一九三四／一二／一三

東京汽車印平織品會社製　襯衫宣傳大促銷
聖誕促銷

全民動起來

一九三五年度，國民精神的動員與後援越加積極，義賣或捐款給軍事相關單位的消息時時見報，一九三五年二月九日報導，菊元舉行大旗日拍賣，全館除了促銷特賣外，紀元節當日部分銷售額將捐給國防義會（各州廳推動有關航空國防之單位）。菊元做為臺北第一大百貨商店，有起頭號召的作用，而空間也時常配合舉辦軍事展覽。一九三五年三月十日報導，菊元百貨自九日起、十二日止連續四天，在陸軍紀念日期間，於一樓櫥窗與三樓吳服部局部區域舉辦軍事展覽會。軍事展覽會過後，菊元也帶入軟性藝術活動，來自臺中的藝術家谷川勝道君，同月二十二日起一週的時間，於菊元百貨三樓休憩室為一般大眾帶來剪紙藝術示範。

而另一方面，已展開籌辦一些時日的臺灣博覽會，也帶來刺激消費、擴大市場的預期面，官方與民間不論主動或被動，無不動員起來。

臺灣博覽會期間的菊元百貨

萬國博覽會的舉辦，與百貨公司急速興起的關聯性極為密切，十九世紀倫敦的萬國博覽會（一八五一年）影響法國的玻馬舍百貨公司，美國費城世界博覽會（一八七六年）也帶給華納梅克百貨（Wanamaker's Department Store）全新的經營視野。博覽會式巨大無比的倉庫空間，華麗的裝潢，目不暇給的商品種類，讓消費一次滿足。而日本明治維新後，從觀摩到參展博覽會，更是一年比一年盛大，一八九五年領臺後，對於殖民地臺灣的形象，也積極藉由世界博覽會的機會推銷出去，到了一九〇三年第五回內國勸業博覽會，雖是以國內展覽為名，但已有世界性的規模，日本百貨店從過渡性的勸工場銜接至全新的百貨公司，成為城市消費的另一種博覽式的商品陳列空間奇觀，而也正是有如此繁多的最新奇、最尖端的商品，成為消費者最大的誘惑場所。

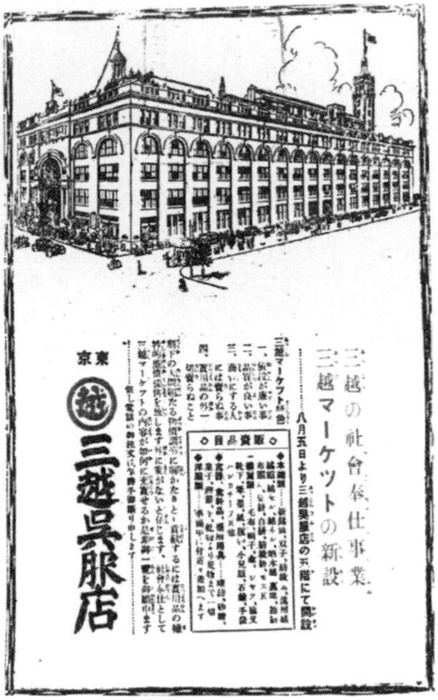

❖ 三越百貨公司廣告

博覽會的展示概念滲入百貨公司的銷售方式，日本三越百貨即為最顯著的例子。第五回內國勸業博覽會隔年，一九〇四年底至一九〇五年初，三井吳服店正式將營業讓渡三越百貨公司，並公開發表「百貨公司宣言」，「希望增加店內銷售的商品種類」以及「將所有與服裝和裝飾相關的商品集中在一棟樓裡」，改革且一掃過去百貨展售的舊習，正式宣告日本百貨公司時代的來臨。三越除了參加國家級的博覽會展出，也積極舉辦針對百貨公司消費群的展覽會，汽車博覽會（一九〇六年）、兒童博覽會（一九〇九年），或美術展、音樂會等，都可見為培養自身消費群的嘗試，其中一九〇七年東京勸業博覽會，三越百貨已喊出「有人到東京卻不看博覽會嗎？有人會看博覽會卻不看三越嗎？」的宣傳，百貨公司與博覽會的連結日益加強，發展的態勢已非常明顯，也牽動其他吳服百貨老鋪，如大丸（一九〇八年）、高島屋（一九〇九年）、松阪屋（一九一〇年）、松屋（一九一九年）、白木屋（一九一九年）等改頭換面，朝向改組株式會社、百貨公司化的發展。

回到臺灣，日本為展現邁入工業強國

❖一九一一年度，三越百貨公司的陳列場。引自《東京風景》（一九一一）。

的形象，另方面也為宣示殖民統治臺灣期間現代化的進步發展，以「臺灣館」參展海外博覽會的資歷，逐漸累積成為籌辦博覽會的基礎，先透過每十年的始政產業物產展，一步步發展至始政四十年的臺灣博覽會。自一九三〇年代初期隨著日本南進政策逐漸明確化，連接南洋與日本的臺灣，成為南進的前線與基地，始政四十年正是展示與宣傳臺灣被殖民成果的好時機。

博覽會的目的雖有強大的政治意涵，但對於被吸引而來的參觀者而言，能玩得盡興才是王道。二十世紀以降，世界博覽會取悅大眾的娛樂性格越加明顯，為吸引人潮，往往需具備充足的休閒娛樂設施與規劃，同時可觀的人潮也能帶來消費刺激，這也是大稻埕商人極力爭取在大稻埕設立分場的用意，官方有其國家認同的目的，民間商人也有想要達到的商業利益目標，最終才能爭取到南方館的設立，而為南方館成立的「南方館大稻埕助成會」組織，會長陳天來，副會長即由菊元重田榮治擔任。

❖ 在太平公學校附近，太平町六丁目的空地搭建南方館會場。

❖ 臺灣博覽會宣傳視覺之一

臺博的臺北會場規劃由第一會場（公會堂周邊）、第二會場（新公園周邊）、大稻埕分場（南方館）及草山分館（觀光館）等處串接而成，也讓城內區域成為各會場交通匯集、轉運與接駁的地點，菊元百貨位於城內最繁華的商業街通，其盛況幾可想像。臺灣博覽會舉辦期間，據菊元員工形容（部落客「老爹碎碎念」回憶其父石梯雲所言）：「一九三五年（昭和十），是所謂的始政四十年（占有臺灣四十年），日本政府當然要大肆慶祝一番，辦博覽會，各式各樣的慶祝活動都在城內舉行，百貨店位居中心點，洶湧的人潮，每天收的錢多到金庫都放不下，父親每次講到菊元都這麼說。」

在臺博還未正式開展前，民間商人似已摩拳擦掌此次活動的商機，除聯合特賣或廣告花車踩街宣傳外，嚮應的各家商店皆視為一大商機，慎重的迎接即將來臨的盛會。菊元百貨也在臺博舉辦前提早宣傳浴衣拍賣，一九三五年七月十八日報導如下：

臺北菊元百貨為嚮應今秋舉辦的臺灣始政四十周年紀念博覽會，舉辦宣傳浴衣大拍賣，有一般家庭用、料理屋、旅遊用等各種花色，〇〇〇地的特製品，定價只有一圓四十錢。另外購買五件以上，由本店負擔島內各地的運費，又每一件贈送博覽會風景明信片（附郵票）。

一九三五年臺灣博覽會舉辦前，八月份臺北開始整頓交通，並採用最新的「交通遮斷機」，安置在菊元百貨店前，主要是因為各地會場的交通運輸與轉接，城內商業街都是重點路線。所謂「交通遮斷機」就是今日的紅綠燈，是名符其實的只有紅與綠兩種燈號。博覽會的規模確實引起臺北市店家的預期商機，菊元百貨也在八月，將六樓增建為七樓，設置喫茶店，二十四日起重開店，樓層增高的好處在於可放眼眺望更遠，視野與通風都更好，並與五樓的食堂做出區隔，吸引不同客群。為迎接博覽會，菊元甚至將京町三樓的宿舍增建為四樓，也擴充成陳列商品的販賣所。而前一年十二月推出的旅行案內所，正為迎接臺博會發揮最大效能，可以買到臺北車站發車的各種車票、各地旅行券、案內記、地圖，以及其他旅行相關事項都可以詢問。百貨公司七樓的高度，後來也常在戰時被充分利用，如「臺灣傳書鳩研究會」於此設立，以及其他做為通訊、觀測、對空警戒等軍事用途。

❖ 臺灣博覽會宣傳視覺

霓虹燈發明後，廣泛運用在世界各博覽會的夜間展場，很快的臺灣也在大型展覽會上，採用電燈來做夜間照明與裝飾，首推一九〇八年臺北共進會，並獲得當時媒體的關注。一九三五年臺灣博覽會除了各會場大量裝飾電燈外，更在城內各主要街道與建築裝飾各種造型的電燈，進一步營造出色彩絢麗的城市夜景。在第一會場與第二會場軸線之間的菊元百貨，以其高樓層的優勢，與街屋交錯裝飾電燈，成為榮町通上城市街廓最突出的天際線。

一九三五年十一月二十二日，總督府首次在臺灣選辦第一回市會及街庄協議會員選舉，各地投票率高達九成以上，是一件臺灣大事。菊元百貨在當時，也懸掛出標語大布條，呼籲投下神聖的一票、繁榮地方。

❖ 一九三五年，臺博會期間，榮町夜間燈飾街景，從不同方向看菊元百貨。

❖ 一九三五年十一月首次地方自治選舉，菊元百貨外，高懸五層樓高大布條標語宣傳。

進入戰爭時期的菊元百貨

一九三五年十一月底，臺博會圓滿結束，吸引空前的三百多萬人次參觀。臺北市聯合大拍賣的銷售成果豐碩，達到前所未有的佳績，菊元百貨在會展期間收錢收到手軟。隔年一九三六年，一切生活看似尋常，一月，以作家新垣宏一發起創辦《臺大文學》學院雜誌，募款資金來自教育產業與商店街，其中，即有菊元百貨定期的廣告刊出。此年雖延續臺博會期間的榮景，卻也逐漸被抬頭的軍國主義滲入。

❖ 一九三六年一月，雙月刊《臺大文學》創刊，第二期後，菊元百貨定期有廣告贊助，採相同的視覺模組，套用在不同季節上。圖為三月號第一卷第二號春季廣告圖像。

❖ 一九三六年六月，菊元百貨在《臺大文學》（第一卷第三號）的夏季廣告圖像。

❖ 一九三六年十月，菊元百貨在《臺大文學》（第一卷第五號）的秋季廣告圖像。

一九三五年度廣告

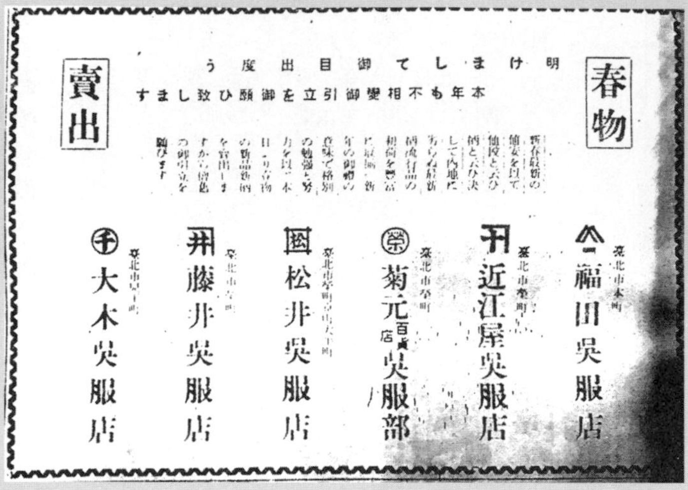

❖ 一九三五／〇一／〇四
春物拍賣

❖ 一九三五／〇一／一〇
本日慰勞店員　店休

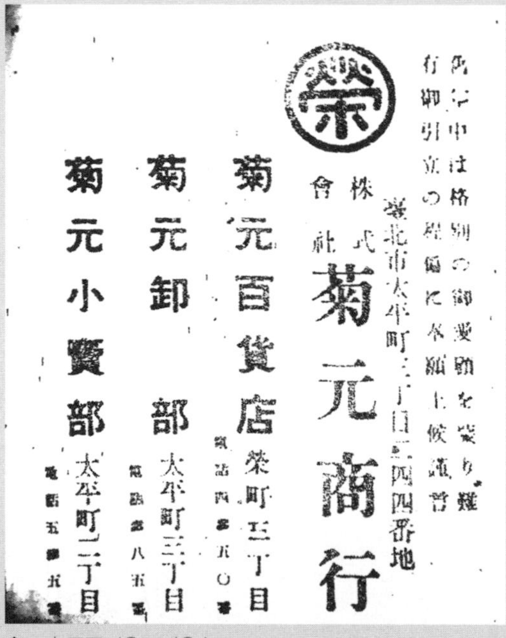

❖ 一九三五／〇一／〇六
新年致謝

❖ 一九三五／〇一／一八

十八日起二十三日起
冬物出清
紅標便宜大促銷

一年一次　決算前大清倉

各樓各賣場都有

一、冬物庫存大減價處分品
一、期末贈禮破格大折扣品
一、當季實惠商品盡在各樓層

三樓活動　十八日起二十三日止
春季新品　優秀的高級貨
名古屋帶陳列
新春結髮競技會
人氣投票與獎品
當市有名美容院力作
陳列美麗的假人十五個
各樓購物滿一圓以上就送投票券
可投給最優秀的結髮
最高票的假人投票中，抽籤五十名，送獎品
防寒
冬季襯衫與防寒雜貨大促銷（二樓）
高爾夫用品新品到（六樓）
Goldsmith 社新產品一應俱全皆有展示

❖ 一九三五／〇一／三一

本日店休

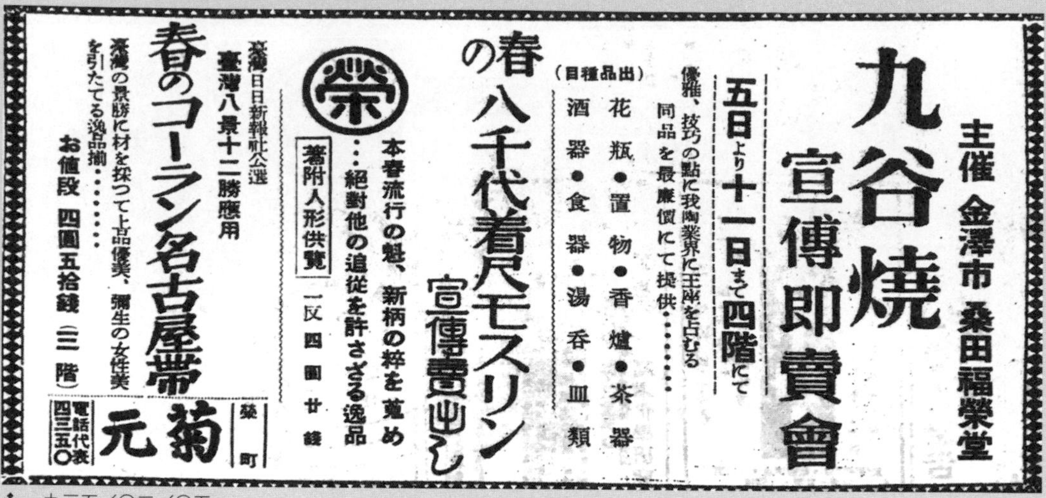

❖ 一九三五／〇二／〇五

九谷燒宣傳即賣會

❖ 一九三五／〇二／〇九

紀元節奉祝
大旗日拍賣
全館（每買一圓）福引券大促銷

十一日為紀元節建國祭（梅花的節日）
（九日、十日、十一日）
吳服特賣品
棉英法蘭絨 0.90
著尺薄紗 2.90
新樣式名古屋帶 2.50
小紋棉紗 紅標大特價
無紋路棉紗 同上
新樣式外套 同上
外套用布疋 同上
西陣御召 同上

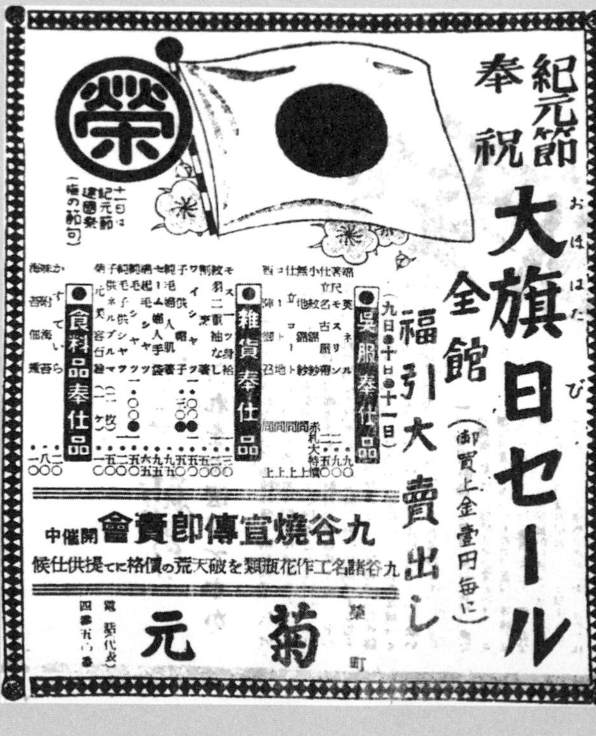

❖ 一九三五／〇二／一四

大光作特選人形陳列會

❖ 一九三五／〇二／一三

春季新品　八千代著尺

❖ 一九三五／〇二／二〇

季初贈禮請用菊元商品券

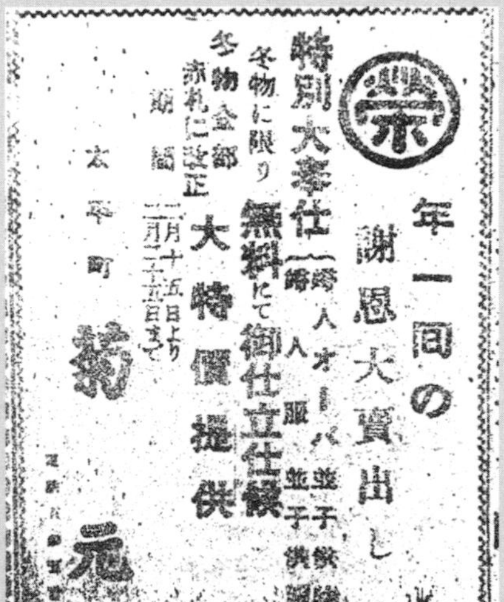

❖ 一九三五／〇二／一五

年度感恩大促銷

❖ 一九三五／〇二／二一

春季嗶嘰

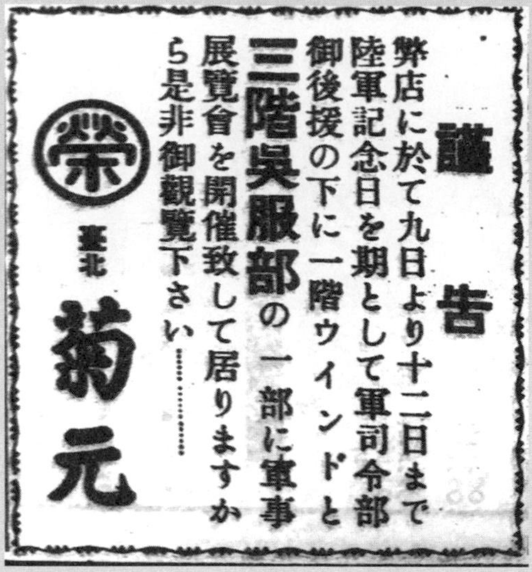

❖ 一九三五／〇三／一〇

軍事紀念日於三樓吳服部舉行軍事展覽

❖ 一九三五／〇三／〇一

新學期用品

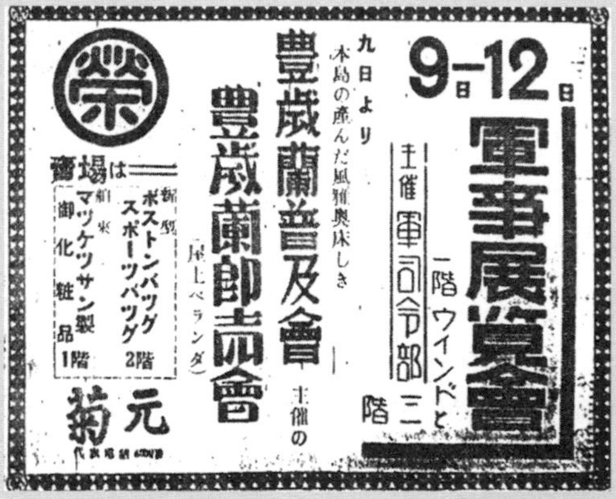

❖ 一九三五／〇三／〇九

九一十二日軍事展覽會
一樓樹窗與三樓
軍司令部主辦

九日起
本島風雅精緻的
豐歲蘭普及會　主辦的豐歲蘭即賣會
（屋頂露臺）

賣場
新型　波士頓包　運動包　二樓
舶來　邁可森製　化妝品　一樓

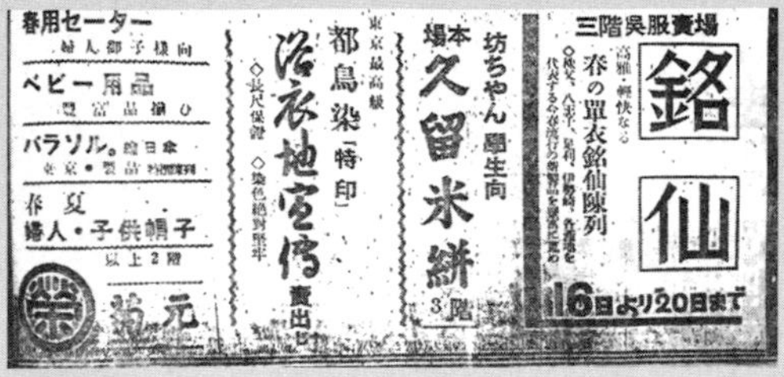

❖ 一九三五／〇三／一六

三樓吳服賣場銘仙

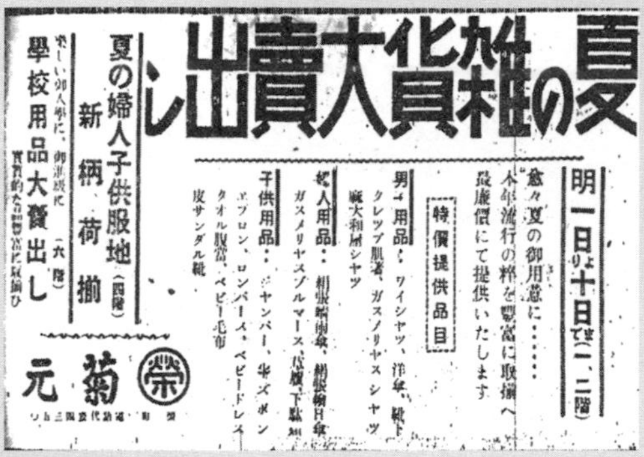

❖ 一九三五／〇三／三一

夏日雜貨大促銷

❖ 一九三五／〇三／二九

女子店員招募廣告

❖ 一九三五／〇四／一一

菊元五月人形

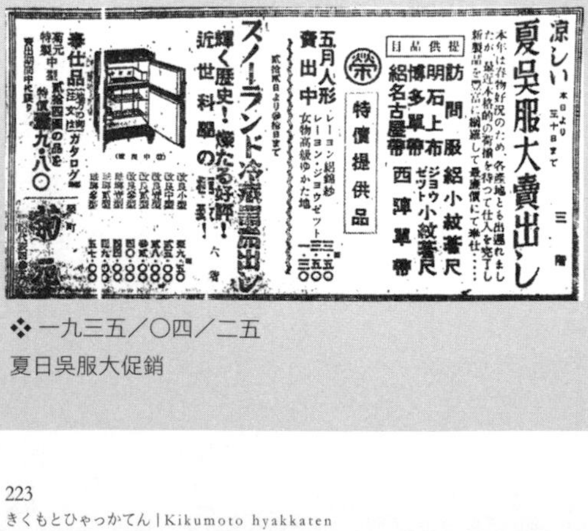

❖ 一九三五／〇四／二五

夏日吳服大促銷

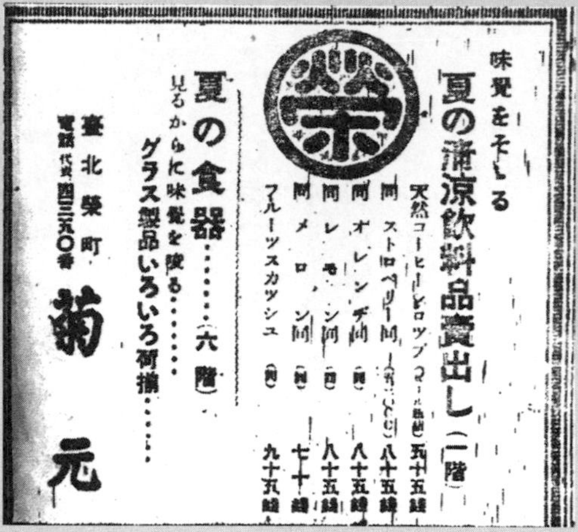

❖ 一九三五／〇六／〇一

挑動味蕾
夏日清涼飲料促銷（一樓）
天然咖啡糖漿（啤酒瓶裝）五十五錢
同草莓同（五二〇ＣＣ）八十五錢
同橘子同（同）八十五錢
同檸檬同（同）八十五錢
同哈密瓜同（同）七十錢
果汁飲料（同）九十五錢

夏日食器（六樓）
看了挑起味蕾
玻璃製品 一應俱全

❖ 一九三五／〇四／二七

巴拿馬麥稈帽
今夏流行，各種輕爽新型帽子

1935 年型
巴拿馬帽
林投　3.80 起
馬歇爾 Marshall　panama（按：材料是椰子嫩葉精製而成的纖維）　5.00 起
正巴拿馬　8.50 起

不同的新編法
適合運動用　1.00 起

麥稈帽
四稜編　0.50 起
支那麥　1.00 起

一樓的特價品
化妝組（五樣組）　0.50
零錢包（特價品）　0.27
日之丸肥皂（半打兩入）　0.50
輕便曬魚用籠子　0.32
調味海苔　0.55

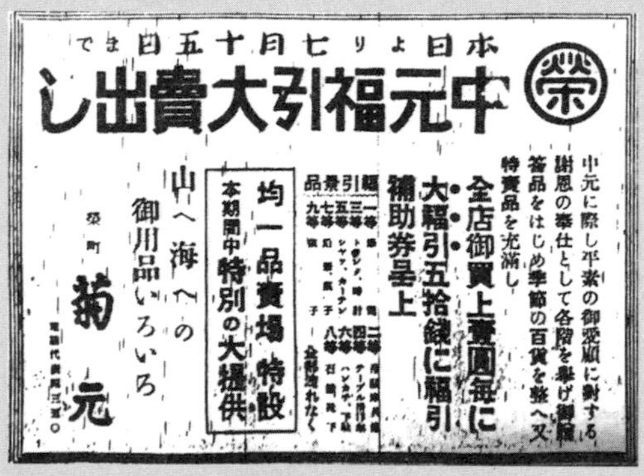

❖ 一九三五／〇六／二六

中元福引大促銷

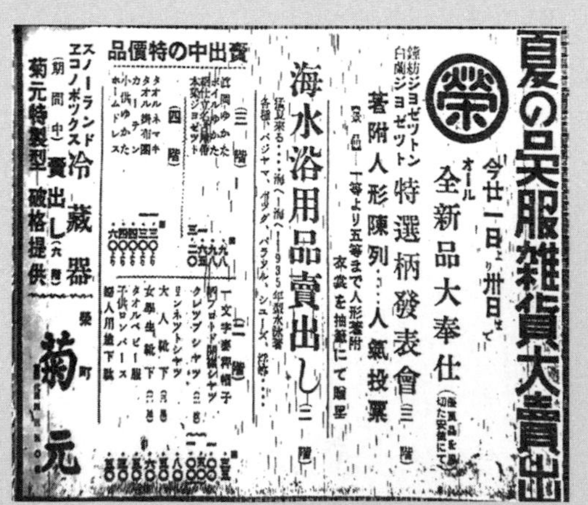

❖ 一九三五／〇五／二一

夏季吳服大促銷

❖ 一九三五／〇八／〇一

秋季別染會　秋天的白色布疋

❖ 一九三五／〇七／〇八

中元贈禮就用菊元商品券

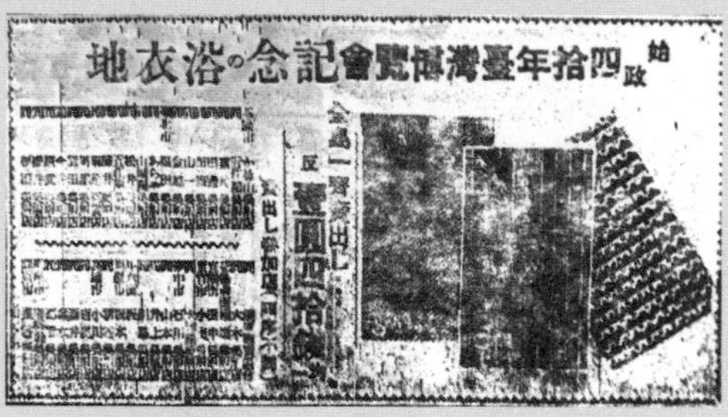

❖ 一九三五／〇八／一一

全島同時促銷

一反　一元四十錢　均一價

菊元百貨店為聯合店家的其中一家

❖ 一九三五／〇七／一七

始政四十年紀念本店特製臺灣博覽會宣傳浴衣促銷

❖ 一九三五／〇八／二五

七樓屋頂喫茶室

此處在臺博之前增建

現已完工，本日起開始營運

眺望景色絕佳

明亮有朝氣

現代感十足

適合闔家

屋頂喫茶室

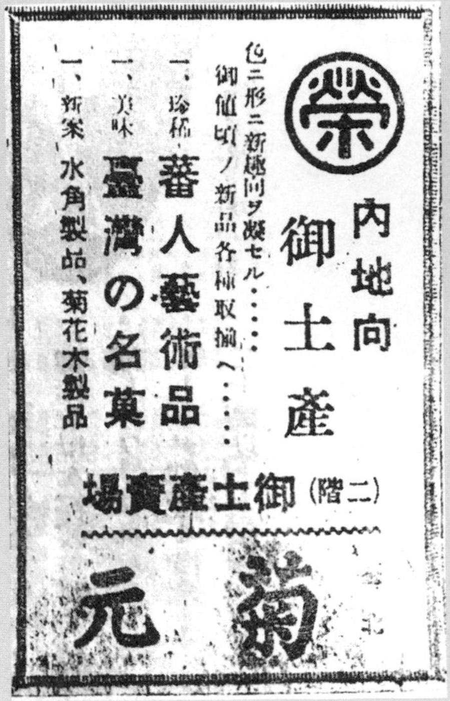
内地向
御土産
色ニ形ニ新趣向ヲ凝セル……
御値頃ノ新品各種取揃へ……
一、珍稀 蕃人藝術品
一、美味 臺灣の名菓
一、新案 水角製品、菊花木製品
御土産賣場（二階）
菊元

❖ 一九三五／〇九／〇三
送給內地人的土特產

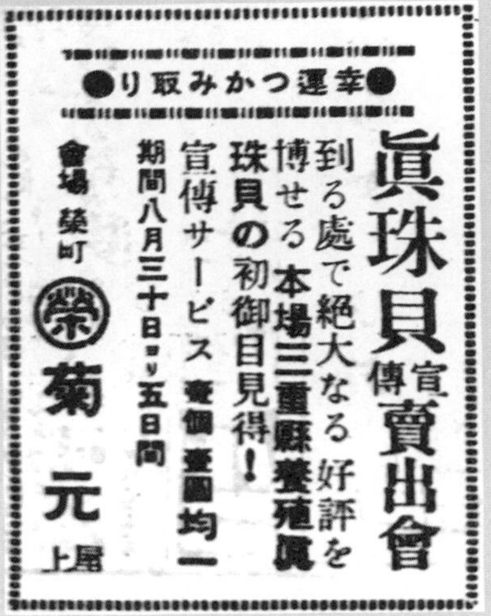
●幸運つかみ取り●
眞珠貝宣傳賣出會
到る處で絶大なる好評を
博せる本場三重縣養殖眞
珠貝の初御目見得！
宣傳サービス 壹個 壹圓均一
期間八月三十日より五日間
會場 榮町
菊元
上屋

❖ 一九三五／〇八／三〇
珍珠貝宣傳促銷

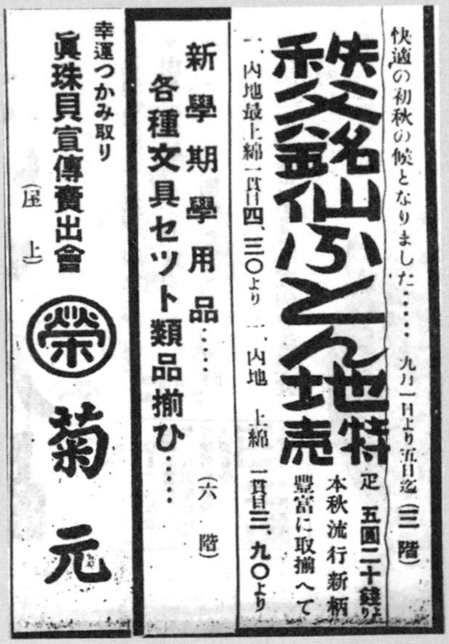
快適の初秋の候となりました……
九月一日より五日迄（三階）
秩父銘仙
ふとん地
特売
疋 五圓二十錢より
本秋流行新柄
豐富に取揃へて
一、内地最上綿一貫目四、三〇より
一、内地 上綿 一貫目三、九〇より
新學期學用品……
各種文具セット類品揃ひ……
（六階）
幸運つかみ取り
眞珠貝宣傳賣出會
（屋上）
菊元

❖ 一九三五／〇九／〇一
秩父銘仙特賣

❖ 一九三五／〇九／〇七

涼秋　促銷　七日起二十日止

爽涼秋特賣（三樓）
日本晴　秋空特賣，享受感觸
四大特賣，逸品豐富，一應俱全

特賣品提供
男用　反　6.80 4.50
女用　反　7.80 4.50

秋季帶布料　新品陳列會
優雅曲線為主調
今秋新品染織名古屋帶等

七日、八日、九日
法國人形新作展示及賣會（六樓）

嶄新、活潑！
婦女小孩服與毛衣（二樓）

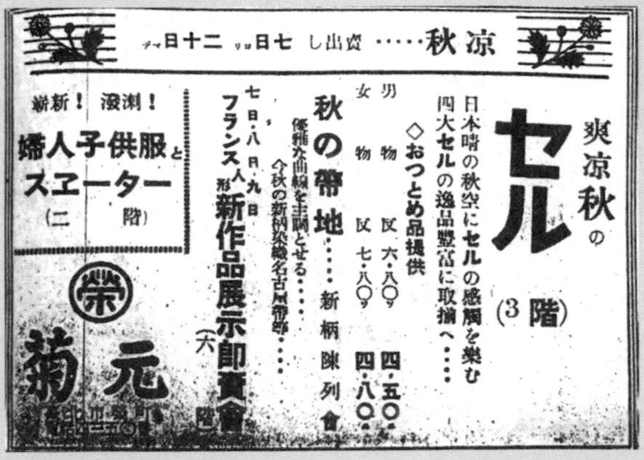

❖ 一九三五／〇九／二一

換季全館新品齊全
秋冬吳服雜貨一應俱全

全館
本日起三十日止

原料暴漲！事先預訂，價格便宜，品質良好，品項齊全
臺博即將到來！麗秋購物，一定要來下訂

❖ 一九三五／一〇／〇七

由於
增建完成
賣場擴張
本日暫停營業

❖ 一九三五／一〇／〇九

五大銘仙產地聯盟後援
臺博紀念
優良銘仙宣傳大會

❖ 一九三五／一〇／二三

秋季
染織菊彩會
日期　本日起二十九日止
會場　三樓

清新、高雅、錦繡之美與流行
我們即將舉辦染織菊彩會第一屆展覽會，京都一流作者力作逸品齊全，為您盛大展出

主要陳列作品
訪問服
羽織
帶
染著尺
御召

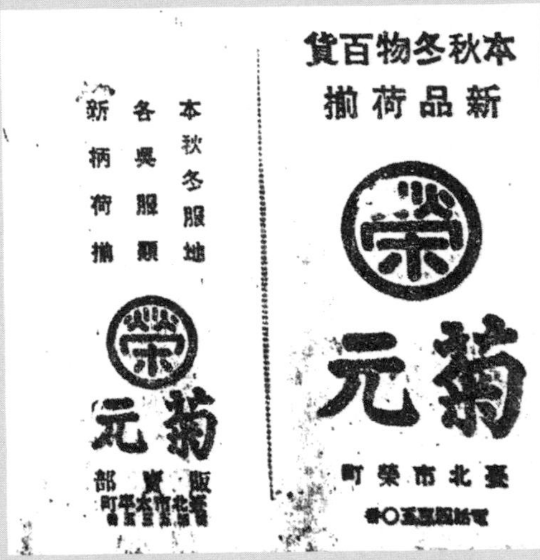

❖ 一九三五／一〇／一〇

今秋冬物新品到貨

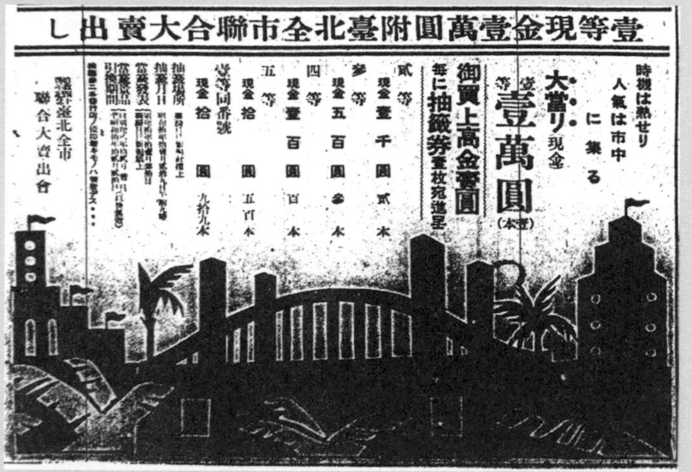

❖ 一九三五／一〇／二八

頭獎現金一萬元臺北全市聯合大促銷

市中人氣旺盛

大獎（現金）
頭獎一萬元（一名）
每買一圓即送抽獎券一張

二等　現金一千圓（兩名）
三等　現金五百圓（三名）
四等　現金一百圓（一百名）
五等　現金十圓（五百名）
頭獎同番號　現金十圓（九十九名）

抽獎場所　臺灣日日新報社樓上
抽獎日　昭和十年十一月二十九日早上九點
抽獎結果公布　昭和十年十一月三十日，於臺灣日日新報紙
兌換獎品期限　自昭和十年十二月一日起，至昭和十年十二月二十日止（逾期無效）
抽獎券若無各發行店章者無效

使政四十周年　臺北全市聯合大促銷

❖ 一九三五／一一／〇一

十一月一日起七日止

秋季雜貨沙龍（三樓會場）
涼爽的秋日，服飾逸品會華麗開張
每件都是今年秋冬最新流行

婦人小孩洋服、同生地、帽子、毛衣、鞋、手套、手提袋、圍巾

男帽、領帶、腰帶、手套、白襯衫、拐杖、睡袍、睡衣、毛衣、包包、鞋、襪其他

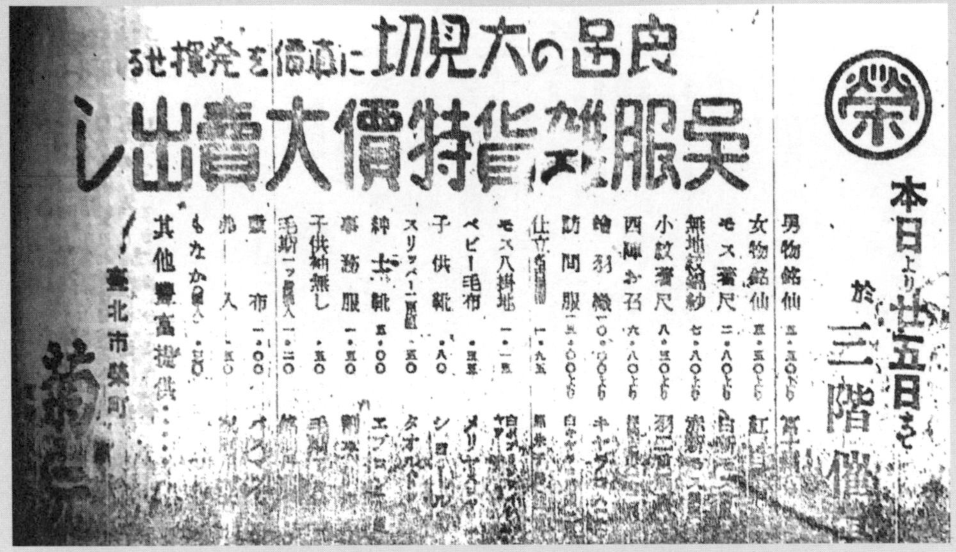

❖ 一九三五／一一／二一

吳服雜貨特賣

❖ 一九三五／一二／一五

本日起　六樓 / 屋頂特賣場
聖誕特賣
喜樂的聖誕節將至，聖誕老公公與雪屋各種裝飾

給小孩的新鮮禮物
玩具、文具，以及服裝雜貨，品項豐富

羽子板（六樓）
以歌舞伎俳優似顏羽子板為首
各種新鮮的新製品很豐富

優秀銘仙　歲末特別奉仕　七樓特賣場
一律三圓　一律四圓　一律五圓
有名各產地本銘仙的優秀品特別提供　早買就是勝利

旅行諮詢與乘車船券
請至菊元一樓
Tourist Bureau
鐵道案內所

❖ 一九三五／一二／一二

年末贈禮最適合　菊元商品券

❖ 一九三五／一二／一八

歲末贈品大會

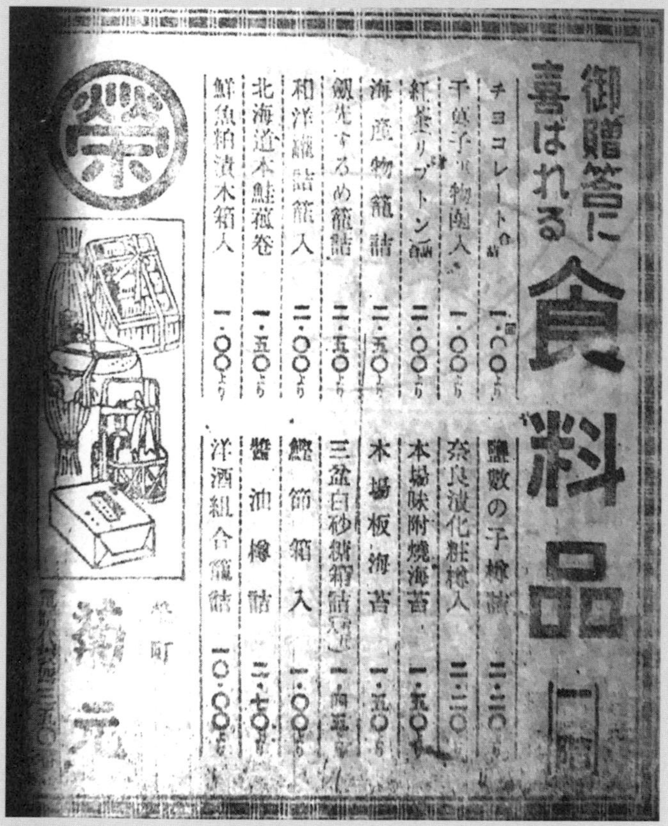

❖ 一九三五／一二／二〇

贈禮用　食品　一樓
巧克力綜合禮盒　1.00 圓起
乾菓子？物函入　1.00 起
紅茶（立頓）綜合禮盒　2.00 起
海產綜合籠　2.50 起
劍先魷魚籠　2.50 起
和洋罐頭籠　2.00 起
北海道本鮭菰卷　1.50 起
鮮魚粕漬木箱入　1.00 起
鹽漬鯡魚卵　2.20 起
奈良漬化妝瓶裝　2.20 起
本場味附燒海苔　1.50 起
本場板海苔　1.50 起
三盆白砂糖箱裝（五斤入）　1.45 起
柴魚箱裝　1.00 圓起
醬油瓶裝　2.70 起
洋酒組合籠詰　10.00 起

❖ 一九三五／一二／二一
防寒用品促銷

❖ 一九三五／一二／二四
特製三件式晨禮服（最高級黑色面料羊毛材質）
菊元特製品／高級既製品
三件式西裝／大衣（按：似如圖右）
各種特惠（二樓）

一九三六年度廣告

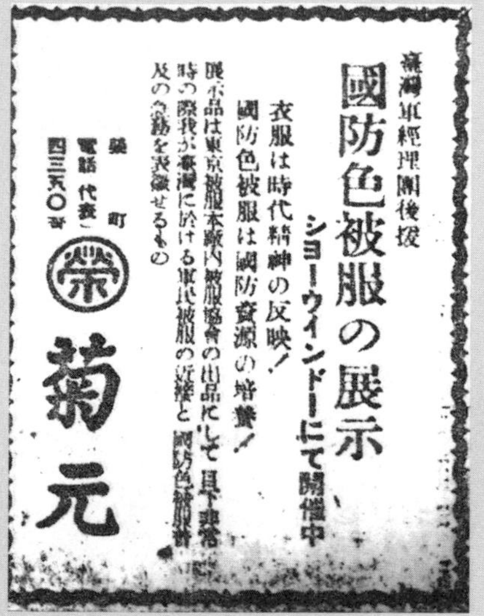

❖ 一九三六／〇二／〇九

臺灣軍經理團後援
國防色被服展示
於櫥窗展示中

衣服反映時代精神
國防色被服培養國防資源

展示品由東京被服本廠內被服協會出品，在眼下非常時期之際，在臺灣軍民被服的一致，以及國防色被服的普及，為當務之急

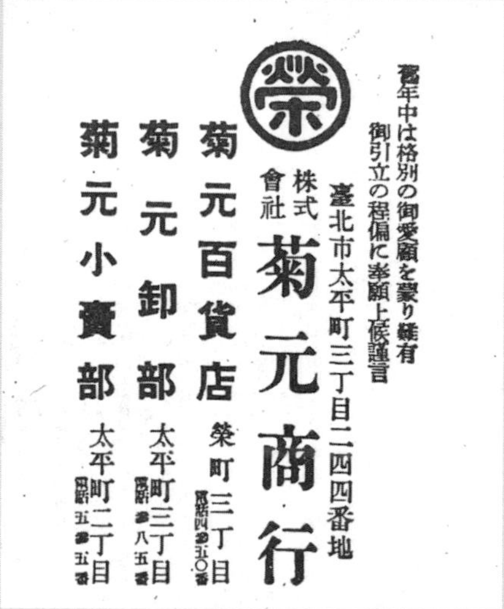

❖ 一九三六／〇一／〇六

新年致謝

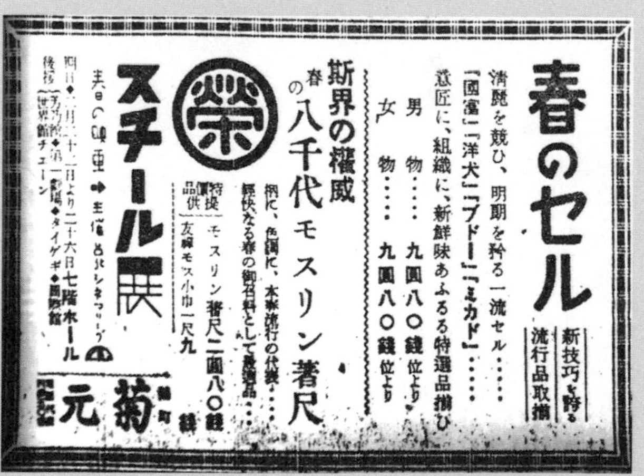

❖ 一九三六／〇二／二二

春季特賣　新技巧自信之作、流行品齊全
清麗、活潑、一流特賣
「國富」「洋犬」「葡萄」「米卡多」
匠心、札實、嶄新，特選品一應俱全

男物　九圓八十錢起
女物　九圓八十錢起

業界權威
春季的
八千代棉紗著尺
樣式、色調、今春流行代表
最適合輕快春日的上等品
特價品提供
棉紗著尺　二圓八十錢
友禪棉紗小巾　一尺　九錢

靜物攝影展
春季電影　主辦　臺北電影俱樂部
日期　二月二十二日起二十六日止　七樓大廳
後援　芳乃館、第一劇場、大劇、國際館、世界館連鎖

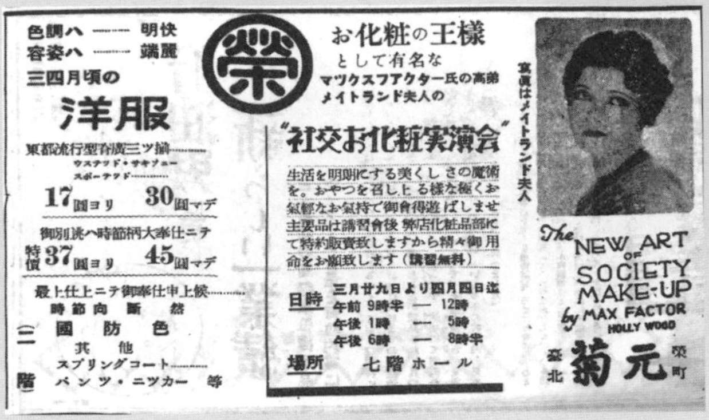

❖ 一九三六／〇三／二八

色調明快
容貌端麗

三四月的洋服
？？流行型？？？？
？？
？？
17 圓起 30 圓止

？？？優惠
特價 37 圓起 45 圓止

（二樓）
最佳優惠
時節向　斷然
國防色
其他
春天外套
內褲　等

知名化妝王者
Max Factor 的得意門生
梅特蘭夫人的
「社交化妝實作會」

讓生活變得更美好的魔術。現場備有小點心，氣氛輕鬆，從遊玩中學習。主要用品在講習會後將在弊店化妝部特約販售，請多加利用。（講習免費）

日期
三月二十九日起至四月四日止
早上九點半～十二點
下午一點～五點
下午六點～八點半

地點
七樓大廳

照片為梅蘭特夫人

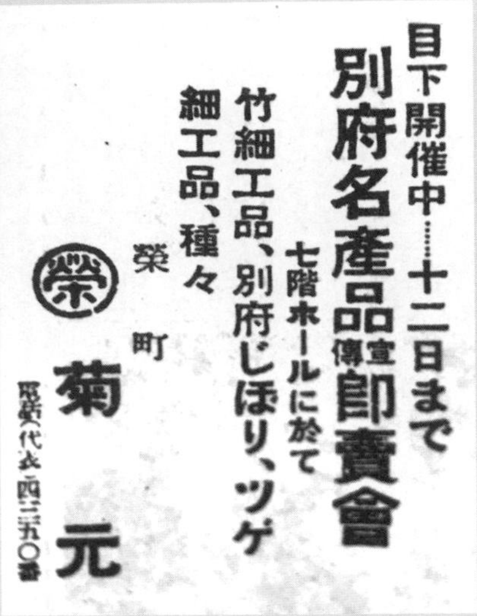

❖ 一九三六／〇三／〇九

別府名産即賣會

❖ 一九三六／〇三／一四

春季嗶嘰特賣

❖ 一九三六／〇三／一九

新學年用品促銷

❖ 一九三六／〇四／〇二

最新流行樣式
臺灣各高等女校同窗會
同窗會浴衣布疋宣傳大促銷

❖ 一九三六／〇四／二八

浴衣布疋大會

❖ 一九三六／〇四／一〇

夏季吳服大促銷

❖ 一九三六／〇四／二四

巴拿馬帽與草帽

❖ 一九三六／〇五／二二

五秒結凍 BONTON 冰淇淋機

❖ 一九三六／〇五／一六

夏季榮彩會

❖ 一九三六／〇五／二一

臺北市第一回商工祭宣傳大促銷

❖ 一九三六／〇五／二四

五秒結凍 BONTON 冰淇淋機

❖ 一九三六／〇六／一〇

今天是時間紀念日
時間校正免費服務請到時計修理部

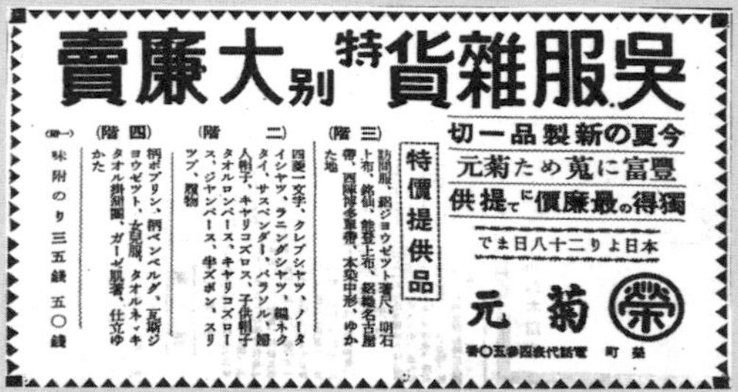

❖ 一九三六／〇六／二二

吳服雜貨特賣

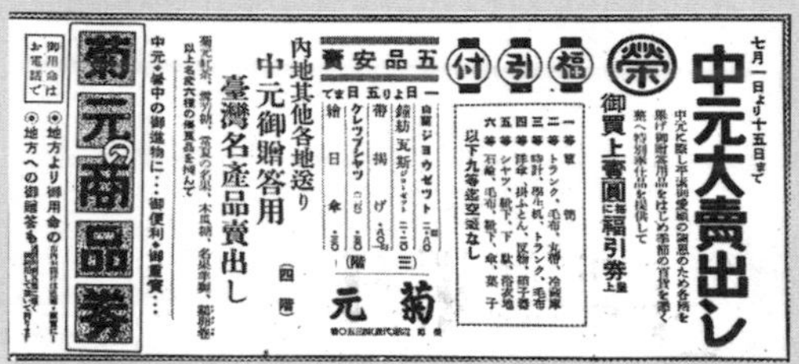

❖ 一九三六／〇六／三〇

中元大促銷

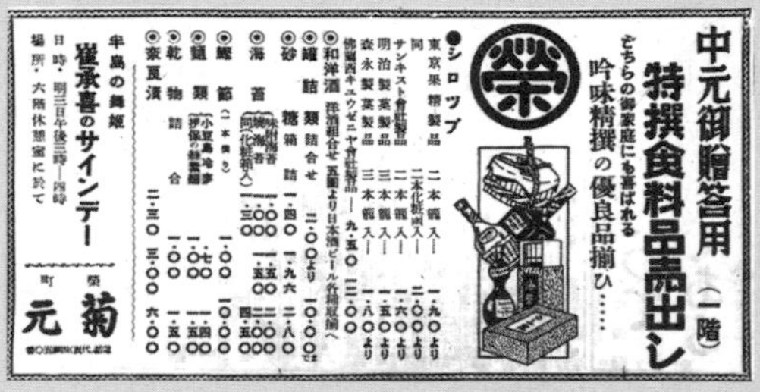

❖ 一九三六／〇七／〇二

中元贈禮用（一樓）
特選食品促銷
每個家庭都會開心
吟味精釀，優良品齊全

❖ 一九三六／〇七／〇七

中元贈禮就用這個

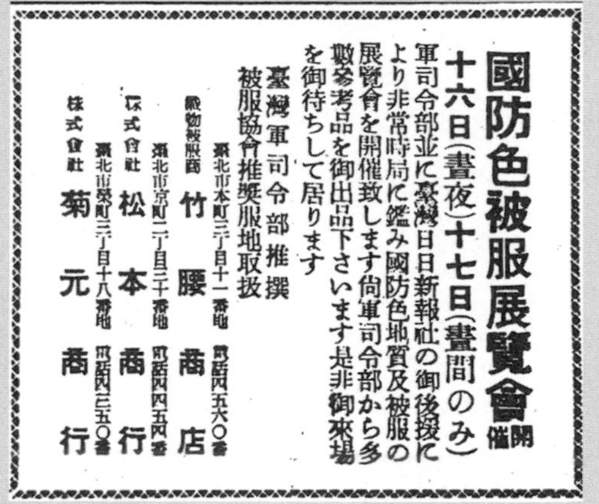

❖ 一九三六／〇六／一六

國防色被服展覽會

❖ 一九三六／〇六／二一

海水浴用品

❖ 一九三六／〇七／一六
本日店休福引券可兌換至七月十八日

❖ 一九三六／〇七／一二
中元感謝五十錢均一價

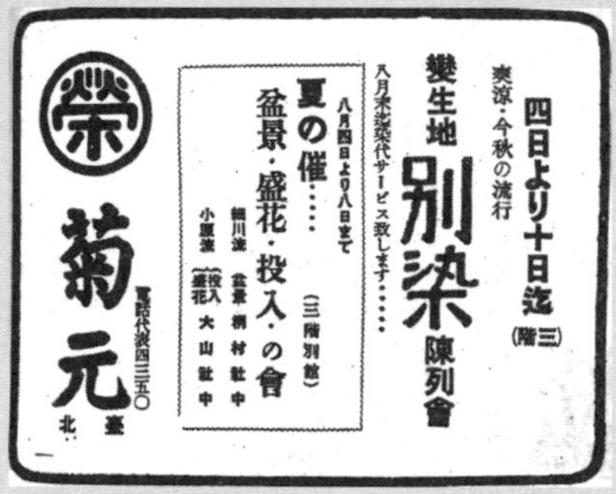

❖ 一九三六／〇八／〇四
今秋流行別染陳列會

❖ 一九三六／〇七／二二
盛夏吳服、雜貨大減價

本日起至二十六日　於三樓、四樓

優良吳服大出清
鐘紡喬其紗　1.80
日蘭喬其紗　1.80
人絹絽著尺　2.80

紅標大特價
訪問服、絽著尺、絽名古屋帶
單帶、明石上布、小倉縮

優良雜貨均一價促銷
三十錢、五十錢、八十錢
一圓、一圓半、二圓

夏季商品庫存出清，價錢最低
不要錯過

❖ 一九三六／一〇／二二

惠比壽講促銷（按： 基於對「惠比壽神」的信仰而舉辦的祭祀活動）
二十三日起至二十五日
一定符合顧客期待
各樓層競相為惠比壽講舉辦

跳樓大拍賣

敬請期待 惠比壽箱
提供最超值的福袋商品

一箱 一圓、三圓
一人限購一箱

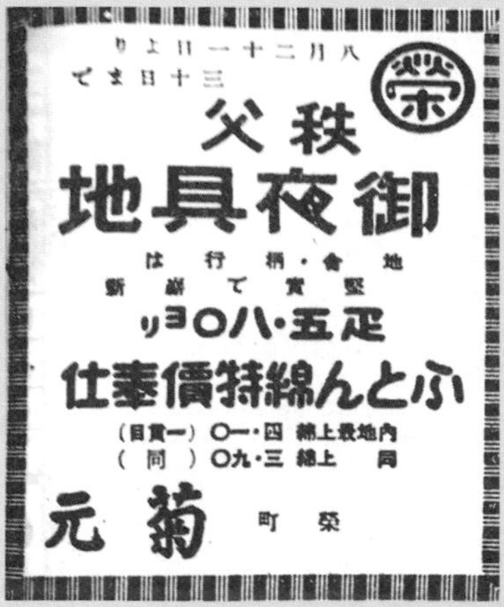

❖ 一九三六／〇八／二一
秩父御夜具地

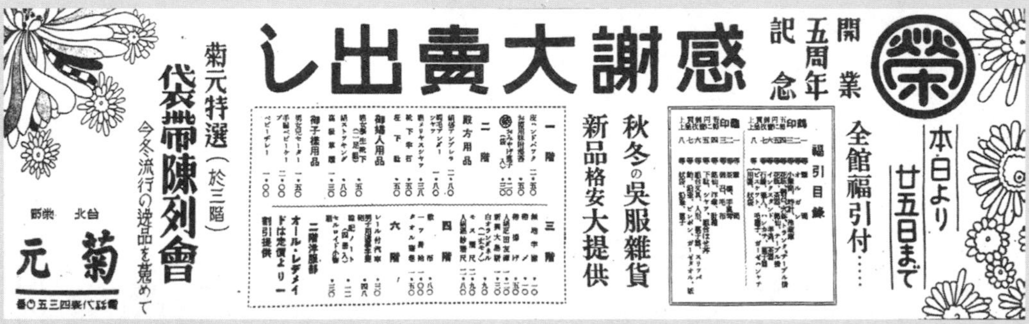

❖ 一九三六／一一／二一
開業五周年感謝特賣

❖ 一九三六／一二／一二
正月用小孩服帽子

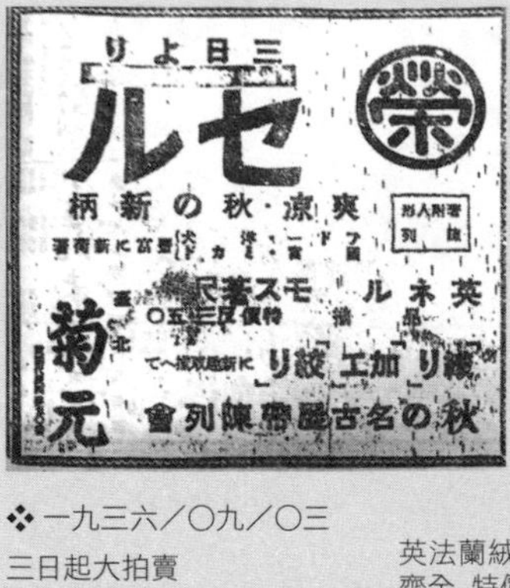

❖ 一九三六／〇九／〇三

三日起大拍賣
涼爽秋季新品
葡萄、洋犬、國富、米卡多
新到貨 品項豐富

人偶試穿展示

英法蘭絨、棉紗著尺 品項齊全 特價 反 3.50
「織」「加工」「絞」各種新流行都有
秋季名古屋帶陳列會

❖ 一九三六／一二／一五

新年的禮服用品拍賣　本島名產拍賣
外出拜訪用優良吳服陳列　三樓
新春名古屋帶陳列　三樓
小孩用品拍賣　四樓
禮裝洋服拍賣　二樓
成衣洋服特價提供　二樓
帽子領帶白襯衫手套襪子刺繡鞋子　二樓

適合送給內地的好禮品
名產食品
豬肉天婦羅 0.50 ～ 1.00
芭蕉飴 0.50 ～ 1.00
木瓜糖 1.00
名果羊羹 1.00
雪芳糖 1.00
木瓜奈良漬 1.00 ～ 1.50
常夏名果 0.50 ～ 1.00
蓬萊納豆 1.00
及其他各種

加工物產品
珊瑚加工品 / 蠶絲製品
蓬萊漆器 / 文石
大甲製品 / 銀竹筷
瑞玉 / 菊花木製品
番布加工品 / 蛇皮製品
水角製品 / 竹根製品
其他各種

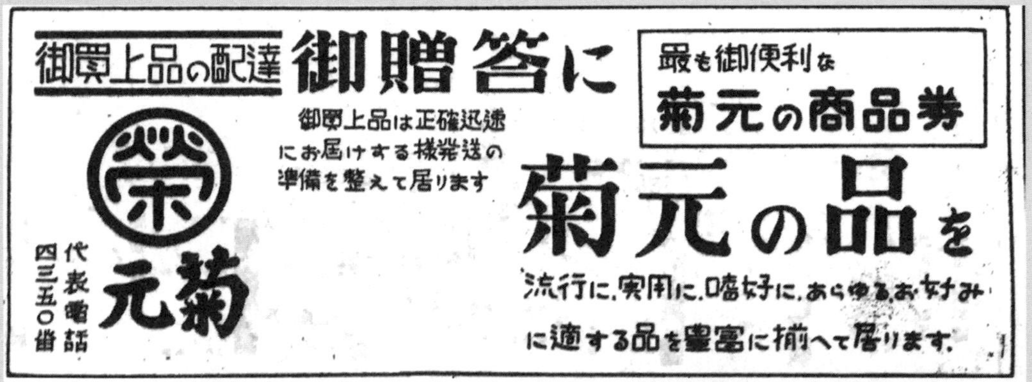

❖ 一九三六／一二／一六

精品購買配送
贈禮用
購買精品，我們有配送服務，正確迅速送達到您的手上

最方便的菊元商品券

菊元的商品
適合喜愛各種流行、實用、嗜好品的您
品項豐富完備

一九三六年至一九四四年
《臺灣公論》菊元廣告

自一九三六年《臺灣公論》創刊後不久，菊元百貨頻繁且固定的託刊廣告，值得一提的，在此雜誌上的廣告設計表現，與報紙特賣會的即時性與消費性廣告有極大差異，一九三六年底到一九三九年間，視覺有極為優異的表現，可以看見日本近代設計，受到一九二〇至一九三〇年代裝飾主義風格影響而延續的設計表現。但進入一九四〇年代後，時局的影響非常明顯，大約只剩一種簡約的文字告示款式。以現存所見的《臺灣公論》，菊元在各年度的廣告文案，大致上皆主打「季節採買就來菊元」，而視覺上則節錄呈現如下：

一九三六年廣告

一九三七年廣告

お買物は
是非当店へ……
菊元
電話

菊元
季節〳〵のお買物は
菊元で……
電話
台北榮町

島都唯一の
百貨店
代表電話七三三三番
台北
菊元
季節々々の
御買物は
菊元で

台北
菊元
季節〳〵の
お買物は
菊元で
代表電話七三三三

台北
菊元
季節〳〵の
お買物は
菊元で
代表電話七三三三

一九三八年廣告

台北
菊元
季節くの
お買物は
菊元で
代表電話七三三三

台北
菊元
季節くの
お買物は
菊元で
代表電話七三三三

台北
菊元
季節くの
お買物は
菊元で
代表電話七三三三

台北
菊元
季節くの
お買物は
菊元で
代表電話七三三三

台北
菊元
季節くの
お買物は
菊元で
代表電話七三三三

台北
菊元
季節くの
お買物は
菊元で
代表電話七三三三

台北
菊元
季節
季節の
お買物は
菊元で
代表電話7333

台北
菊元
季節くの
お買物は
菊元で
代表電話
七三三三

一九三九年廣告

　　此年度十月號，商家多以名片式祝賀廣告，恭賀《臺灣公論》雜誌發展順利。其中，雜誌的特派記者從中國採訪戰事返臺，本期刊露歡迎會座談，菊元也搭配上廣告，主要是此記者三浦之介在前一年，曾接受菊元「菸草百個冰砂糖二十罐」助援之淵源。而在封面上，雜誌設計改變風格，主圖改以寫實的肖像寫真，搭配戳章式小廣告，十、十一月連續兩個月刊印菊元圓標廣告，十二月則換見村井商店。

一九四二年廣告

一九四二年以後，據已見菊元廣告，僅剩固定「季節採買就來菊元」文案套用。

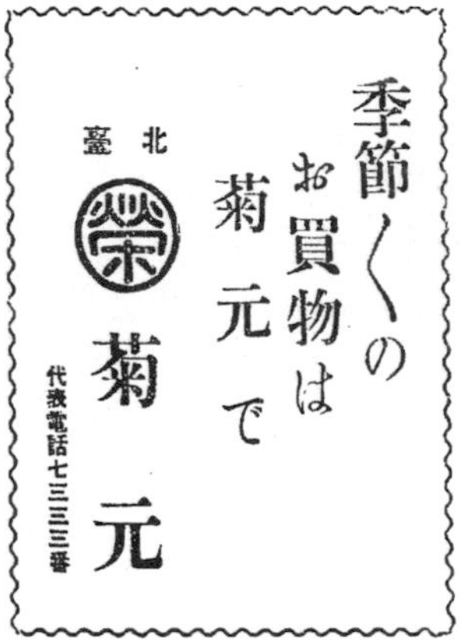

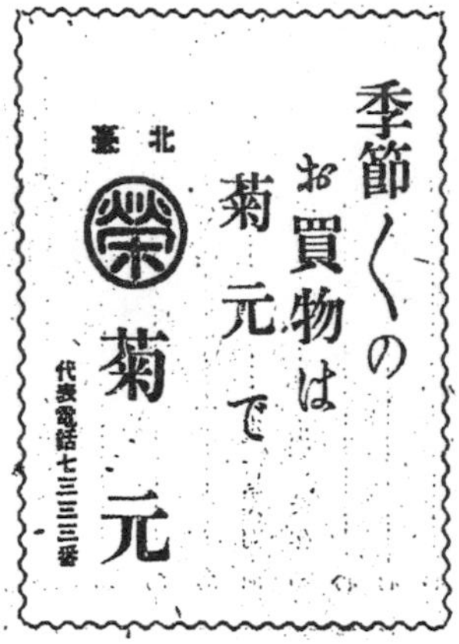

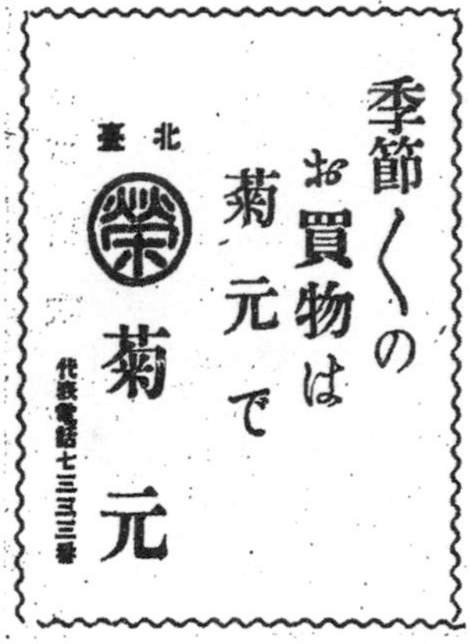

一九四四年廣告

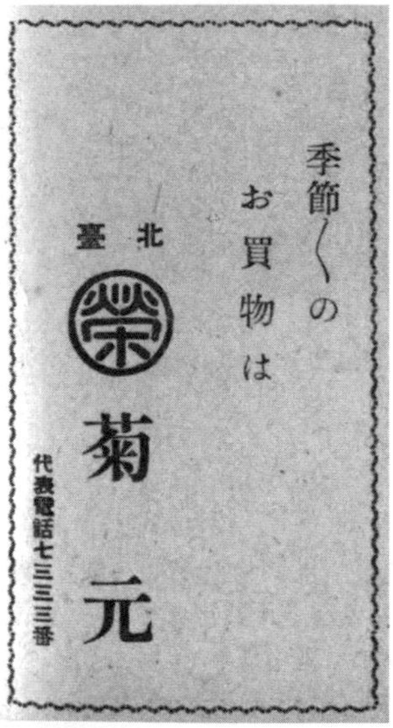

國民精神總動員

來到新的一年，菊元新年賀正廣告，先端出開門致謝廣大消費群，接著隔天又推出大手筆的開運大促銷，所有抽獎的贈品一一列出，以吸引消費者今年再度光臨。到了年底歲暮的各商店大賣出廣告，則有部分廣告已帶入「皇軍大捷」、「武運長久」文案，或者出現武勇的軍人圖像，可看到商人對應時局風氣，也不得不走向支持軍政府表露的戰爭意識。

隨著海外日中戰事影響，尤其在一九三七年盧溝橋事變後，正式進入戰時體制，臺灣跟隨日本設立國民精神總動員本部，精神宣傳與時局展覽，以及動員國防演習與軍事訓練越加頻繁，對於物資與民生娛樂的管制也漸加縮限，臺灣軍司令部推行的島民衣著國防色（茶褐色）化統治運動，引起各界極大的迴響，臺北指標型的大商店菊元百貨率先響應國防色化運動，指派店員前去軍司令部接受指導，習得此運動細節知識，如男女國防色衣著的規格與價格等，並且與日本百貨公司的男女店員一同實行穿著國防色服裝，以及相關的一切必要品陳列販賣。

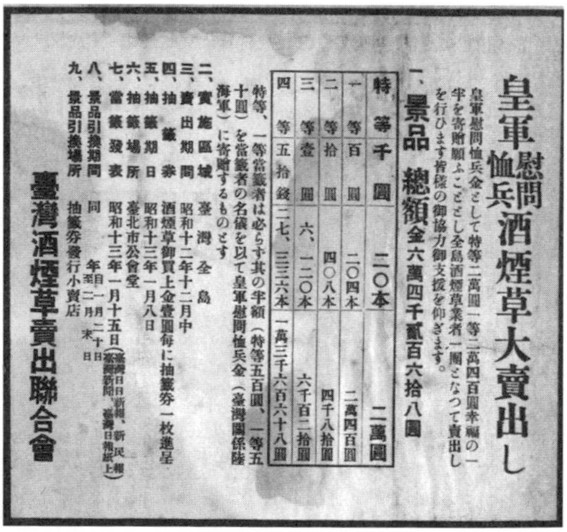

❖一九三七年，日中戰事後，以募款慰問皇軍的酒、煙草聯合大促銷，以及打算贈出特等二萬元高額獎金的抽獎廣告。

由於防空演習所需，一九三七年八月十一日報導，全臺北州進行燈火管制演習，即在菊元百樓頂集合全州下的相關幹部，進行見學、防空警戒、空襲管制區別的實地指導。伴隨軍事活動而來的時局宣傳，強調發揚日本文化、「八紘宇一」精神，菊元百貨也配合動員政策，掛出「祈皇軍武運長久」一的大布條（一九三七年九月九日報導），在榮町鬧區極為醒目。

❖ 一九三七年九月九日報導，菊元百貨樓外掛出「祈皇軍武運長久」落地大布條。

而邁入一九三七年度的菊元百貨，新年開春即在日日新報廣告致謝，感謝大眾對於菊元的消費，甚至連員工旅遊公休，都要刊登廣告以示周知。另一方面，在《臺灣公論》雜誌上，菊元廣告也罕見的在一九三〇年代末期，加入裝飾風藝術設計，並持續定期出現。

一九三七年度廣告

❖一九三七／〇一／〇四

謹賀新年

去年承蒙惠顧，感激萬分，今年我們也會更加嚴選商品，努力提供超值商品，還請多加關照。

一月五日起至十日止
附贈福引券
開運大促銷

適逢初春，購物滿一圓，即享大福引

景品目錄

一等
純金製　寶槌
同　寶珠

二等
蓄音機、銘仙、女用波士頓包、旅行箱

三等
銘仙、鋼琴、女用洋傘、旅行箱

四等
帶揚、風呂敷、映寫機、裁縫箱、小孩木屐、洋傘

五等
風呂敷、組合文具、乒乓、風箏、便當盒、水壺、塑膠盒、拖鞋、木屐

六等
帶帶、橡皮球、風箏、口琴、唱片、玩偶、學生書包、手帕、小盒子、圍裙

七等
氣球、小孩用歌牌、海綿球、繪本、筷子、針盒、襪子、菓子、手帕
沒有銘謝惠顧獎

春天新花色　小紋　陳列於三樓
特選初春樣式　銘仙　陳列於三樓
春天款名古屋帶　陳列於三樓
防寒用品大促銷　二樓　四樓

今冬最後大特價　各樓

以上非常有價值的商品打折中

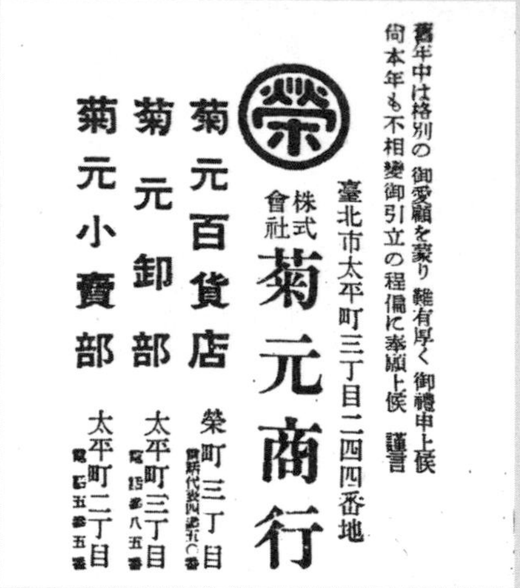

❖一九三七／〇一／〇三

去年曾蒙惠顧，十分感謝
今年也希望各位繼續支持
臺北市太平町三丁目二四四番地
株式會社菊元商行
菊元百貨店
菊元御部
菊元小賣部

❖ 一九三七／〇一／二一

春季吳服陳列會
在明朗晴空，元氣勃勃的春天，我們搶先提供各位觀賞秀麗清楚逸品的展示會，還請惠顧，給予好評

本日起至二十五日止，於三樓

陳列品
名古屋帶
小紋著尺
無地錦紗
銘仙

春季英國法蘭絨
品項齊全
冬物出清大特賣
西陣御召、名古屋帶
小紋著尺、銘仙
和服外套用布疋、無地錦紗

❖ 一九三七／〇一／一一

十一日起至十七日止
圖書館週（於菊元四樓）
臺灣圖書館協會推薦認定
青少年圖書展

主辦　臺灣圖書館協會
協辦　菊元

❖ 一九三七／〇二／〇三

雛人形陳列會
本日起　於四樓

大和人形特價品促銷
東京大光作品　品項齊全

雛人形十五人組（附道具組）
松印 七十圓
竹印 五十圓
梅印 三十圓

❖ 一九三七／〇一／一八

為了慰勞店員
本日休店
菊元

❖ 一九三七／〇二／〇九

十日起至十四日止（於三樓）
西陣最優五十鈴御召近作發表會
經常被稱讚是新流行指導者，五十鈴御召，我們為您提供近作逸品
請前來鑑賞

虎屋基礎化妝品

虎屋基礎美容講座
我們請來東京虎屋美容研究所 美容師
（不用會費）

時間 二月十、十一、十二日 早上十點至晚上九點（但十一日到五點）
場地 本店七樓會場
早上 十～十二點
中午 一～五點
晚上 六～九點

❖ 一九三七／〇二／二二

春季嗶嘰新品大會
現在毛料高漲，特別為您獻上
國富、葡萄、米卡多代表性新品，一應俱全

新興著尺陳列會
使用新興纖維、短纖維（Staple fiber）的嗶嘰、著尺，代表性製品，將試穿在假人身上，以供參觀

本日起至二十八日止 三樓 陳列
品名：
鶉嗶嘰、金千代御召嗶嘰、明眸絹薄紗、バラマント、みそら、ハリウッド，雛菊著尺等

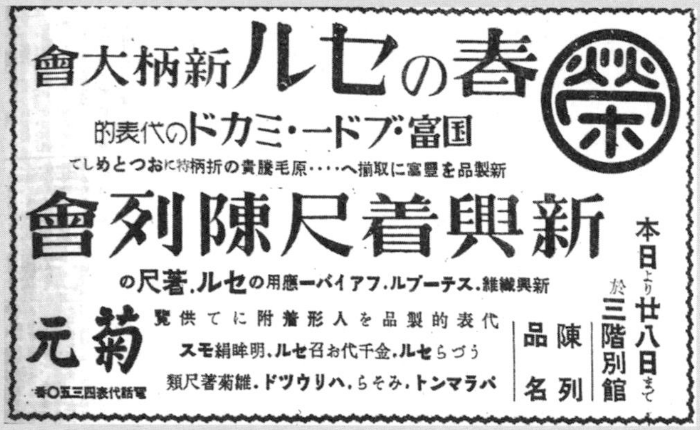

❖ 一九三七／〇三／〇一

陽春之際，搶先一步舉辦

半襟小物陳列會
請來觀賞，以菊元為中心，匯集京阪首屈一指專門業者之力作——半襟、帶揚、伊達卷、浴缸蓋

婦女雜貨展示會
蒐羅今年流行界首見代表性的優秀品——陽傘、圍巾、毛衣、手提袋、化妝盒、草鞋、手帕

一日起至二十七日止 於三樓別館

四日起至六日止 四樓
臺北州水產會主辦第二屆水產物加工新案懸賞募集品陳列，珊瑚加工品，及其他展示

❖ 一九三七／〇三／〇三

久等了，開學日
歡喜升上一學級的第一天
菊元學用品
六樓：文具、書包、手提袋
四樓：制服、學生書桌、桌布
二樓：男童學生帽、男女通用學生鞋

❖ 一九三七／〇三／〇八

本日起至十四日止　三樓別館
春季調和衣裳

色彩豐富的春季服飾之美、和服，搭配上腰帶的調和之美，京都一流染織家用心製作的逸品，華麗展出

春季雜貨大促銷
今春流行、新鮮活潑、輕快的春季紳士、婦人、小孩雜貨一應俱全

❖ 一九三七／〇三／一四

有名的化妝之王
馬克思・法克特的高徒
梅德蘭夫人的
新化妝法
實作講習會

讓您領會魅力好萊塢明星的美麗神祕之處
時間：十四日起至二十一日止
早上十點～十二點
下午一點～三點
下午四點～六點
七樓

照片為梅蘭德夫人

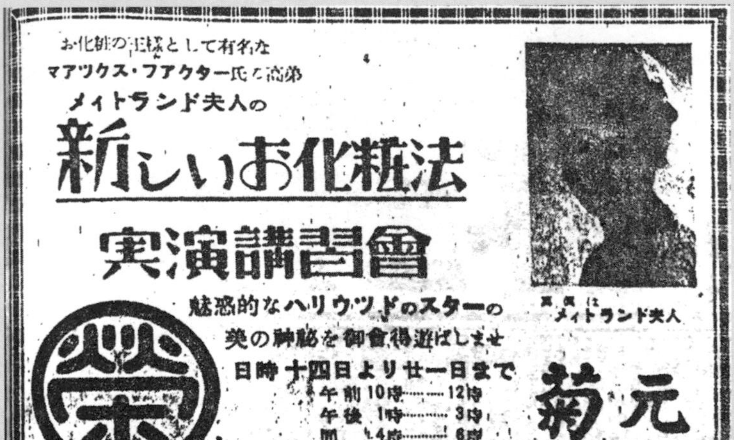

❖ 一九三七／〇三／一六

嶄新美術的社交化妝法
實作講習會
一直到二十一日止　七樓
電影之都　好萊塢……流行發源地好萊塢……被稱作化妝之王的馬克思．法克特高徒
梅蘭德女士的
嶄新美術的社交化妝法實作講習會舉行中

時間
早上十點起
下午一點起
下午三點起

梅蘭德女士與小唄的喜代三

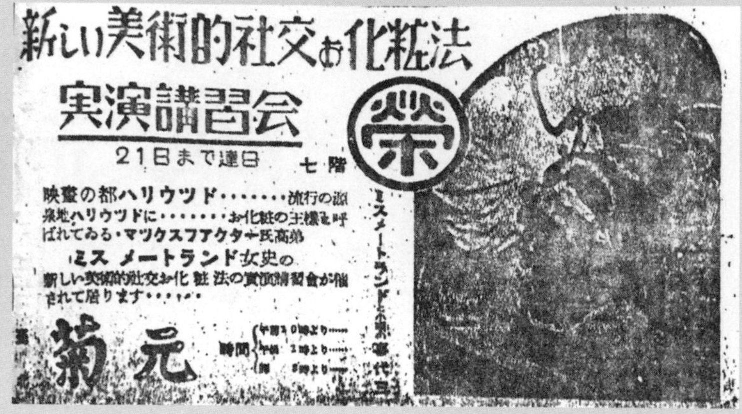

❖ 一九三七／〇五／〇一

夏天
清涼飲料
小孩服
白鞋
夏天帽

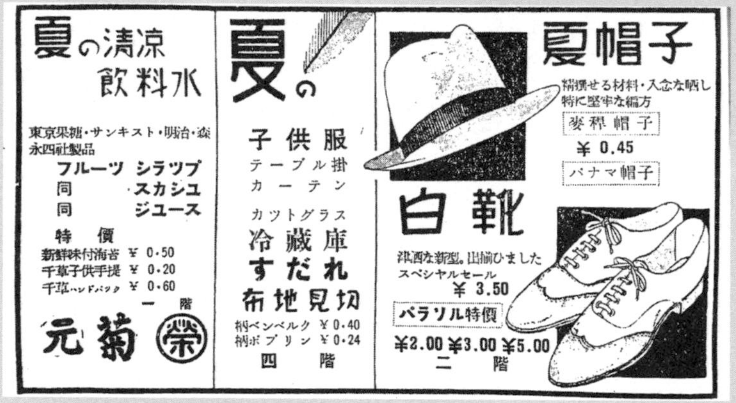

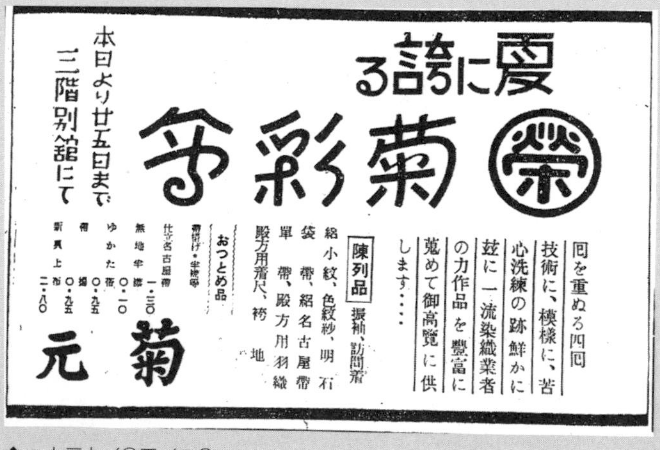

❖ 一九三七／〇五／二〇

夏天菊彩會

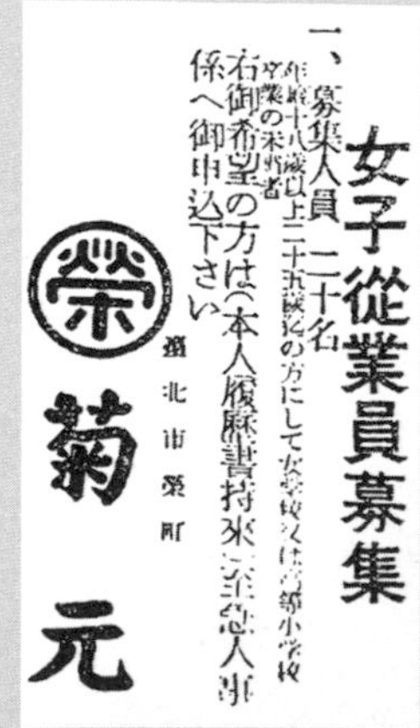

❖ 一九三七／〇五／一九

招募女性職員。

❖ 一九三七／〇六／一二
昆蟲採集用品
金鶴香水日

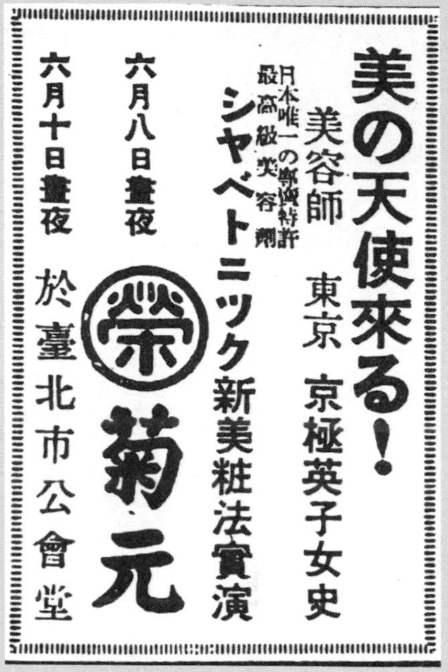

❖ 一九三七／〇六／〇八
美麗天使
美容師　東京　京極英子女士
實際示範美妝

❖ 一九三七／〇六／二〇
吳服雜貨特賣會

❖ 一九三七／〇六／三〇
中元大促銷

❖ 一九三七／〇七／〇五

中元贈禮用品

促銷中
附贈單獨抽籤券

第一次抽籤日　七月十日
第二次抽籤日　七月十六日

公布
七月十一日、七月十七日，於臺灣日日新報

中元贈禮獎品，於各樓陳列中

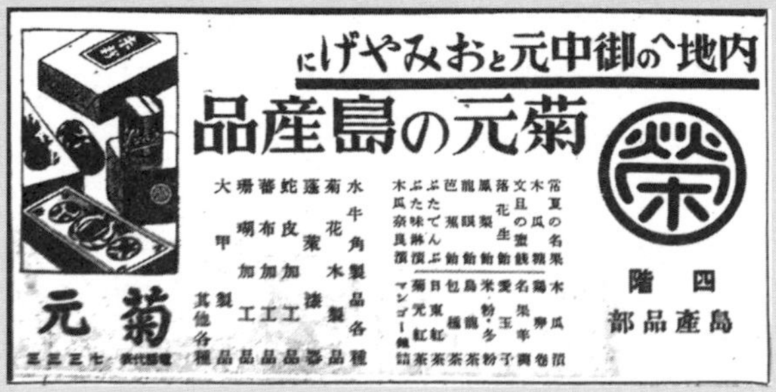

❖ 一九三七／〇七／〇六

給內地的中元伴手禮
菊元的本島產品

❖ 一九三七／〇七／一一

中元贈禮

❖ 一九三七／〇七／二五

吳服雜貨夏日特賣

❖ 一九三七／〇七／二〇

土用日
罐頭蒲燒鰻

❖ 一九三七／〇九／〇五

秋季嗶嘰特賣

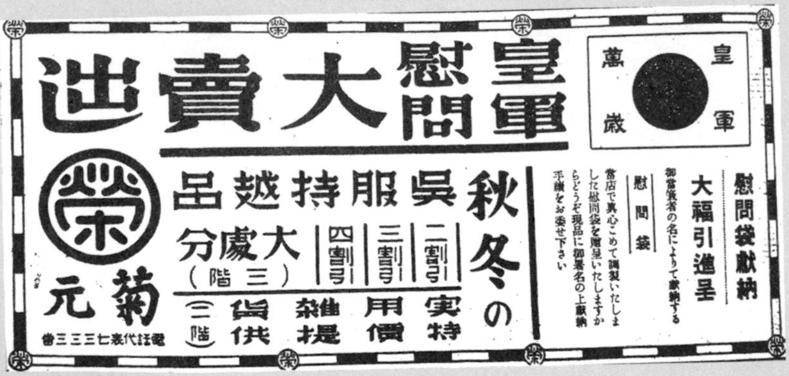

❖ 一九三七／一〇／〇一

皇軍慰問大促銷

❖一九三七／一〇／一五

秋冬婦人小孩服大促銷

❖一九三七／一二／一五

全店歲末大促銷中
歲末就用菊元的食品

❖ 一九三七／一二／一五
慶祝南京陷落
贈禮用菊元

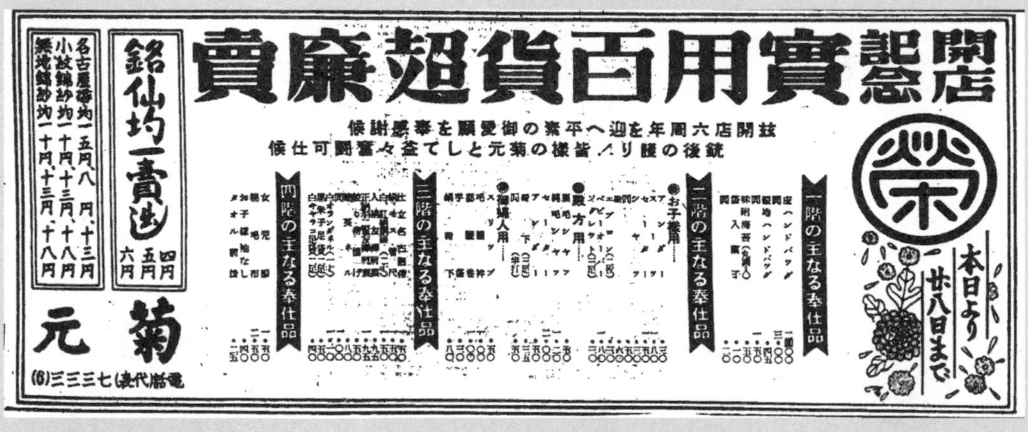

❖ 一九三七／一二／二三
開店紀念實用百貨大促銷

菊元用人術

菊元百貨在報紙上刊登女子從業員募集徵人的廣告，從文案當中可知，女子從業員須有一定的條件，受過國民教育是基本要求。目前所見一九三五年三月、一九三七年五月以及一九三八年三月等幾則。以一九三八年為例，徵人的條件如廣告刊登：

女子從業員募集

一、內地人女子十五名

一、年齡　十八歲以上二十五歲以下

一、資格　女子中等學校或高等小學校畢業者，且市內有保證人者

一、意者請在四月五日前攜帶履歷書至人事課提出

此外，具有影響力的《臺灣婦人界》雜誌，也散見菊元百貨針對其女性客群刊露廣告。

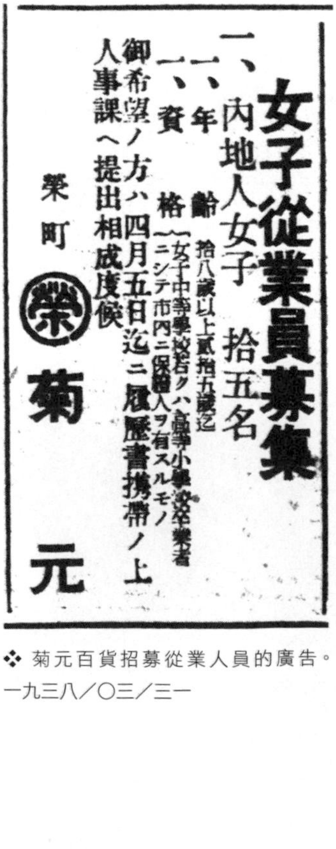

❖ 菊元百貨招募從業人員的廣告。一九三八／〇三／三一

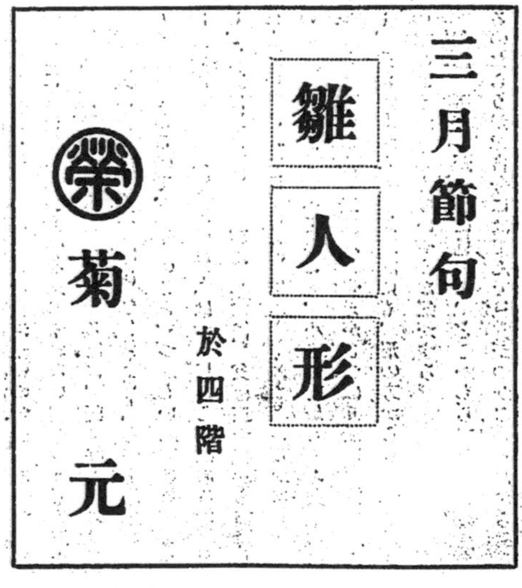

❖ 一九三八／〇二／〇一，《臺灣婦人界》
三月節句
雛人形　於四樓

一九三八年度廣告

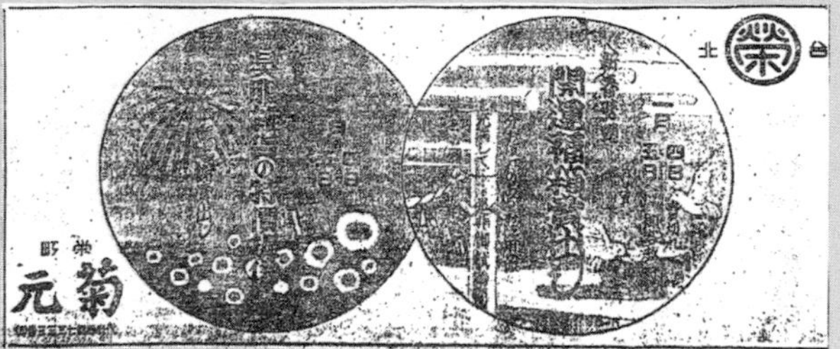

❖ 一九三八／〇一／〇四

一月四日、五日
若賣完請見諒

新春開運福箱大促銷

十分超值　實惠　豐富
一定要來買看看

一月四日、五日

首賣
吳服雜貨特價提供
年初感謝促銷

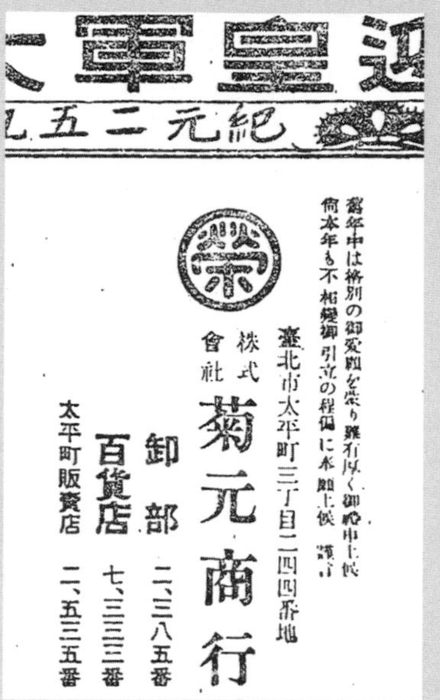

❖ 一九三八／〇一／〇四

新年謝詞

❖ 一九三八／〇二／一〇

大光製雛人形特選組

❖ 一九三八／〇一／三一

盤點　本日暫停營業

❖ 一九三八／〇二／二五
春季嗶嘰

❖ 一九三八／〇三／〇五
入學、升學年
菊元學用品

準備入學
書包、紙夾、手提袋、文具組、筆盒、筆記本

升學年慶祝
鋼筆、鉛筆、自動鉛筆、繪具

畢業紀念
硯臺、墨水座臺、桌面用品、書檔、相簿、簽名簿
桌子與書櫃

臺北州水產會主辦（於四樓）
第三屆
珊瑚新案加工品展示與即賣會

州下業者的技巧品　蒐羅豐富

陳列品有
帶止、帶締、羽織紐、指環、袖扣、簪、風鎮等
時間　三月五日起至十日止

❖ 一九三八／〇四／一〇
端午將至
五月人形陳列會

套裝組合
10.00 起
2000.00 止
也能幫您組合起來

鯉魚旗也很適合日本男童
鯉魚旗　1.00 ～ 4.80

❖ 一九三八／〇四／二〇
吳服陳列會

❖ 一九三八／〇五／一二
御召料

❖ 一九三八／〇五／二一
舒適的夏季高級品
一定要來光顧

夏季菊彩會

陳列品有：
訪問服、絽、喬其紗著尺、紋紗色無地湖月上布、明石上布、絽名古屋帶、絽袋帶、單帶、半襟、小物

二十一日起至二十五日止（三樓）

手提袋
最新流行、各種樣式齊全
一樓

夏季洋傘
1.50起　二樓

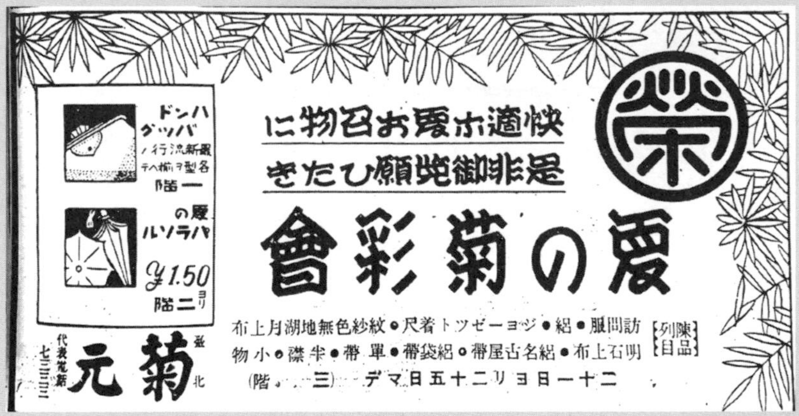

❖ 一九三八／〇六／二三

期間限定前一千名免費贈送 tangodohran 牌化妝品

❖ 一九三八／〇七／〇一

中元就來菊元

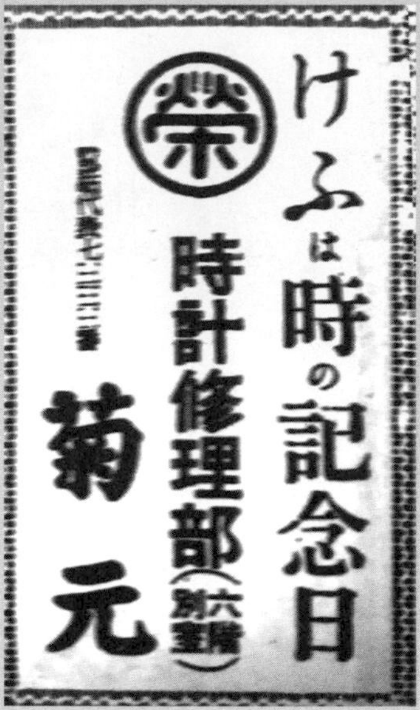

❖ 一九三八／〇六／一〇

今天是時間紀念日

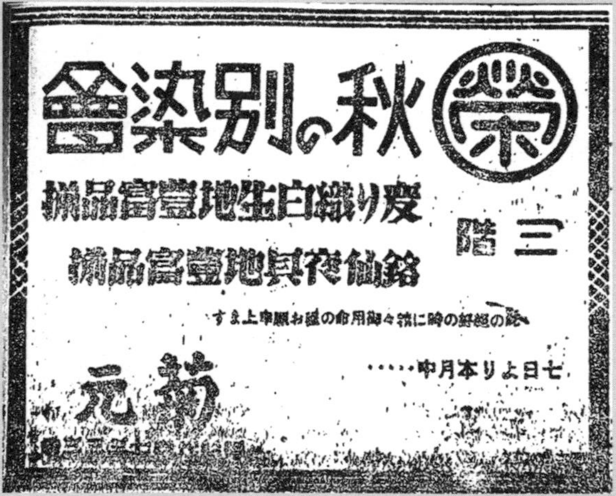

❖ 一九三八／〇八／〇七

秋季別染會

三樓

特別的織白生地　品項豐富

銘仙夜具地　品項豐富

在此絕好時機，還請多加利用

七日起至本月中

❖ 一九三八／〇七／一七

本日起至二十日止（一樓食品賣場）

宣傳日

HSK　濱名湖印

蒲燒鰻罐頭

上山下海　方便攜帶

姊妹品

蒲燒鰻肝

七月二十日

土用初丑

健康又營養……請享用鰻魚

一定要使用，輕巧又便利

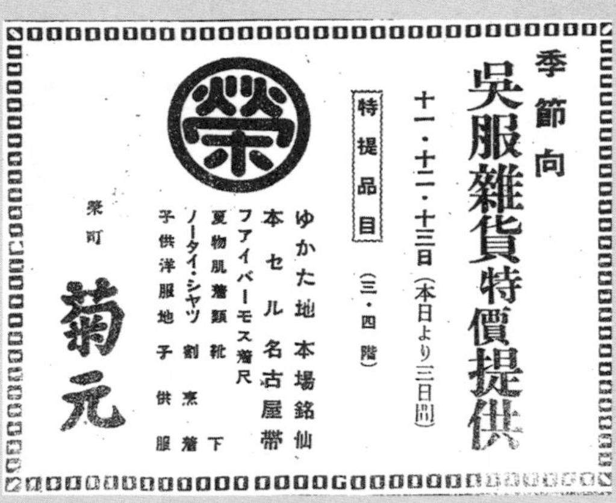

❖ 一九三八／〇九／一一

當季吳服雜貨促銷

❖ 一九三八／〇九／〇三

嗶嘰
涼爽秋季新品
（三樓）
秩父
御夜具地
品項豐富

❖ 一九三八／一〇／一八

本日公休

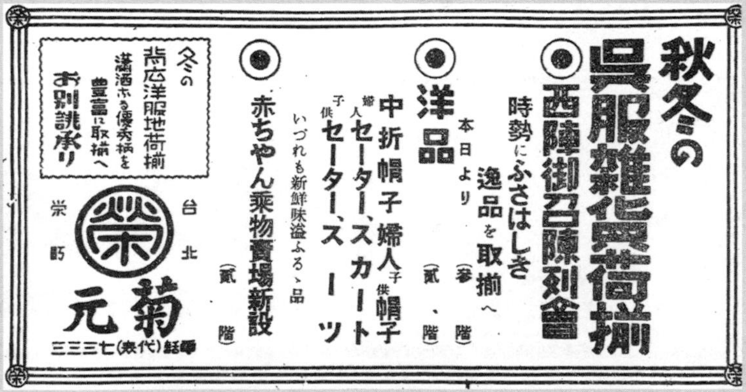

❖ 一九三八／一〇／〇一

秋冬
吳服雜貨到貨

西陣御召陳列會
適合當令的逸品　品項齊全
本日起（三樓）

洋品（二樓）
中折帽子 婦人小孩帽子
婦人毛衣、裙子、小孩毛衣、襯衫
每件都是新潮單品

嬰兒乘坐物賣場新設（二樓）

冬季西裝洋服到貨
樣式瀟灑優秀
品項豐富

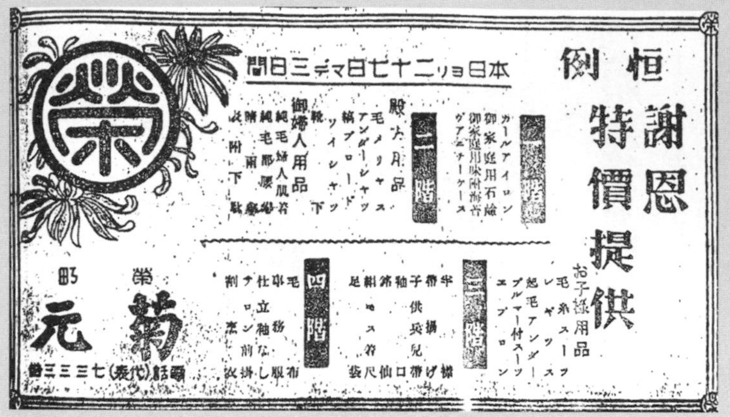

❖ 一九三八／一一／二五

感恩特價提供

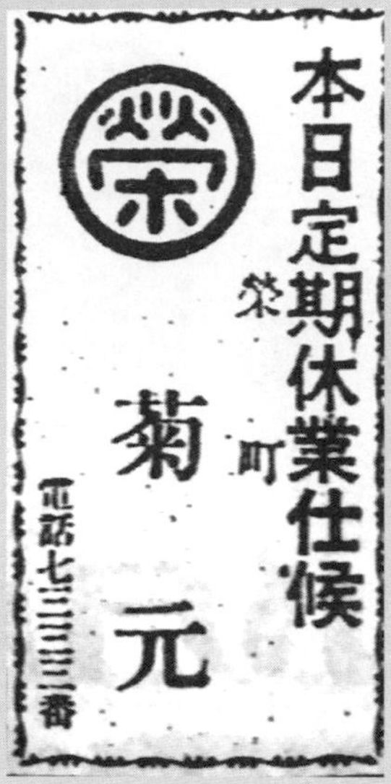

❖ 一九三八／一一／一四

本日公休

❖ 一九三八／一二／一一

歳之市　用菊元商品券

❖ 一九三八／一二／二五

恆例
感恩特價提供
本日起至二十七日止 三天時間

一樓
燙髮器
家用肥皂
家用味附海苔
化妝盒

二樓
男士用品
毛料編織品
內衣
條紋密紋平織 白襯衫
襪子

女士用品
純毛婦人內衣
純毛都腰卷
晴雨傘
表附木屐

小孩用品
毛線襯衫
緊身褲
起毛內衣
包屁衣
圍裙

三樓
半襟
帶揚
小孩兵兒帶
袖口
銘仙
絹薄紗著尺
足袋

四樓
毛布
事務服
仕立無袖
圍裙
烹割衣

城內黃金路線巴士站

一九三九年，營運中的臺北市乘合車（市公車），為顧慮乘客安全，試驗性的規劃一停留場在菊元百貨前。所謂停留場，等於在站牌前後放置組合式的路障，避免巴士停靠當下，突然有自行車穿越右側而讓下車乘客發生危險。事實上，過去也曾發生市公車在菊元百貨前撞傷人的事情。此停留場首次設置，就在菊元百貨前，顯見一般市民到城內消費，菊元站已是市公車行駛路線中，上下車非常密集且重要的停靠站。

❖ 一九三三年，柴田商會交車給臺北市十輛新型雪佛蘭號巴士，五月十三日起開始運轉。

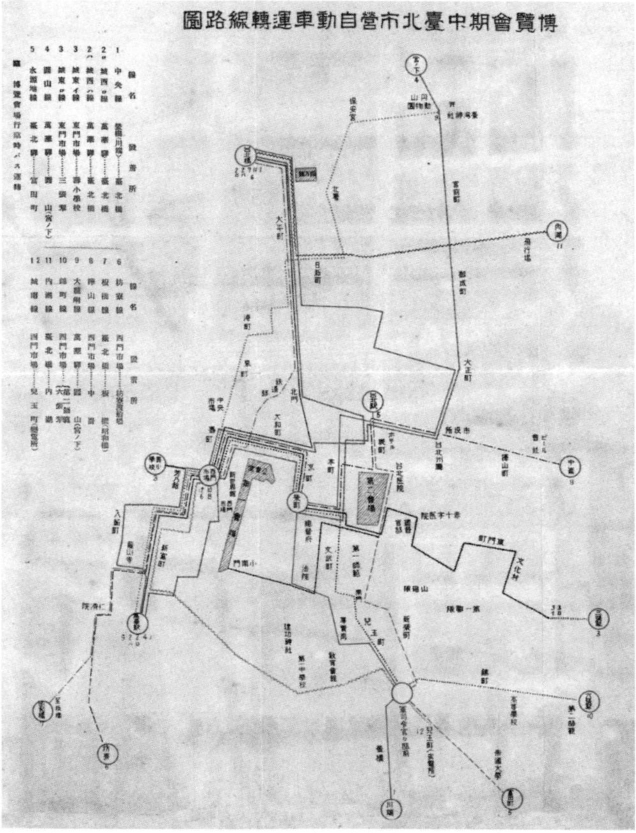

❖ 一九三五年臺博期間，臺北遊覽公車路線案內。

一九三九年度廣告

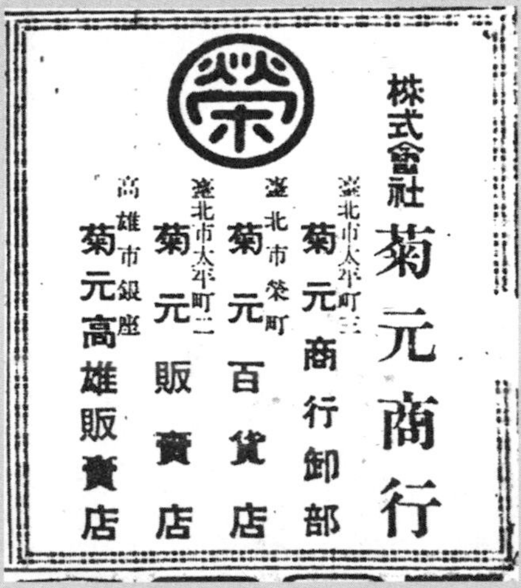

❖ 一九三九／〇一／〇六

株式會社菊元商行
菊元四間店地址

❖ 一九三九／〇一／〇七

感謝
去年特別承蒙照顧，十分感謝
今年也請多加惠顧

春季
袋帶陳列會

織與意匠益加多彩

西陣、博多、特選品，品項豐富

吳服雜貨新春大促銷

新春開市第一炮
提供優良吳服雜貨小孩享獎品券
特價大量提供

❖ 一九三九／〇一／一五

春季京吳服陳列會

❖ 一九三九／〇四／〇九

五月人形　（四樓）
適合尚武節日
特選組合
武春人形、兜、具足等，一應俱全

松印　五十圓
竹印　三十圓
梅印　二十圓

❖ 一九三九／〇四／一〇

本日公休

❖ 一九三九／〇一／二八

藍大島陳列會

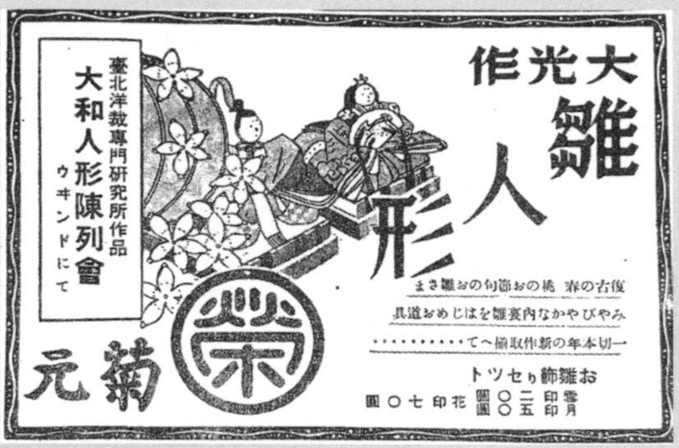

❖ 一九三九／〇二／一〇

大光作
雛人形

復古之春　桃之節日　雛人形、道具　皆為今年新作

雛人形擺飾組
雪印　二十圓
月印　五十圓
花印　七十圓

臺北洋裁專門研究所作品
大和人形陳列會
於櫥窗

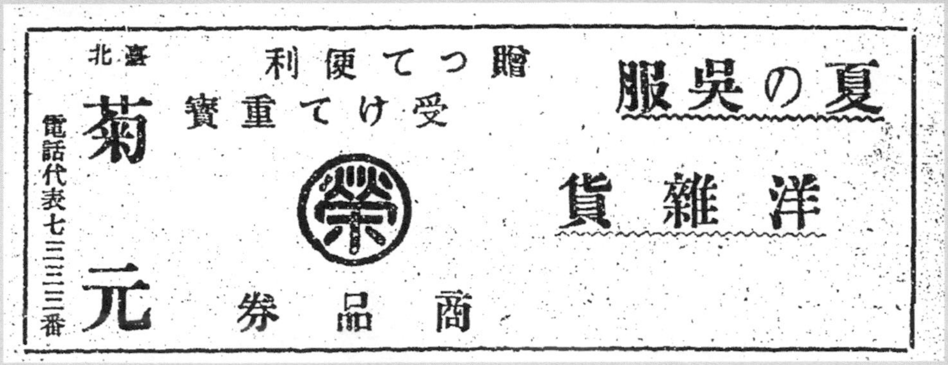
夏の呉服
洋雜貨
贈つて便利
受けて重寶
商品券
臺北
菊元
電話代表七三三三番

❖ 一九三九／〇六／〇一，《臺灣婦人界》

夏天的吳服　洋雜貨
贈送很便利　收到如獲至寶
商品券

國勢調査の爲
本日休業仕候
榮町
菊元

❖ 一九三九／〇八／〇一

國勢調查　本日休息

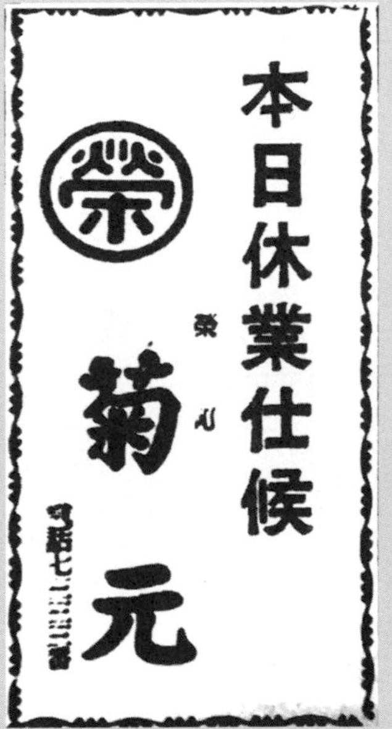
本日休業仕候
菊元

❖ 一九三九／〇七／一七

本日公休

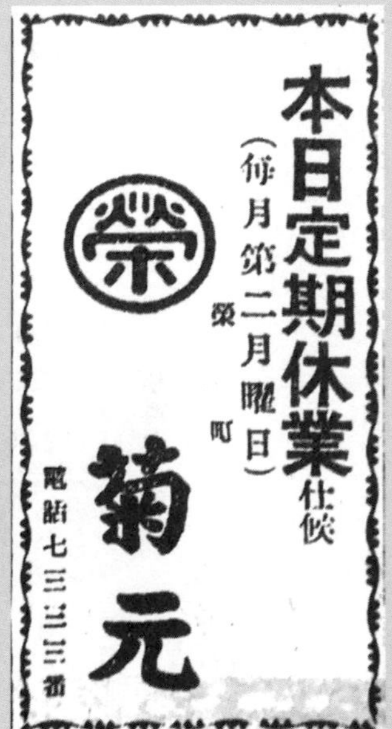
本日定期休業仕候
（毎月第二月曜日）
榮町
菊元
電話七三三三番

❖ 一九三九／〇六／一二

本日公休

❖ 一九三九／一〇／〇一

定休變更

每月第一個星期一改成每月第一、三個星期一店休

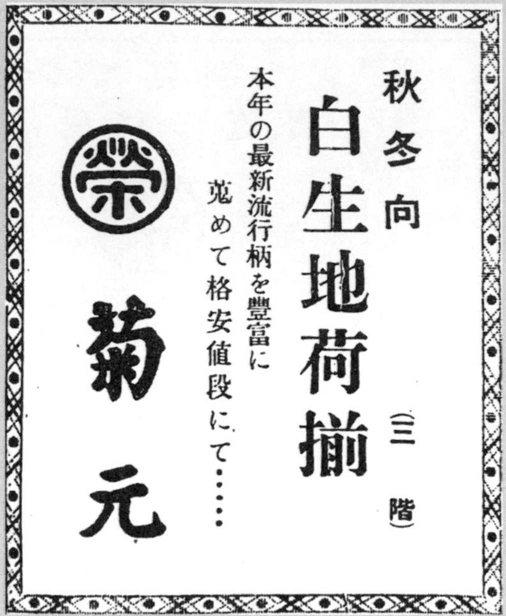

❖ 一九三九／〇八／〇三

秋冬用白布疋到貨

❖ 一九三九／一〇／二九

二千六百年紀念　瑞兆旗

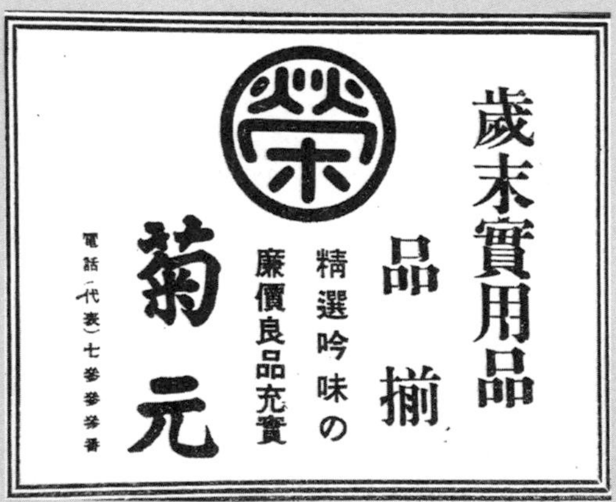

❖ 一九三九／一二／二三

歲末實用品

品項齊全精選吟味

價廉物美實在

❖ 一九三九／〇九／二二

大掃除　本日公休

戰事新時局

一九四〇年後，日本近衛內閣提出「大東亞新秩序」國策，推行所謂團結一心，犧牲小我、完成大我的「新體制運動」。接著以日本首相為總裁的「大政翼贊會」成立，臺灣在戰略位置上被提升為南進基地，隨後總督府在一九四一年四月，也成立屬性相近的「皇民奉公會」，各地方相繼成立奉公會支部組織，及相關奉公團體，將臺灣推向「全島民眾能夠不分種族、不分性別，為國奉獻」之目的。擁有高樓層視野的菊元百貨，持續做為官方的積極配合者，除了燈火管制演習時的防空指導據點外，也在商店前設置公共避難所。

菊元除了出力辦展，與官方合作「時局恤兵展覽會」，也出錢，慰勞南方活躍的陸、海軍將兵，社長重田榮吉持續捐出了陸、海軍的恤兵獻金，甚至往後幾年，頻見菊元為參戰犧牲的士兵獻上慰問金。戰爭時期的菊元，展現配合官方國策的態度，在政治上，努力做到軍民一家。一九四〇年六月，菊元五樓設立經

❖ 一九四〇年十月四日報導，市區燈火管制，官員視察狀況，榮町菊元前設置的公共避難所，堆滿沙包防禦（編號3照片）。

濟相談所；另一方面，在經濟上，十二月拓展廈門出張所，菊元百貨仍以積極的角色拚搏經濟。

奉公會進行的許多政策宣傳活動，包括各種演講、座談、展覽會、藝文演出、電影放映、廣播放送等，在地方密集動員，其中商業活動可做為募集獻金的來源之一，組織商家成為宣傳工具之一，店頭宣傳就成為重要的動員對象。一九四一年五月八日報導，「博得絕讚，島都大稻埕的店頭裝飾」，官方從臺人最重要的商業區大稻埕為切入點，很明顯有拉攏不分族群團結效忠的用意，位在大稻埕的菊元商行，做為臺灣吳服業者的翹楚，也扮演積極的角色，此次店頭的裝飾競賽，一等獎即由菊元商行獲選。

❖ 一九四〇年代榮町菊元百貨，仍是觀光旅遊的景點之一。

❖ 一九四〇年代，菊元在高雄市銀座也開設販賣店。

❖ 一九四〇年代，菊元百貨在書刊內的廣告。

一九四〇年度廣告

❖ 一九四〇／〇一／〇三

菊元四間店地址

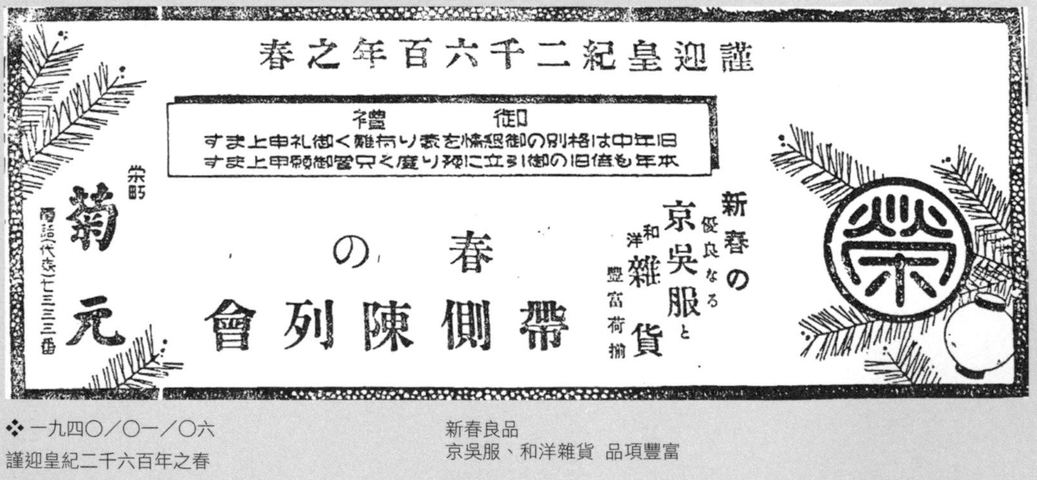

❖ 一九四〇／〇一／〇六

謹迎皇紀二千六百年之春

感謝

去年承蒙照顧，今年也請多加惠顧

新春良品

京吳服、和洋雜貨 品項豐富

春季

帶側陳列會

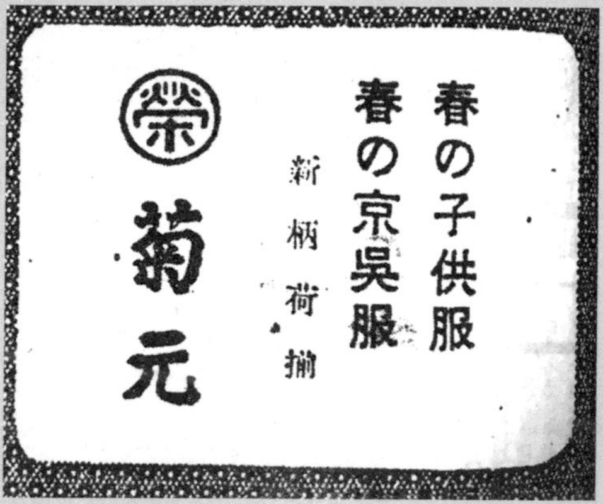

❖ 一九四〇／〇二／一一

春季小孩服
春季京吳服
新到貨

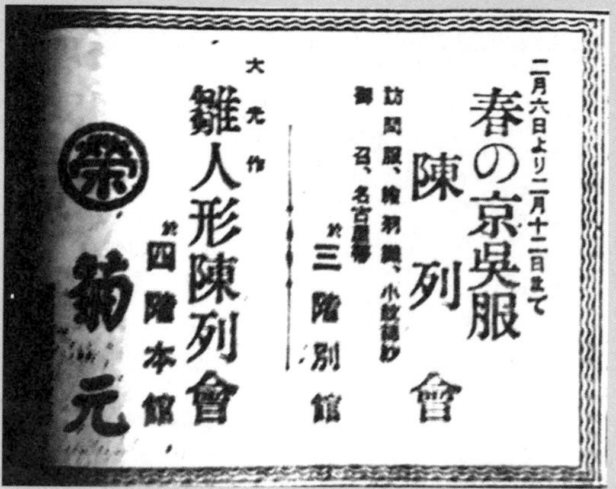

❖ 一九四〇／〇二／〇六

京吳服陳列會
大光製雛人形陳列會

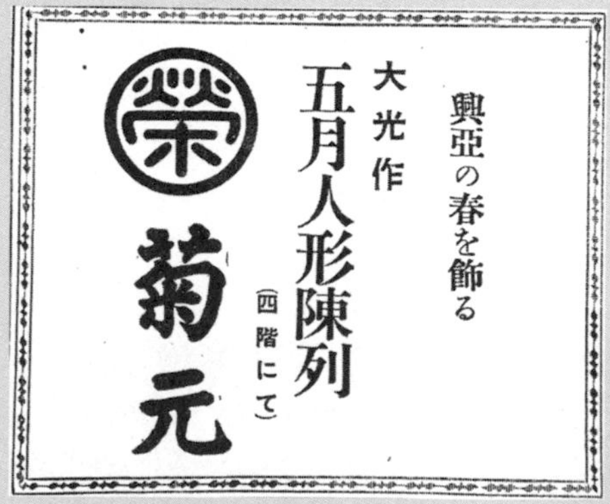

❖ 一九四〇／〇四／一九

裝飾興亞之春

大光作
五月人形陳列（四樓）

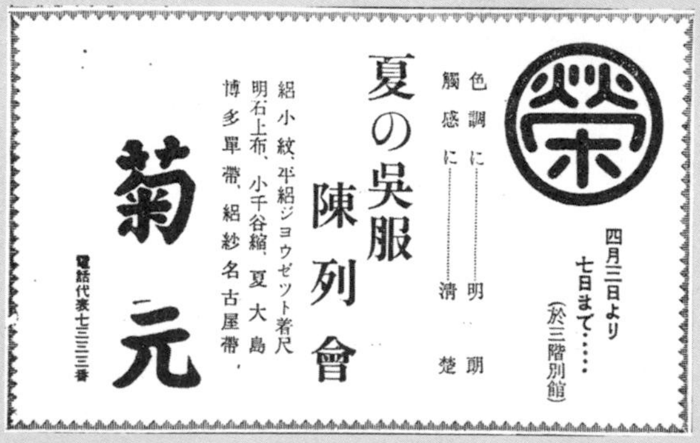

❖ 一九四〇／〇四／〇三

夏季吳服陳列會

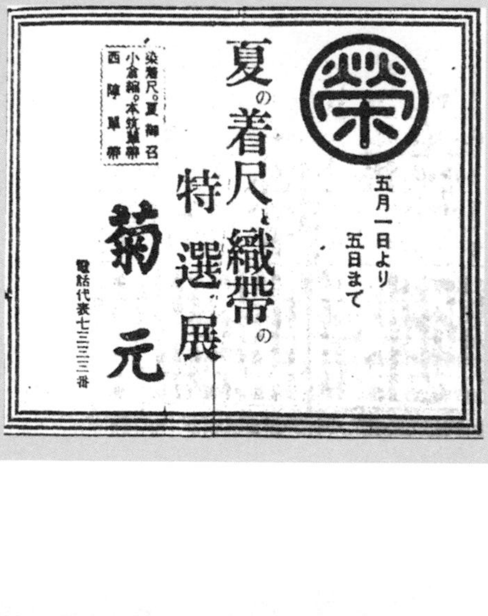

❖ 一九四〇／〇五／〇一

夏季著尺織帶特選

❖ 一九四〇／〇七／二四

因商品盤點　今日暫時店休

❖ 一九四〇／〇七／一七

本日暫時店休

❖ 一九四〇／〇六／一七

菊元四間店地址

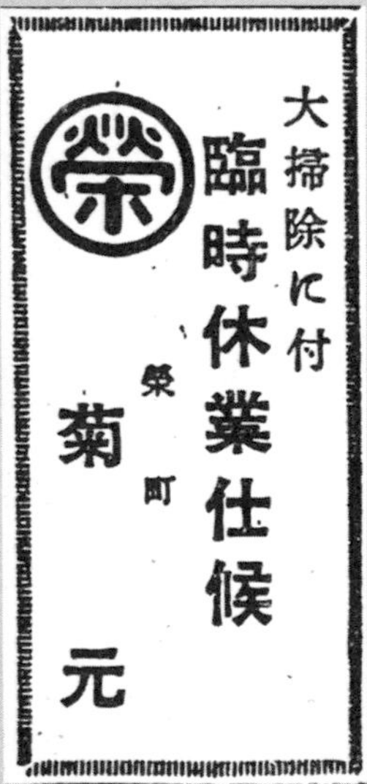

❖ 一九四〇／一〇／一四

大掃除　暫時店休

❖ 一九四〇／一〇／一一

一億一心　防諜報國

❖ 一九四〇／一一／二三

純正明亮的色彩
剛健的質地
簡樸中帶美感

新樣式吳服求評會（三樓別館）

裾模樣、小紋錦紗、多摩結城、御召、博多、西陣名古屋帶、正絹／手絹銘仙
十一月二十三日起至二十七日止

期間提供實用品
棉絹足袋　0.50
交織紅胴裏　二丈　2.40
白棉法蘭絨　大巾一丈　3.00
絞著尺　5.00

一九四一年度廣告

❖ 一九四一／〇一／〇五
菊元四家店地址

❖ 一九四一／〇一／〇五
謹賀皇紀二千六百一年
新春　京呉服和洋雜貨到貨

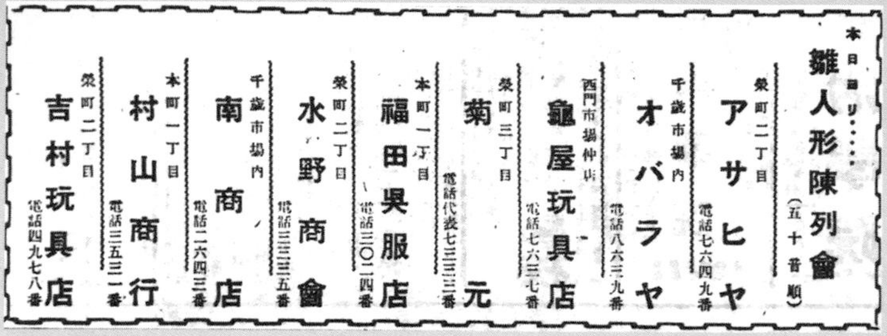

❖ 一九四〇／〇二／一九

本日起雛人形陳列會（依照五十音順序排列）

榮町二丁目
朝日屋

千歲市場內
薔薇屋

西門市場仲店
龜屋玩具店

榮町三丁目
菊元

本町衣丁目
福田吳服店

榮町二丁目
水野商會

千歲市場內
南商店

本町一丁目
村山商行

榮町二丁目
吉村玩具店

❖ 一九四一／〇一／二一

本日暫時店休

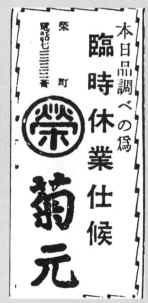

❖ 一九四〇／〇一／三一

本日盤點存貨
臨時店休

❖一九四一／〇三／〇七
本日臨時公休

❖一九四一／〇四／二二
夏季吳服
五月人形陳列會
洋服服飾品
巴拿馬帽草帽

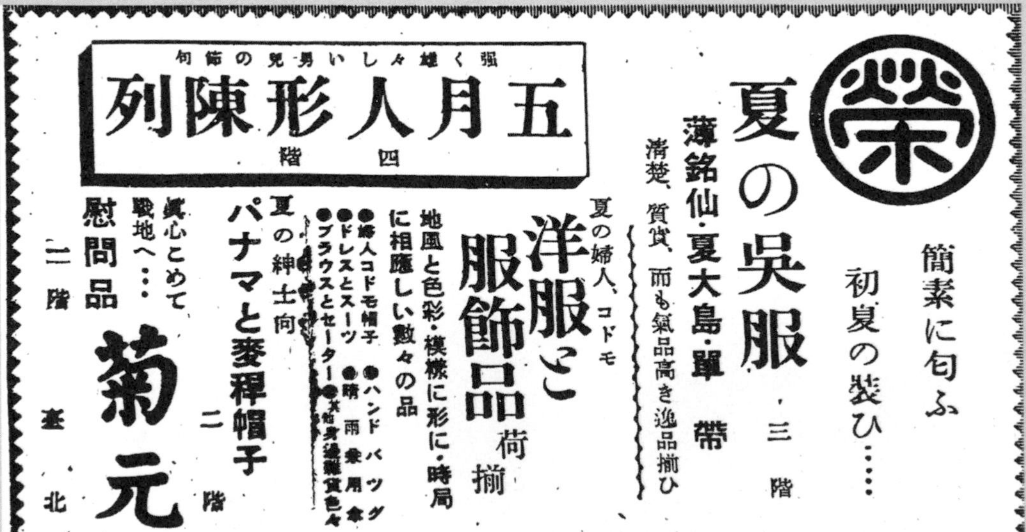

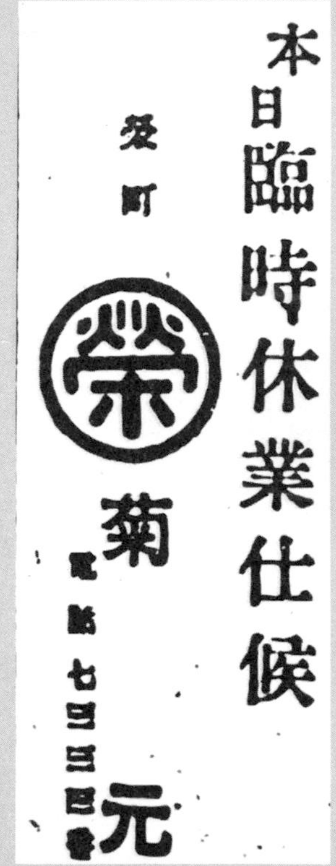

❖ 一九四一／〇六／二十
本日臨時公休

❖ 一九四一／〇五／二七
夏天最適合
御召料品齊全
（三樓）

訪問服
紹喬其紗著尺
明石上布
夏大島
小千谷縮
絹小千谷著尺
薄御召
博多單帶
紹紗名古屋帶
小倉縮博多生絹

五月二十七日起

戰事擴大後的情勢

一九四二年以後，菊元百貨頂樓因制高位置，幾乎常設為軍事演習與觀測的據點。

隨日軍日益擴大的侵略版圖，泰國受迫成為軸心國一員，菊元事業因而能在一九四一年拓及曼谷，但其實，隨著戰役中士兵玉碎的新聞屢傳，菊元能否站穩曼谷市場已成未知數，以後，米穀、金融、企業、海運、工業等皆納入統制，甚至連宗教團體都要成立奉公會，一九四二年四月，總督府同意第一批臺灣人志願兵入伍。一九四三年戰事進入後期，物資管制與配給、市民疏開

❖ 一九四二年五月二十一日報導，戰爭時期，菊元百貨屋頂越加被徵用為軍事據點。

❖ 一九四二年八月十九日報導，戰備下的菊元百貨屋頂。

躲空襲成為常態，菊元百貨能否繼續經營已是疑問，現存的日日新報，此後未再見聞有關菊元百貨的消息。

❖一九四三年底，菊元百貨前經過的行軍。

一九四二年至一九四三年度廣告

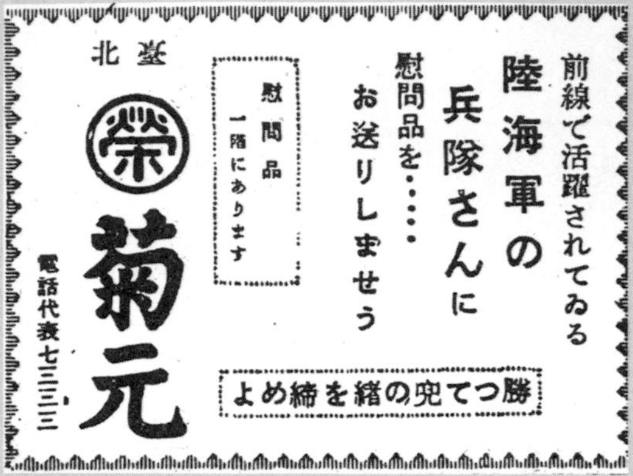

❖ 一九四二／〇二／一七

前線海陸士兵慰問品　於一樓販售

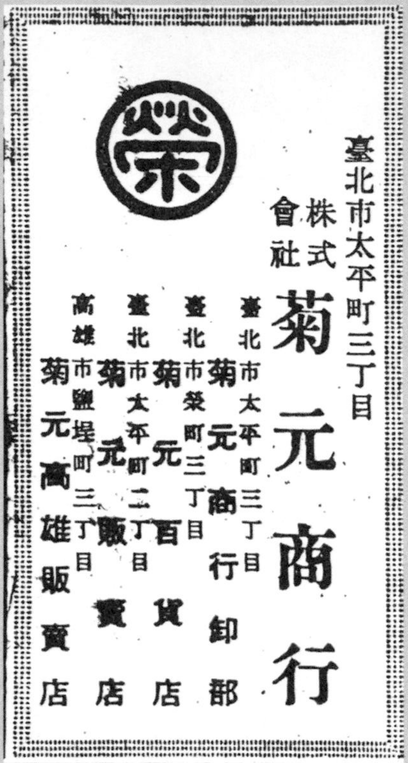

❖ 一九四二／〇二／〇四

菊元四家店地址

❖ 一九四三／〇三／三一

明天四月一日起更改營業時間

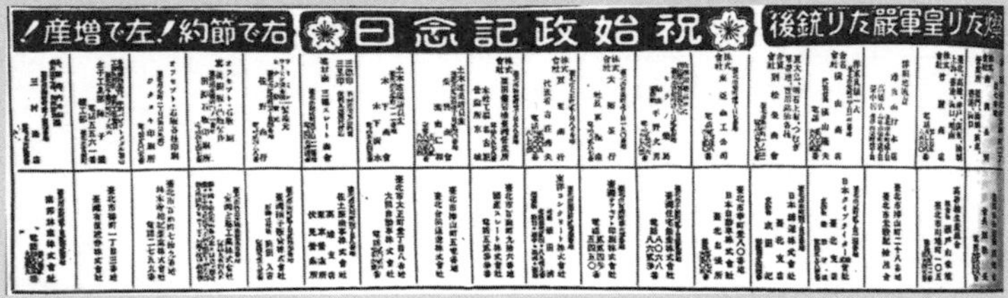

❖ 一九四三／〇六／一七

始政紀念日
戰場上決一死戰，大後方一心為公，沒有私心

守住我們的天空與國土

臺北市太平町
株式會社　菊元商行

電話二七三一號

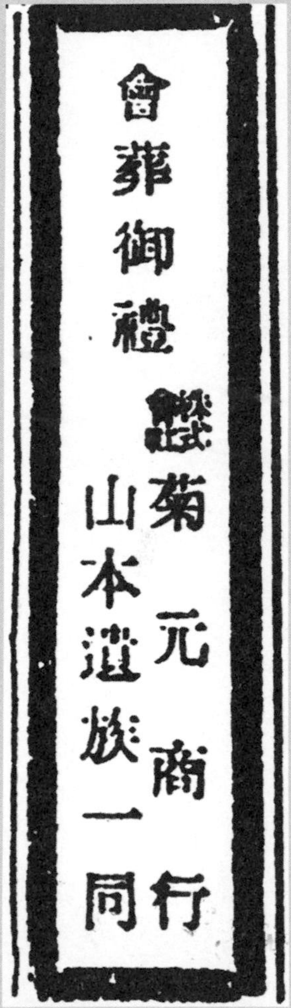

❖ 一九四三／〇五／〇一

會葬御禮

株式會社　菊元商行
山本遺族 一同

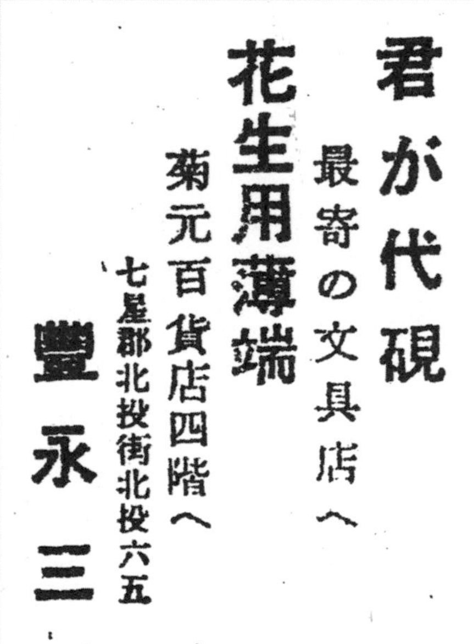

❖ 一九四三／一二／〇五

君之代硯
就來最近的文具店

插花用薄端（一種花器）
就來菊元百貨四樓
七星郡北投街北投六五

豐永三雄

菊元百貨的日常現代性與消費文化——

一九三〇、四〇年代
臺灣人日記中的菊元百貨

❖ 林獻堂

一九三二年底，菊元百貨開幕後，隨即成為臺北著名觀光景點，不僅新奇的電梯設備遠近馳名，還可以在這裡買到一些日本或外國的高級流行商品，而少數臺灣人，不論資本家仕紳或具社會關懷的知識分子，從一九三三年起，在私人日記內，也斷斷續續留下到過菊元百貨消費的行跡。以林獻堂為例，在日記裡就寫下不少從觀看菊元百貨到實踐消費的轉變。一九三三年一月九日，因參加臺北大東信託宴會，晚宴前的午後一時即偕同陳炘走了一趟菊元百貨；一九三三年四月十四日，日記又有「余與培火、元煌受萬俥之招待，同到鐵道ホテル晚餐，萬俥先歸去，余等散步、看菊元百貨店，乃返高義閣。」還未進行消費行為前的「觀奇」，或乘坐流籠等新奇事物，似乎是菊元百貨營業初期很普遍的現象，卻更像是邁向消費社會的過渡性儀式。一九三四年以後，在林獻堂的日記中，較有趣的是，漸漸可以看到林獻堂更多接觸菊元及消費行為的日常化，與友人午餐、晚餐，買贈禮、買領帶、買東西，夫人楊水心也曾光顧菊元買禮物、買商品券。對於一位在一九二七年已環球世界旅遊的進步仕紳，做為臺灣首善之都臺北第一家百貨公司菊元，林獻堂當然不可能錯過。

著名的文人醫師吳新榮，其日記也常見光臨臺南林百貨與臺北菊元百貨的足跡。一九三五年臺灣博覽會期間，吳新榮在參觀過第

一、第二會場之後，第二日十一月十二日，與友人先去Blue Bird晚餐，再至菊元買東西，並遇見文友劉捷、張星建；隔二日，又邀北投樂春樓的「飛行機」（藝名美玉，正名陳氏阿娥）同行，「欲使她同我們去臺北相抱南星、朱里，至菊元買了淡薄的物。」對於吳新榮而言，一有機會到臺北，菊元百貨都是日記易見的打卡點，用餐吃飯、喝紅茶和吃冰淇淋，或購物shopping，對擁有經濟基礎的有閒階級而言，這些生活作息與交陪非常慣常，而無慮的財力條件，走上摩登消費的軌跡則更為輕易。

在豐原擔任保正的張麗俊，一九三三年旅遊期間也曾涉足臺北菊元百貨，九月二十二日的日記還寫下了第一手的目擊證言：「抵臺北既十一時餘矣。前記多人俱下車，到菊元百貨店，由陞降機上四層樓食堂，則見人來此治午者，無分貴賤男女，來來往往堂為之滿，店列百貨，其每日收益恐不及此食堂也。又登第六層樓上，係賣水、納涼之所，俯視市街雖廣廈，層樓俱成培僂，即總督之官邸亦不見其崇高矣。孟子云登東山而小魯，此語誠然乎哉。」樓層的高度在當時恰可對比今日一〇一大樓矗立於臺北市的景觀，也見識到菊元百貨的出現，成為都市消費文化初興起的領頭象徵。

文藝才子呂赫若，一九四二年從東京返臺後，曾陪岳母和妻兒到菊元百貨購物的記述，透過其日記，也留下菊元百貨的蛛絲馬跡。名人日記描述的菊元，除了接受並消費百貨公司展示的商品外，從林獻堂《灌園先生日記》或後來耆老的口訪中，還能側見菊元百貨在戰後被接收一波三折的履歷，這些零碎的線索，也成為菊元百貨最後命運的拼圖之一。

戰後菊元百貨系譜之記憶

❖ 日治時期臺灣商工銀行

戰後菊元百貨的身世變化，從耆老們的訪談中，似有霧裡看花之感，也顯示出戰後接管情形的混亂與分一杯羹的樣態。從耆老思想起浮現的單位，包括貿易局、新台公司、物資局、國防部、中華國貨公司、容納很多單位的文化大廈、建新百貨、南洋百貨等，以及至今成為國泰世華銀行的產業。

據戰後接收日產的文獻，從臺灣省公產管理處的「菊元商行卷第一宗」，及臺灣省日產清算委員會的「清算狀況報告書」二者之間，當可了解菊元百貨在戰後頭幾年的狀況。這也因為菊元百貨被接管後，經層層轉租，而真正握有菊元最大抵押債權的第一商業銀行（原日治時期臺灣商工銀行，收歸臺灣省政府）跳出來宣告債權（一九五二年），於是才有委請臺灣省公產管理處與臺灣省物資局清理債務產權之舉。

依戰後清算的「借入金明細表」可知，戰前株式會社菊元商行曾向臺灣儲蓄銀行本店、日本勸業銀行臺北支店、臺灣商工銀行本店以及重田榮治本人借貸，其中以臺灣商工銀行宣稱的四十萬元為主要抵押債權人，臺灣商工銀行戰後轉為臺灣省政府持股，順位繼承菊元的債權，並以此提出清理的申請。

❖ 一九四六年十一月十三日，新台百貨廣告。

戰後菊元商行先由貿易局接收列冊，曾短暫經營新台百貨公司，時間大約自一九四六年十月十日開幕起。開業之初，一樓是化妝品部，二樓服飾品部，三樓委託部，四樓廉價部，五樓則是食堂部，六、七樓開幕當時仍規劃中。後來會易手轉租中華國貨公司，從曾任中華國貨公司總經理莊泗川的訪談記錄，則有較為明確的輪廓。中華國貨公司最初成立，是由華南銀行董事長劉啟光召集，資本的組成有三方：一是銀行體系的華南銀行與彰化銀行；二是上海的中國國貨公司；三是民間資金。林獻堂曾經在一九四七年十月二十日的日記，寫下數次推辭擔任中華（記為「中國」）國貨百貨公司董事長之事，此即成立之初，有股東找上時任彰化銀行董事長的林獻堂出任，遭他婉拒。董事長後由劉啟光上任，並找來好友莊泗川擔任總經理，兩人面見當時的省主席魏道明，提出國貨公司設立的地點須選高樓層又有電梯的菊元百貨，也因此有了物資調節委員會轉租中華國貨公司的轉折。

一九四八年四月十五日，中華國貨公司隆重開幕，第一年業績風風光光，百貨「水姑娘」仍舊是店內最搶眼的風景，很多人更慕名一睹風采，到了第四任總經理李曉芳，甚至迎取國貨之花為妻。一九四八至一九五

❖ 戰後的中華國貨百貨公司。照片由楊燁提供。

〇年間，林獻堂、吳新榮，或商政界名人楊基振等人日記，都陸續出現前往國貨公司購物、用餐的畫面，後來物價飛漲，從上海運臺的貨品難以為繼，一九五〇年又逢南北韓局勢緊張，戰爭已不可避免，此年楊基振在三月十八日的日記最末寫下「中餐與以德、敦禮在國貨公司七樓給戴君請。」此後，未見楊基振再有光臨國貨公司的記載。

又據物資調節委員會受文，國貨公司租約原訂到一九五〇年十一月，公產管理處曾限期讓物調會及國貨公司承購菊元百貨房產，但最後期限內皆無承購動作。至一九五一年五月十六日，《臺灣民聲日報》報導標題「中華國貨公司開始收奢侈品」之後，國貨公司已無進一步消息，或可能是前後總經理莊泗川、李曉芳涉及資助匪諜案，成為壓倒中華國貨公司的最後一根稻草。接下來，菊元的房舍與所有設備，很快的移交國防部政治部。

一九五二年，第一商業銀行提出清算請求，大約同時期，改頭換面的菊元百貨已轉身為文化大樓，據住過此樓的耆老黃祖蔭回憶（一九九六年十月二十三日《中國時報》「菊元百貨思想起」徵文），國貨公司結束後，只剩三樓以下出租，曾有生生皮鞋和建新百貨承租過。以上則有四樓的軍人之友社；五樓是救國團前身青年反共抗俄聯合會，以及中國美術協會；六樓是音樂協會；七樓則為戲劇之家。其餘還有臺灣廣播電臺、三軍黨部、青年軍聯誼會、軍眷服務處等均進駐過。至於後續如何轉租南洋百貨公司，則需要更多的史料佐證。

若從相關新聞報導梳理，一九五六年，南洋百貨公司有二位服務員名列「店員服務精神比賽」票選一等之中；一九六〇年代，臺北迎來百貨公司戰國時代，大千百貨、第

臺灣中華國貨公司
三樓增設
西裝部
歡迎各界
特聘上海
裁剪技師
特製男女
各種西裝
蒞臨指教
❖ 一九四九年四月八日，臺灣中華國貨公司三樓增設西裝部廣告。

臺北市博愛路一五〇號
臺灣中華國貨公司
食堂部
❖ 一九四八年七月十一日，臺灣中華國貨公司食堂部廣告。

臺灣最新型之百貨公司
總滙
百貨
皆備
棉織
建
建新百貨公司
毛絨線·萬紫千紅·棉織皆備·無貨不廉·
址 台北市博愛路一二四號
電話六一一二二號
❖ 中華國貨公司之後，短暫時期有建新百貨在此經營。

一百貨、今日百貨相繼開張，南洋百貨也在一九六九年擴展業務，另覓地點建設新廈；一九七〇年，全新的南洋百貨公司在西門町落成。這時期的南洋百貨，同時經營成都路新百貨、博愛路舊菊元兩處，直到一九七七年南洋百貨公司倒閉，此後不得不轉手洋洋百貨公司，但僅維持短短兩年，一九七九年洋洋百貨公司也倒閉，至此，建物再次易主世華聯合商業銀行（國泰世華銀行前身）至今。

近年來，菊元百貨不只一次被文史工作者們關注並提報指定古蹟，皆因建物私有問題無功而返，如果沒有看重近百年來菊元百貨在都市文化中呈現的現代性消費意義，以及所有過往的人文活動軌跡，那麼，往往只能在私有產權與建築古蹟之間拔河，面對家業龐大的金融財團，答案似乎很明顯。據文史工作者凌宗魁考證查訪，一九七九年世華銀行接手後，只曾翻修建物外牆做為銀行辦公處所，主體結構、電梯井並未拆除，恢復舊貌也非難以克服之事，銀行業主是否也該重新思索，如果能以更廣擴的胸懷，對待這塊土地上珍貴的文化資產，有朝一日，菊元百貨重現天日時，歷史終究不會遺忘，而得到更多的，將會是大眾的回饋與讚賞。

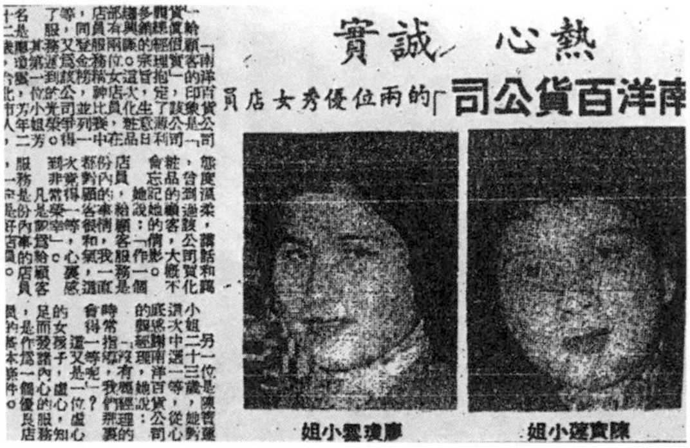
熱心誠實
南洋百貨公司的兩位優秀女店員

❖ 一九五六年三月十九日報導，南洋百貨公司二位服務員，在「店員服務精神比賽」中被票選為一等。

❖ 一九四九年十二月十九日，臺灣中華國貨公司歲暮大摸彩廣告，可獨得彩金貳萬元為主要宣傳。

❖ 一九四九年八月十四日，臺灣中華國貨公司中元節大特賣的還本對號摸彩廣告。

附錄

ふろく | Furoku

一九三八年十二月

距今八十四年前

菊元開幕六年後……

島都百貨菊元閃閃動人的櫃檯仙子

須哉子 訪談

她是一名電梯小姐。中等身材，微笑的時候，微圓的臉龐上總泛起兩個笑窩。

「當電梯小姐一定會被鄉下人纏上吧？」

「我會特別注意的。」

「你進菊元應該很久了吧？」

「才三年唷。」

才三年卻一副老狐狸的樣子了。

「那麼該那個了吧？」

「那個是什麼？」

「嫁人！」

「你在說什麼啊？真是的。」

「那麼我就開門見山了。」

遞出名片。

「結婚啊……」「人家才沒說要結婚呢！」

果然是女孩子家，她一臉羞澀，兩頰都冒煙了。

「請說清楚！」
「因為有數百萬的男士很需要你的動作、你的表情，還有微妙的神經。」
「為什麼？」
「當然，女店員應當……」
「太奇怪了，不要講落語了，我沒有要結婚，沒有要結婚啦！」
「哎呀，要問就問。」

我是記者。好像快哭了。

「父母有在嗎？」
「欸，你好像警察捏！」
「幾歲？」
「不知道！」
「自己的年紀也不知道？」
「對，不知道。」
「別開玩笑了，不知道自己幾歲。」

跟她的對話好像變得有點奇怪。

「喜歡電影嗎？」
「喜歡。」

「喜歡有愛情場面嗎？」
「你這傢伙！從電影問到愛情場面是要怎樣？」

真的很兇。

「我肚子餓了。」（她還沒吃飯。）
「那麼，泡芙配三明治如何呢？戀愛結婚如何？」
「欸，最後一句你說什麼？」
「要戀愛結婚嗎？」
「不要，我才不要。」

丟了一句話就走，跟朋友快速的交班，遞過計算機，打開門，砰的一聲，被嚇傻了。

這是「女店員休息室」。令人驚訝的是這位先生。

——《臺灣藝術新報》，一九三八年十二月

參考書目（參考書目資料，本書統一為「臺」字。）

- 呂紹理，《展示臺灣：權力、空間與殖民統治的形象表述》，麥田，二〇〇五年十月。
- 連玲玲，《打造消費天堂：百貨公司與近代上海城市文化》，中央研究院近代史研究所，中華民國一〇六年十二月。
- 菊池敏夫著、陳祖恩譯，《近代上海的百貨公司與都市文化》，上海人民，二〇一二年四月（簡體版）。
- Michael B. Miller,The Bon Marche:Bourgeois Culture and the Department Store, 1869-1920,Princeton University Press,1981.
- 鹿島茂著、鹿島直攝影、林佩儀譯，《巴黎夢幻拱廊街》，麥田，二〇〇九年十月。
- 吉見俊哉著，蘇碩斌、李衣雲、林文凱、陳韻如譯，《博覽會的政治學》，群學，二〇一〇年五月一版一印。
- 庫馬博士著、蔡伸章譯，《社會的劇變》，志文，七十六年六月再版。
- 沃爾夫岡 ・ 西弗爾布施（Wolfgang Schivelbusch）著、金毅譯，《鐵道之旅：十九世紀空間與時間的工業化》，北京世紀文景，二〇一九年六月第三次印刷（簡體版）。
- Juliana Mansvelt 著、呂奕欣譯，《消費地理學》，韋伯文化，二〇一六年九月。
- 海野弘著、梁若琦譯，《現代都市的美學記憶：符號、象徵設計與 ART DECO》，如果，二〇〇七年十月初版。
- 初田亨，《百貨店の誕生—都市文化の近代》，三省堂，一九九三年十二月五日第一刷發行。
- 海野弘，《百貨店の博物史》，有限會社アーツアンドクラフツ，二〇〇三年六月十日第一版第一刷發行。
- 呂紹理，《水螺響起：日治時期臺灣社會的生活作息》，遠流，一九九六年三月六日初版二刷。
- 蘇碩斌，《看不見與看得見的臺北：一種關於空間治理的兩種不同城市哲學》，左岸，二〇〇五年八月。
- 王敏、魏兵兵、江文君、紹建，《近代上海城市公共空間（一八四三－一九四九）》，上海辭書，二〇一一年九月（簡體版）。
- 張勇，《摩登主義：一九二七－一九三七上海文化與文學研究》，人間，二〇一〇年一月。
- 李歐梵，《上海摩登：一種新都市文化在中國一九三〇－一九四五》，OXFORD，二〇〇六年二刷。
- 張宗漢，《光復前臺灣之工業化》，聯經，二〇〇一年六月初版三刷。
- 竹中信子著、熊凱弟譯，《日治臺灣生活史：昭和篇（一九二六－一九四五）上》，時報，二〇一四年六月十二日初版二刷。
- 竹中信子，《日治臺灣生活史：昭和篇（一九二六－一九四五）下》，時報，二〇一四年六月十二日初版二刷。
- 二松啟紀著，郭清華譯，《繪葉書中的大日本帝國》，麥田，二〇二〇年二月初版一刷。
- 朱惠足，《「現代」的移植與翻譯：日治時期臺灣小說的後殖民思考》，麥田，二〇〇九年八月十日。
- 林呈蓉，《近代國家的摸索與覺醒：日本與臺灣文明開化的進程》，臺灣史料中心，二〇〇五年十二月。
- 文可璽編著，《臺灣摩登咖啡屋：日治臺灣飲食消費文化考》，前衛，二〇一四年七月初版一刷。
- 陳歆怡、王舜薇、張瓊方，《文明初來電：新店溪水力發電百年記》，臺灣電力股份有限公司，二〇一九年九月初版。
- 又吉盛清著，魏廷朝譯，《臺灣今昔之旅【臺北篇】》，前衛，一九九七年九月。
- 張小虹，《在百貨公司遇見狼》，聯合文學，二〇〇二年九月初版，
- Cornel Sandvoss 著，王映涵譯，《迷與消費》，韋伯文化，二〇一二年十月。
- 鄭麗玲，《阮 ê 青春夢：日治時期的摩登新女性》，玉山社，二〇一八年六月。
- 約翰 · 史都瑞（John Storey）著、張君玫譯，《文化消費與日常生活》，巨流，二〇〇二年五月。

❖ 羅剛、王中忱主編，《消費文化讀本》，中國社會科學，二〇〇三年六月（簡體版）。
❖ Don Slater 著，林祐聖、葉欣怡譯，《消費文化與現代性》，弘智，二〇〇三年九月初版一刷。
❖ Mike Crang 著，王志弘、余佳玲、方淑惠譯，《文化地理學》，巨流，二〇〇三年三月初版。
❖ 契波拉編，張彬村編譯，《歐洲經濟史：工業革命篇》，遠流，一九八九年七月十六日遠流一版。
❖ 契波拉編，張彬村編譯，《歐洲經濟史：工業社會的興起 I》，遠流，一九八九年七月十六日遠流一版。
❖ 岩瀨彰著，陳柏瑤譯，《昭和上班族，月薪一百円：戰前日本社會、文化與生活》，麥田，二〇一九年一月一日。
❖ 今和次郎著，藤森照信編，詹慕如、龔婉如譯，《考現學入門》，行人，二〇一八年十一月。
❖ Sut Jhally 著，馮建三譯，《廣告的符碼》，遠流，二〇〇四年三月一日初版五刷。
❖ 松尾裕美著，白璧瑩譯，《百貨店華爾滋》，漫遊者，二〇一七年六月初版一刷。
❖ 竹村民郎著，羅成純、張碧惠、何源湖譯，《阪神地區與大眾休閒》，玉山社，二〇一六年六月。
❖ 蔣竹山，《島嶼浮世繪：日治臺灣的大眾生活》，蔚藍文化，二〇一四年四月。
❖ Josef Pieper 著，劉森堯譯，《閒暇：文化的基礎》，立緒，中華民國九十二年十二月初版一刷。
❖ 紀田順一郎著，廖為智譯，《日本現代化物語》，一方，二〇〇二年十一月一日。
❖ 索爾斯坦．邦德．凡勃倫著，李風華譯，《有閒階級論》，中國人民大學出版社，二〇一八年六月第二次印刷（簡體版）。
❖ 瓦爾特．本雅明著，劉北成譯，《巴黎，十九世紀的首都》，商務印書館，二〇一八年六月北京第三次印刷（簡體版）。
❖ 瓦爾特．班傑明著，王炳鈞、陳永國、郭軍、蔣洪生譯，《作為生產者的作者》，河南大學，二〇一四年八月第一次印刷（簡體版）。
❖ 瓦爾特．本雅明著，王才勇譯，《單行道》，江蘇人民出版社，二〇〇六年三月第一版（簡體版）。
❖ 瓦爾特．本雅明著，王才勇譯，《發達資本主義時代的抒情詩人》，江蘇人民出版社，二〇〇五年二月第一版（簡體版）。
❖ 瓦爾特．本雅明著，王涌譯，《藝術社會學三論》，南京大學出版社，二〇一七年三月第一版（簡體版）。
❖ 華特．班雅明著，莊仲黎譯，《機械複製時代的藝術作品：班雅明精選集》，商周出版， 二〇一九年三月七日。
❖ 華特．班雅明著，許綺玲譯，《迎向靈光消逝的年代》，臺灣攝影工作室，一九九八年一月。
❖ 石計生，《藝術與社會：閱讀班雅明的美學啟迪》，左岸，二〇〇三年十月。
❖ 諾曼．韓普森著，王國璋譯，《法國大革命》，麥田，一九九八年三月十五日。
❖ Raymond Williams 著，彭淮棟譯，《文化與社會：一七八〇至一九五〇年英國文化觀念之發展》，聯經，中華民國七十八年元月第二次印行。
❖ Regine Pernoud 著，黃景星譯，《資產階級》，遠流，一九九三年八月一日初版二刷。
❖ 徐敏，《現代性事物》，北京大學出版社，二〇一一年一月第一版（簡體版）。
❖ Tim Dent 著，龔永慧譯，《物質文化》，書林，二〇〇九年九月一版初刷。
❖ 汪民安、陳永國、張雲鵬主編，《現代性基本讀本》（上）（下），河南大學出版社，二〇〇五年五月第一版（簡體版）
❖ 莊永明，《臺北老街》，時報，一九九五年四月三十日二版六刷。
❖ 劉易斯．芒福德著，宋俊岭、李翔寧、周鳴浩譯，《城市文化》，中國建築工業出版社，二〇一二年八月第四次印刷（簡體版）。
❖ 黃武達，《日治時代臺灣近代都市計畫之研究．論文集（三）》，臺灣都市史研究室，二〇〇三年十二月。

❖ 陳柔縉，《廣告表示》，麥田，二〇一五年八月初版二刷。
❖ 山本武利著，趙新利、陸麗君譯，《廣告的社會史》，北京大學出版社，二〇一三年九月第一版（簡體版）。
❖ 哈囉德．伊尼斯著，何道寬譯，《帝國與傳播》，中國人民大學出版社，二〇〇四年六月第二次印刷（簡體版）。
❖ 鄭自隆著，《廣告與臺灣社會變遷》，華泰文化，二〇〇八年九月。
❖ Pamela Odih 著，葉碧華譯，《現代與後現代時代的廣告》，韋伯文化，二〇一〇年七月。
❖ 黃裕元，《流風餘韻：唱片流行歌曲開臺史》，國立臺灣歷史博物館，二〇一四年四月。
❖ 劉文駿、王威傑、楊森豪，《百年臺灣鐵道》，果實，二〇〇三年九月。
❖ 陳芳明，《殖民地摩登：現代性與臺灣史觀》，麥田，二〇〇四年六月一日。
❖ 葉肅科，《日落臺北城：日治時代臺北都市發展與臺人日常生活（一八九五－一九四五）》，自立晚報，一九九三年九月。
❖ 珍．布羅克斯著、田菡譯，《光明的追求：從獸脂、蠟燭鯨油煤氣到輸電網，點亮第一盞到人類輝煌文明的萬年演進史》，臉譜，二〇二〇年五月。
❖ 黃俊銘，《總督府物語：臺灣總督府暨官邸的故事》，向日葵文化，二〇〇四年六月。
❖ 陳映真等著，《呂赫若作品研究：臺灣第一才子》，聯合文學，八十六年十一月初版。
❖ 林繼文，《日本據臺末期（一九三〇－一九四五）戰爭動員體系之研究》，稻鄉，中華民國八十五年三月。
❖ 林呈蓉，《皇民化社會的時代》，臺灣書房，二〇一〇年十二月初版一刷。
❖ 林承俊，《旅途：三老爺林獻堂的日常生活》，中央書局，二〇二一年一月初版一刷。
❖ 鹿島茂著，吳怡文、游蕾蕾譯，《追憶巴黎似水年華：巴黎文學散步》，日月，二〇一〇年六月。
❖ 泰瑞．布雷文頓著，林捷逸譯，《發明簡史：驚奇不斷的科普大百科》，好讀，二〇一九年十二月十五日。
❖ 黃金麟、汪宏倫、黃崇憲編著，《帝國邊緣：臺灣現代性的考察》，群學，二〇一〇年十二月一版一印。
❖ 盧敏芝，《田漢與大正東京》，中華書局（香港），二〇二〇年十二月初版。
❖ 皮國立，《臺灣日日新：當中藥碰上西藥》，臺灣書房，二〇〇九年十月二版一刷。
❖ 許雪姬、薛化元、陳儀深等訪問紀錄，〈莊泗川先生訪問記錄〉，《「戒嚴時期政治案件」專題研討會論文暨口述歷史記錄》，戒嚴時期不當叛亂暨匪諜審判案件補償基金會，二〇〇三年。
❖ 《臺灣鐵道飯店（1908-1945）特展專書》，國立臺灣博物館，二〇二〇年四月，初版一刷。

小說

❖ 林煇焜著、陳霓譯，《不可抗拒的命運》，臺北縣立文化中心，一九九五年六月。
❖ 林煇焜著、邱振瑞譯，《不可抗拒的命運》（上）（下），前衛，一九九八年八月初版第一刷。
❖ 阿 Q 之弟，《可愛的仇人》（上）（下），前衛，一九九八年八月初版第一刷。
❖ 吳曼沙，《韭菜花》，前衛，一九九八年八月初版第一刷。
❖ 埃米爾．左拉著、李雪玲譯，《婦女樂園》（上）（下），野人，二〇一三年十月。
❖ 伊莉莎白．蓋斯凱爾著、陳錦慧譯，《北與南》，商周出版，二〇一七年九月十二日。
❖ 德萊塞（Theodore Dreiser）著、黃蓉譯，《嘉莉妹妹》，桂冠，二〇〇〇年十二月。
❖ 呂赫若著、林至潔譯，《呂赫若小說全集》，聯合文學，八十五年九月初版三刷。
❖ 張恒豪編，《呂赫若集》，前衛，一九九四年十月十五日初版第三刷。
❖ 茅盾，《子夜》，中國工人出版社，二〇一三年十一月第一版（簡體版）。
❖ Charles Dickens 著，盛世教育西方名著翻譯委員會譯，《艱難時世》，上海世界圖書，二〇一七年九月第二次印刷（簡體版）。

地圖

❖ 地圖與遙測影像數位典藏計畫（「中央研究院地理資訊科學研究專題中心」），[日治時期臺北市區工商地圖]：一九二八年〈臺北市職業別明細圖〉，一九二八年〈臺北市職業別明細圖〉，一九三二年〈臺北市職業別明細圖〉，一九三五年〈臺灣博覽會紀念臺北市街圖〉，一九三六年〈臺北市職業別明細圖〉〈臺北市：大日本職業別明細圖〉（一九三二年八月二日發行，東京興信交通社），國立歷史博物館藏，聚珍臺灣復刻發行。

期刊與論文

❖ 蔡宜均，《臺灣日本時代百貨店之研究》，國立臺灣藝術大學建築與古蹟保存研究所碩論，二〇〇五年七月。

❖ 鍾明佑，《日治時期臺灣百貨公司研究——以菊元、林與吉井為中心（一九三二－一九四五）》，國立彰化師範大學歷史學研究所碩論，二〇一九年一月。

❖ 劉融，《日治時期臺灣參展島外博覽會之研究》，國立暨南國際大學歷史學研究所，二〇〇三年七月。

❖ 李婉宗，《以場所精神觀察臺灣文化景觀之演變研究——以臺北市「城內」為例說明》，中原大學室內設計研究所，二〇一五年七月。

❖ 陳家瑄，《文字圖像經驗下的臺北市庶民生活》，國立臺南大學臺灣文化研究所，二〇一八年一月。

❖ 王慧瑜，《日治時期臺北地區日本人的物質生活》，國立臺灣師範大學臺灣史研究所碩論，二〇一〇年六月。

❖ 士杰，《「移」風「易」俗——殖民地風俗論下的現代性治理》，國立交通大學社會與文化研究所，二〇一〇年七月

❖ 高淑媛，《臺灣近代產業的建立——日治時期臺灣工業與政策分析》，國立成功大學歷史學系碩博士班，二〇〇三年五月。

❖ 張志樺，《情慾消費於日本殖民體制下所呈現之文化與社會意涵——以《三六九小報》及《風月》為探討文本》，國立成功大學臺灣文學系碩博士班論文，二〇〇六年。

❖ 古蕙樺，《日治後期臺灣皇民化運動中的圖像宣傳與戰時動員（一九三七－一九四五）》，國立臺灣師範大學臺灣史研究所碩論，二〇二一年一月。

❖ 李衣雲，〈日治時期日本百貨公司在臺灣的發展：以出張販賣為中心〉，國立政治大學歷史學報第三十三期，二〇一〇年五月，頁一五五－二〇〇。

❖ 李衣雲，〈日治時期視覺式消費與展示概念的出現：臺灣百貨公司的初步發展〉，《臺灣歷史的多元傳承與鑲嵌》，中央研究院臺灣史研究所，二〇一四年，頁三一三－三三八。

❖ 陳致學訪談紀錄，〈臺北菊元百貨高廣商會老店員的記憶：陳吳綿妹（陳吳敏）女士訪談紀錄〉，《臺北文獻（直字）》一七五期，二〇一一年三月，頁四七－八〇。

❖ 貞包英之，〈近代における消費の変容：勧工場から百貨店へ〉，山形大學紀要（人文科學）第十七卷第三號別刷，平成二十四年（二〇一二）二月。

❖ 黃美娥、王俐茹，〈從「流行」到「摩登」：日治時期臺灣「時尚」話語的生成、轉變及其文化意涵〉，《時尚文化的新觀照：第二屆古典與現代學術研討會論文集》，里仁書局，二〇一二年三月五日初版。

❖ 楊晴惠，〈高雄五層樓仔滄桑史——由吉井百貨到高雄百貨公司〉，《高雄文獻》第六卷第一期，二〇一六年四月一日，頁九七－一一四。

❖ 黃美娥，〈從「日常生活」到「興亞聖戰」：吳漫沙通俗小說的身體消費、地誌書寫與東亞想像〉，《臺灣文學研究集刊》，二〇一一年八月，頁一－三八。

❖ 宓作・納玹，陳冠廷譯，〈現代性的否定：女性、城市和百貨公司〉，《血拼經驗》，弘智，二〇〇三年七月十四日初版。
❖ 臺灣實業界社，《臺灣實業界》（日文）。

報紙檔案

❖《臺灣日日新報》，五南圖書，一九九四－一九九五版影印本。（含廣告出處）
❖《徵信新聞》，中華民國四十五年，三月十九日。
❖《中央日報》、《臺灣民聲日報》、《民報》、《經濟日報》、《聯合報》、《中國時報》等相關新聞。
❖ 臺灣省日產清算委員會，《清算狀況報告書》，第二十五卷第四八四號第二批。財政部國有財產局，《菊元商行清算狀況報告書》，中華民國三十六年至三十六年止；《菊元商行》，中華民國三十八年至四十一年止，國史館臺灣文獻館藏。

網路

❖ 中研院臺灣史研究所臺灣日記知識庫
（灌園先生日記、水竹居主人日記、黃旺成先生日記、楊基振日記、呂赫若日記、吳新榮日記、三好德三郎回憶錄、楊水心女士日記）
https://taco.ith.sinica.edu.tw/tdk/%E9%A6%96%E9%A0%81
❖ 國立公共資訊圖書館數位典藏服務網
http://das.nlpi.edu.tw/cgi-bin/gs32/gsweb.cgi/ccd=7slkLg/search?mode=basic
❖ 中研院臺灣史研究所臺灣史檔案資料系統
http://tais.ith.sinica.edu.tw/sinicafrsFront/search_advance.jsp
❖ 國史館臺灣文獻館檔案查詢系統
https://www.th.gov.tw/new_site/01archives/01file_archives/
❖ 日文版《臺灣日日新報》電子報 [漢珍版]
《漢文臺灣日日新報》電子報
❖ 部落格「老爹碎碎唸」
菊元百貨公司老闆……重田榮治的故事（1）
https://daddygaga.pixnet.net/blog/post/5993221
菊元百貨公司老闆……重田榮治的故事（2）
https://daddygaga.pixnet.net/blog/post/5993218
菊元百貨公司老闆……重田榮治的故事（3）
https://daddygaga.pixnet.net/blog/post/5993215
❖ 日本國立國會圖書館
https://dl.ndl.go.jp/

菊元百貨－漫步臺北島都

作　　者　文可璽

選書策畫　林君亭
責任編輯　楊佩穎
校　　對　文可璽、楊佩穎

美術設計　黃子欽
內頁排版　徐小碧設計工作室

出 版 者　前衛出版社
10468 臺北市中山區農安街 153 號 4 樓之 3
電話：02-25865708 ｜傳真：02-25863758
郵撥帳號：05625551
購書 ・ 業務信箱：a4791@ms15.hinet.net
投稿 ・ 編輯信箱：avanguardbook@gmail.com
官方網站：http://www.avanguard.com.tw

出版總監　林文欽
法律顧問　陽光百合律師事務所
總 經 銷　紅螞蟻圖書有限公司
11494 臺北市內湖區舊宗路二段 121 巷 19 號
電話：02-27953656 ｜傳真：02-27954100

出版日期　2022 年 5 月初版一刷
定　　價　新臺幣 400 元

ISBN：978-626-7076-17-0
ISBN：9786267076347 (EPUB)
ISBN：9786267076330 (PDF)

Printed in Taiwan
＊請上『前衛出版社』臉書專頁按讚，獲得更多書籍、活動資訊
https://www.facebook.com/AVANGUARDTaiwan

國家圖書館出版品預行編目 (CIP) 資料

菊元百貨：漫步臺北島都 / 文可璽著 . -- 初版 . -- 臺北市：前衛出版社，2022.05
面；　公分
ISBN 978-626-7076-17-0(平裝)

1.CST: 社會生活 2.CST: 消費文化 3.CST: 人文地理 4.CST: 臺北市

733.9/101.4　　111002513